U0690506

书山有路勤为径，优质资源伴你行
注册世纪波学院会员，享精品图书增值服务

新商业时代的
52种有效沟通方式

[美]梅兰妮·卡兹曼　著

丁熙琳　译

CONNECT FIRST

52 SIMPLE WAYS TO IGNITE SUCCESS,
MEANING, AND JOY AT WORK

电子工业出版社

Publishing House of Electronics Industry

北京·BEIJING

Melanie A.Katzman: Connect First: 52 Simple Ways to Ignite Success, Meaning, and Joy at Work
ISBN: 978−1−260−45783−4

版权贸易合同登记号　图字：01-2020-3455

图书在版编目（CIP）数据

深度连接：新商业时代的52种有效沟通方式 /（美）梅兰妮·卡兹曼（Melanie A. Katzman）著；丁熙琳译 . —北京：电子工业出版社，2022.3
书名原文：Connect First: 52 Simple Ways to Ignite Success, Meaning, and Joy at Work
ISBN 978-7-121-42684-1

Ⅰ. ①深… Ⅱ. ①梅… ②丁… Ⅲ. ①人际关系学—通俗读物 Ⅳ. ① C912.11-49

中国版本图书馆 CIP 数据核字（2022）第 028846 号

责任编辑：杨洪军
印　　刷：中煤（北京）印务有限公司
装　　订：中煤（北京）印务有限公司
出版发行：电子工业出版社
　　　　　北京市海淀区万寿路 173 信箱　　邮编：100036
开　　本：720×1000　1/16　　印张：18.75　　字数：330 千字
版　　次：2022 年 3 月第 1 版
印　　次：2022 年 3 月第 1 次印刷
定　　价：89.00 元

凡所购买电子工业出版社图书有缺损问题，请向购买书店调换。若书店售缺，请与本社发行部联系，联系及邮购电话：（010）88254888，88258888。
质量投诉请发邮件至 zlts@phei.com.cn，盗版侵权举报请发邮件至 dbqq@phei.com.cn。
本书咨询联系方式：（010）88254199，sjb@phei.com.cn。

赞　誉

人们常常会问，如何才能让同事知道我给予他们的人本关怀呢？卡兹曼既是心理学家，又是心理教练，在专业领域学识渊博，你可以从她那里摄取自己需要的知识。这本书是一个提供实用操作技巧的宝库，你每天都可以运用它，帮助自己在工作中建立牢固的人际关系。一旦实践了这些技巧，你就会更加喜欢自己的工作——以及与你共事的人，也会取得一生中最为优异的工作成绩。

——金·斯科特，《纽约时报》畅销书《彻底坦率》的作者

这本书是一份令人大开眼界的礼物。每翻阅一页，你就会立即感觉到思想又解放了一分。我们耗费了几十年时间，愚蠢地想要摆脱自己受公司环境影响所形成的消极思想，而现在只要快速阅读一下这本书，就可以解决上述问题了。梅兰妮以她丰富的经验、务实坦诚的态度，为我们这个时代提供了一剂良药：人性化是职场中的超能力。

——科里·海克，Vice 传媒首席数字官

我们都渴望沟通，却或多或少忘记了沟通的基本原则。梅兰妮通过这本书，让我们看到了利用人性影响他人、获取成功并让生活更为充实的方法。书中介绍的各种沟通技巧看似简单却并不简单，都是我们迫切需要，但可能还不知道的。谢谢你，梅兰妮。

——克里斯·麦卡锡，MTV，VH1，CMT 及 Logo 传媒总裁

还未读完眼前的章节我就醒悟过来了，急忙放下书，给我的一位制作人发邮件表达谢意，"谢谢"她昨天赶在节目直播前发现了一处错误！书中都是一些可操作性极强、十分精彩的沟通方式，可供每位读者借鉴使用，帮助大家成为更出色的员工、更优秀的人物。

——布鲁克·鲍德温，CNN《新闻直播间》的主播

在这个充满活力、高度数字化并急剧变化着的世界里，灌输工作的意义与宗旨、深化人际关系这两项内容变得尤其重要。梅兰妮为高管人员提供值得信赖的咨询服务并积累了丰富经验，从而可以提供大量操作性极强的深刻见解，这些见解植根于神经科学和心理学，并通过案例研究生动地体现出来。这本书是一份非常宝贵的资源。

——尼沙·拉奥－席勒，德意志银行领导力规划与发展部负责人

梅兰妮热爱创新。在这本书中，她举起了一面镜子，让我们笑，让我们学习，让我们改变行为。她将我们与最人性化的渴望——体验和传播快乐——重新联系在了一起。

——惠灵顿·诺格拉，欢乐医生创办人

前　言

在很多人眼里，职场生活就应该非常便捷省事：如果我们界定好角色分工和职责范围，制订好流程图和项目计划，规定好最后期限和交付标准，那么从某种程度上讲，我们就可以神奇、冷静、镇定地完成工作了。

但是，你错了！

事实上，组织的管理者是人，而人会受到情感的支配。我们的情感为我们追求利润和目标提供了动力。它们既强大又普遍。我们不可能视而不见。然而，长期以来我们总把办公室默认为不带有个人情绪的地方，这一点对我们极为不利。

未来的工作要求我们端正认识，明白个人情绪不会令我们变得软弱。相反，它是我们获取力量的工具，我们大脑中最原始的"动物"属性部分会负责对它进行加工处理，而且情绪对我们的生存也至关重要。人们往往错误地将商业成果等同于理性的行为与决策，而努力表达情绪似乎会显得太过脆弱。我们需要的是专业而实用的方法，帮助我们首先作为独立的个人，后续作为同事和合作伙伴进行联系与沟通，从而建立起深厚的情谊。有了这样的个体基础，我们就可以组建实力强大的团队并实现目标。

我在高管办公室、会议室及治疗中心担任心理专家已有三十余年。当想要赢得胜利或者需要求得生存时，人们都会找我寻求建议。作为拥有私人诊所的心理治疗师，我倾听到了治疗对象心灵最深处的秘密，然后——通常就在同一天——作为企业顾问，为全球最大型的企业提供建议，帮助它们解决所面临的管理问题。

上班签到，刷卡进门，按时到岗：员工也好，领导也罢，都在渴求更多的尊重、包容和工作意义。无论在工作中的角色是什么，首席执行官（CEO）

或者应届毕业生，办公室职员或者远程办公人员，你都会寻求安全感，珍惜荣誉感，害怕羞耻感。我们在乎这些，并且我们都想成为举足轻重的人物。

这并不是什么惊人的新闻。但太多时候我们都忘记了身边的同事也有着与我们相似的需求和感受，这才真正令人感到震惊。当"别人"动机不明，或者做出毫无意义的回应时，我们很容易被激怒。若自尊心受挫，一切就会变得非常复杂难懂、代价沉重、难以掌控。人们错误地解读了别人的想法，认为对方别有用心，而且小小的轻视会不断发酵，最终导致其脱离职业发展的正轨。企业中的精英离开了，甚至企业所有者自己也想离开一手创办的企业。当涉及自己的行为时，我们常常会主动蒙上双眼，而当评估自己所受的伤害时，我们又会拿起放大镜。其实，大可不必如此。

我已经帮助无数的高级管理人员、中层干部和新员工从心理层面去了解自己和他人。我的客户们也的确成功了，因为通过与他们分享一些简单的策略，指导他们如何在工作中成长为更优秀的人，他们的积极性提高了，各种借口也消失了。

从跨国企业到使命驱动型的基层组织，都存在着这样一种现象：想在工作中保持"自然"的行事之法，却恰恰无法自然而然地信手拈来。我们被企业中的头衔和职位束缚住了手脚。我们失去了做回真实自己的能力。但是，我们可以重新学习如何做自己。我知道可以，是因为我已经无数次地成功教授了这方面的课程。

本书系统地讲述了我担任临床心理治疗师和企业顾问三十余年的各种经历。它是一本指导手册，可以帮助个人施展能力，帮助组织提高效率，而且对于那些勇于创新的人来说，它还有助于推动重大变革。书中大多数建议都没有实施成本，而且可以在五分钟之内完成。

书中推荐的一些沟通技巧可能看起来非常简单基础，但它们才是关键！正因为我们常常把"基础的关键点"搞错，所以现代职场的成功、意义和快乐都被无情地抽空了。如今超快的联系速度给个人行为施加了前所未有的压力。微不足道的一点冒犯也会传遍每个角落。不经意的行为也可能引发团队内的一场人际关系风暴，甚至还将波及团队之外。通过关注人与人之间简单而重要的各个瞬间，你既可以保全自己的声誉，又能获得轻松、快速改善人际关系的美妙体验。当然，我们要讲的还不止这些。本书还将帮助你勇敢面对未来，从自己遇到的各类性格中发现乐趣，并成长为富有成效的合作伙伴。我们将根据你设定的约束条件，寻找新的市场解决方案，并推动社会变革。你的个人影响力，以及你所属团队的影响力也将有所增长。本书将揭开在工作中创造意义的神秘面纱，帮助你在日常生活中发现能够改变周围环境及更广阔世界的机会。

一旦开始由内至外全身心投入工作，你就会感觉时间变长了，自己也更有活力了。这种状态能让人上瘾，而且具有感染力；房间里充盈着氧气，心情变愉悦了，人们也被你深深地吸引了。你微笑的时间会更多，取得的成果会更丰硕。如此，你便能感受到快乐。

这才是我撰写本书的初衷：于是，你不再需要我了，也不需要与我有类似作用的人了；于是，你不会一遍又一遍重复同样的工作了；于是，你精神层面的内在自我不但不会麻痹你，还将推动你不断前行了。我推出本书的目的，是想告诉你让工作充满快乐和意义的方法——助你取得成功并拥有非凡的影响力。

本书适合这样的你

本书是为清晨起床上班的每一位职场人士所作的。它既适合高管办公室里的总经理阅读，也能满足挤在隔间里的底层团队成员的需要。它的读者可以是事业刚起步的企业家和志向高远的科学家；可以是大街上某家小店的店主；也可以是硅谷某家高科技企业的 CEO。许多有关职场状况改善的书都是写给企业领导的，这些书传达出的观点是，应由组织中的高层领导负责改变员工的工作方法。在这一点上，我有不同的理解。我们每个人都有能力和责任去改变。我写下这本指导手册，就是要告诉你存在哪些改变的可能。

本书将指导你把人类共同的弱点转化为共信的基础。我们不但要让你内心深处那个不断质疑你能力的声音保持沉默，还会引入一种富裕、大度的心态，它能够促使其他人向你提供更多的信息，并积极邀请你参与相关工作。你克服团队内的混乱局面，通过对话消除冲突、制定共同目标的信心会越来越强。所有这些都需要从树立赢家心态开始：

- 你有能力在自己的领域推动变革。
- 团队的变革是从个人的改变开始的，而且应由内至外逐步开展。
- 无论职位高低，你的出现都会带来改变。
- 若当事人直接交流，所谓"不可能解决"的问题往往会得到解决。
- 高效的面对面沟通机会既可以提升团队活力，又可以推动团队变革。
- 通过关注自己与同事的共同点，你可以更好地融入和欣赏多元化。
- 你可以按自己的想法组建团队。
- 在自动化程度越来越高的技术驱动型世界里，我们迫切需要保持人性。
- 看似"简单"的行为可能拥有巨大的颠覆力量。

如何用好本书

本书提供的分步指导是迄今为止大部分员工、管理者或人力资源总监见到过的代价最小的改造方案。它不需要昂贵的评估，也没有不切实际的预期。本书只提供满足你需求——快速转变——的建议。

本书共有七大部分，以"建立尊重"开篇，以"拥有强大的影响力"结尾。全书共 52 章，每一章都包含了我三十余年从业经验中精选出来的实际案例，衡量所推荐方法是否符合读者现实情况的一些问题，以及如何有效应用这些理论的建议。每种方式只需短短几分钟就可以付诸实践，但其效果很持久。选择"52"这个数也是有考量的，你可以选择在一年时间里，每周试验一种新方式。案例分析则来自不同国家，代表了企业各层级中精选出来的一些观点。

本书是你的私人指导手册，但你也可以选择与他人一起阅读。领导与直属下级同读本书，可以建立一致的工作预期。本书讲述的各种方式将宽泛的文化类概念转化成了你明天就可以实施的行动，在你参加员工入职培训、团队闭关会议或高管培训计划时，都可为你提供助益。

本书推荐的各种方式都有着令人信服的理论依据，它们来自神经生物学、管理学、语言学和哲学等多个学科的研究成果。这些经验教训来自各行各业的各类人群，包括农民、工人、金融家、公司老板，以及他们的送餐工等。有时候，最出色的建议会来自最出人意料的渠道，而且明明是完全不同的观点，却往往能得出完全相同的深刻结论。

你可以按照章节顺序详细阅读本书，也可以直接阅读自己认为最有用的那部分章节。本书各章节都相对独立。你可能会发现，书中某些章节能够证明你一直在做的某些事情的正确性。那真是太好了！有了这些理论支持，你可以大胆利用自己的优势力量（还可以适时加以宣传）。你所掌握的每一项技能都将为你提供力量，帮助你面对更具挑战性的章节。阅读某些章节时，你会会心一笑，但阅读另一些章节时，你会感到有些尴尬不安，因为它们以另一种方式让你承认了自己就是书中的那种人，比你自己认为的更不亲切、更不大度、更不易亲近的人。不过，没关系，你本就是来学习的。

以下是简要的内容介绍。本书所有章节可归纳为七个部分：

- **建立尊重**。我们最常见的错误是没能用好一些基础的沟通技巧，但这种错误也最容易得到纠正。把这类错误都改正过来，就为成功创造了条件。

- **调动所有感官**。知识是组织内部宝贵的财富。你若想知悉内情，就应该多做少说。

- **提升个人魅力**。加强自我认知，密切关注身边的人和事，同时努力争取更多的关注，得到大家青睐将有助于寻求更多机会。学会做磁石。你也不想被排除在集体之外吧。

- **培养忠诚度**。深入了解共事之人的关注重点。发挥创造力，促进合作，让一整天的时光能够愉快地流逝。

- **化解冲突**。工作中充满了各种挫折，你很生气；或者，别人很生气。通过明确分歧并努力解决分歧，既能消除障碍，又可以避免不必要的复杂状况。

- **克服恐慌情绪**。抑制住自己想变得沉默寡言的冲动，这样才能管理恐慌情绪和不确定性。正确的做法应该是将新思想请进来，搭建沟通的桥梁，并学会推动具有创新性的讨论。

● **拥有强大的影响力。**当学会利用自身的平台（无论平台大小）时，你就具有了改变世界——或者你主导的那部分世界——的可能性。人们会因为你所做之事，以及你的行事方法而认可你这个人。你在获得成功的同时，还能形成强大的影响力。

简要的自我介绍

"深度连接"既是书名，也是我的指导原则。因此，既然大家将要共处一段时间，我最好能以身作则，先介绍一下自己的相关情况。

我与丈夫已在纽约市生活了 35 年有余，我在跨入大学校门后的第一周就遇见了他。当时的他是位非常可爱的鼓手。虽然他现在涉及的工作领域是法律、金融和房地产，但他仍然坚持演奏音乐。他很有音乐天赋，我却连唱《生日快乐歌》都会跑调。这也是为什么我选择了写书，而不是制作音乐剧。

我们的孩子已经长大成人，但他们向我保证我仍旧年轻。当他们还是小孩子的时候，我们一家曾在香港和伦敦分别生活过一段时间。我们每个家庭成员都学会了轻装出行，而且现在仍旧只携带必要的随身行李。我可能有点过于强调条理性，然而我的家人都纵容着我这一点，而有人把这称作强迫症。

我们的房间里堆满了书。我还是喜欢阅读纸质书籍。家里也常常挤满了人——他们中的大多数都与我们相识（但也并非每一位都认识）。我们养了一对黑猫，是双胞胎，一只叫雷鸣，另一只叫闪电。

我的祖父母是外来移民。我的父母没有上过大学。我姐姐是耶鲁大学的第一批女性毕业生。

我是临床心理学博士。我在纽约开了一家私人诊所，每周会在办公室里为大约 20 名患者实施治疗，从房间转角处的窗户向南可以看到自由塔，向西可以看到帝国大厦。这是一个能同时看到历史与未来的十字路口。它也体现了我的变革之道：从过去获取信息，但不要执着于过去，应时刻关注明天的成果。

我也是企业家。我在 20 年前创办了卡兹曼咨询公司，为处于转型期、危机恢复期或正在寻求影响力提升方法的企业（或机构）提供专业的心理咨询服务。我们拥有一支专业团队（团队成员均接受过心理健康教育），我们可以推进战略会议，可以提供企业文化方面的咨询，还可以为企业高管及其下属团队提供专业指导。我曾为遍布六大洲的私营企业、上市公司、非营利组织，以及政府机构提供咨询服务。我也是公益企业聚贤社的创始合伙人。该企业成立于 2001 年，主要工作是召集不同类型的利益相关者，为其提供各种体验项目，我们的体验者有的来自企业，有的来自一些特殊的联盟组织（它们的目标是让不同背景的人亲眼看到、亲身感受到、真实接触到彼此的生活）。我们的业务遍及 24 个国家，有 16 位合伙人、50 名工作人员和大约 40 个业务伙伴。我们在孟买、伦敦、伯克利和纽约都设有办公室。我们认为，企业界是维护正义的力量之一。

我还有一个身份是学者。我在威尔康奈尔医学中心任教，同时在沃顿商学院领导与变革管理中心任高级研究员。说到调查研究，我虽然会对文字叙述进行考证，但更希望看到数字。统计课是我最喜欢的课程之一。

我喜欢说话。我在 SiriusXM 商业电台与人合办了一档全国性的广播节目《职场女性》，我还在世界各地做了许多演讲，具体次数应该比我自己记得的多。

我对每个人及其背后的故事永远保持着浓厚的兴趣，而且我希望你也能如此。在后面的章节中，你会看到许多案例分析。对于我所从事的工作而言，保守秘密至关重要。若我使用了完整的姓名，说明当事人同意我将他们的经历分享出来。若文中只有名字没有姓氏，那我使用的就是化名。故事是真的，但当事人的真实身份被保护起来了。

自我介绍到此结束，你准备好开始阅读了吗？那就言归正传吧！

| 目 录 |

CONTENTS

第四部分　培养忠诚度

第五部分　化解冲突

第六部分　克服恐慌情绪

第七部分 拥有强大的影响力

第一部分　建立尊重

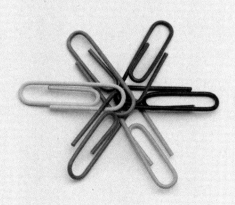

深度连接

新商业时代的 **52** 种有效沟通方式

虽是最为基础的行为，却蕴藏着极强的冲击力，所以一定要完成得漂亮。你连笑着对别人说声"谢谢"的时间都没有？真是这样的吗？这个理由我无法接受，你的同事也无法接受。这些人际关系中的细微之处并非仅仅流于形式，它们都是必不可少的。它们是人与人之间进行联系与沟通时，可以用到的最快捷、最简单的方法。员工离岗和离职都会令企业遭受巨大的损失，而他们选择离开的主要原因则是感觉自己不受尊重。无论你在企业中处于何种地位，都应举止得体，成为大家自愿支持的对象，因为不管其他人的地位如何，你都不应该将他们的辛苦努力视作理所当然。或许，你知道自己应该说"请"或者称赞他们一句，却被效率妨碍了礼貌。也许你已经是非常体贴的同事了。但我们还是需要看看，你表现出来的尊重是否恰当。你心中衡量感激程度的标准，可能没有正确对标到同事需要的标准上，特别是当每个人都承受着压力，都在忙于工作的时候。

许多团队的互动交流并不是面对面进行的，其原因可能是与同事、客户相距太远，也可能是已经开始依赖科技手段进行"交谈"了，即使你与对方正共处一室。不要让其他人感觉你的态度有问题，并因此影响到项目进度。你需要意识到，与同事进行恰到好处的（甚至只是非正式的）书面交流已经变得越来越重要了。这是你与对方的远程握手，它能彰显出你的个性。把自己融入周围人的情绪中去，这不是添加几个表情符号就能够取代的。你与同事若不是面对面交流，就可以通过提供反馈意见和赋予对方自行管理时间的权力，让他们感觉受到了重视。无论你是CEO还是基层小助理，是部门经理还是部门助理，除了自己全力以赴，还要帮助别人全力以赴，这才能点燃工作中的快乐。

本部分的适用对象

· 你希望自己只要想到工作就能感觉快乐。

· 别人对你的评价是不够细腻、傲慢、冷漠或者总是很忙。

· 你的组织正在再次经历变革。

· 你的团队在缺少资源的同时，承受着巨大的压力。

· 有很多大人物在提要求，还有很多幕后支持人员在实现这些要求。

· 同事们很无礼或者"已经完成"沟通尝试了。

1

微笑

立即激活彼此间的联系

人无笑脸莫开店。

——来自中国的谚语

你想立即从工作中获得快乐吗？请看我的微笑。你感受到了吗？快，把微笑传递给左边（或右边）的同事，这能引爆正面情绪的连锁反应。当你对别人（包括陌生人）微笑时，他们中有 80% 到 90% 的人会回报你一个微笑，即使他们当时并不想笑。我们从出生那一刻起，就会本能地模仿身边的人。试着用快乐感染你的职业生态圈。即使是一个强挤出来的微笑，只要时机恰当，也会是一剂改善情绪的良药。

人类天生具有社会属性，因此最能预测幸福感的指标不是性别、宗教、健康或者收入——而是与家人、朋友和同事关系的密切程度。经常开展积极的互动是非常有效的一种方法。每天都能遇到十几件开心事的人，可能比一生只经历一次真正意义上的重大惊喜的人更快乐。那么，我为什么要把"微笑"作为本书的开篇之选呢？因为有些简单行为虽然强大，却备受争议，而且由于在日常生活中常常被忽略，还可能对我们造成不利影响，微笑就是其中之一，而且非常具有代表性。"多保持微笑"这句话像是在下命令——要求我咧着嘴笑，这样你就感觉舒服了；而我的需求就无关紧要了。如果陌生人命令你"微笑！"，那他就太过自命不凡，而这种情况不在本章的讨论范畴内。我希望邀请你主动选择微笑，因为这能为你、为接收到你温暖的人带来好处。展露微笑无须付钱，却能收到很好的效果。你的微笑传达出了明确的信号，那就是希望与对方建立相互的、共有的、平等的联系。若大家正承受着巨大的工作压力，你的一个微笑可以瞬间，并且常常是无意识地让身边的人放松下来。

微笑是自然界最有效的合作工具。达契尔·克特纳在其著作《天生善良》中就对这种现象做出了解释：微笑能激活我们的额叶（大脑的奖赏中枢），并减轻微笑者和微笑接收者的压力。

宾夕法尼亚州立大学的一项研究发现，微笑的人看起来会更讨人喜欢、更有礼貌，甚至更具竞争力。奥克斯纳医疗中心是路易斯安那州的一家大型医疗机构，它推行了一种称为"10/5 法"的问候方法。该机构鼓励员工与相距 10 英尺 ① 以内的人用交换眼神的方式互致问候，向相距 5 英尺以内的人直接问好。此方法的实施效果如何呢？该机构的病人满意度和转诊率都提高了。不管是处于哪一层级的管理者，只要努力微笑，就能看到整个房间（还有你自己的心情）都亮起来了。想要建立深度连接吗？那就先微笑一下吧。

本章适用对象

◆你很乐意传播瞬间的幸福。

◆你希望建立一个由支持者组成的庞大网络。

◆你希望一踏进办公室就立刻有种归属感。

◆即使你一直紧盯着自己的鞋子，也不可避免因为态度恶劣而跌跟头。

行为建议

●当你进入办公楼、步入办公室或者去会议室出席会议时，都请面带笑容。

●当你从某个地方走去另一处地方时，请将手机放到口袋里，与身边的人交换眼神（并微笑），以此表达你的问候。

●传播快乐。敢于做第一个嘴角上翘的人。

---

① 1 英尺为 0.304 8 米。——编者注

- 若想绽放出发自内心的微笑，就想想自己觉得开心的事情。如果你正感到绝望，就想象这样一种情景：每位同事头上都顶着一个文字泡泡，而每个泡泡上都写着让你哈哈大笑的语句。
- 向小孩子们学习。他们一天能笑够 400 次。

特别提示

★ 若你传递的是坏消息，那就切记不能面带笑容。否则会损害你的声誉，让你处境尴尬。

★ 找到适合自己的平衡状态。微笑的确是一种有效的手段，但过于明媚开朗，特别是对女性而言，会削弱你的权威形象。

案例分析

消除不良印象

杰克是新上任的部门经理，衣着考究，但行事风格非常保守。他收到反馈意见：团队成员认为他严厉无情。这一评价与杰克并不相符，他有很强的同情心和包容心。杰克虽然表面看起来很固执，实际上却能灵活解决各类问题。于是，我们进行了一个简单的尝试。请他平时多一点微笑。结果奏效了。尽管主动跟人闲谈对杰克而言会有些不太自然，但看到他微笑的人却常常会自然而然地打开话匣子。通过这种方式，他就更容易与团队成员建立密切联系，并让他们感受到他的关注。

笑慰自己

记者兼社会活动家吉米·布里格斯从不露齿大笑，因为只有这样才能让别人安心。如果是微笑呢？我的建议让吉米回忆起了他的过去。作为 20 世纪 70 年代在美国中西部地区长大的高个子黑人，吉米的家人教导他任何时候都应该友善待人："如果你不想让自己看上去有威胁性，问候别人的时候就要面带微笑。"这种做法延续到了他的职业生涯中。作为在交战地区工作的战地记者，吉米仍然继续保持着这种微笑，只有在感觉到非常有把握的时候他才会停下来。

有一天，一位摄影师问吉米，能否尝试一种不那么忧郁的表情，也是在同一天，吉米听我谈论起了有关微笑的力量。他调整了一下面部表情。然后，他看了看前后两次的拍摄结果。两相对照，他感受到了为自己微笑的效果。最终，他满心欢喜地离开了拍摄现场。"我要重新开始微笑，"吉米告诉我，"但是，这一次我是为自己微笑。这种感觉真的很好。"

2

说"请"

这意味着可以自由选择服从（或者不服从）

"**想**要使唤我？"若你不说"请"字，即使是表现最好的团队成员，甚至也会把手放在他们的屁股上，做出一个青少年惯用的抗议姿势。在语言学家的术语中，"请"是一个具有言外之意的指示词，通俗地讲，就是"请"表示的是请求而不是要求。领导们不会主动说"请"字，他们辩解说：要求员工做本职工作是向他们提出工作要求，并不是请求他们提供帮助。也许事实的确如此，但这种态度肯定是不可取的。

语言专家的相关研究报告显示，英语"please"是"if you please"（"如果你愿意这样做的话"）的缩写。在许多欧洲语种中，也有这种用法——比如，法语的"s'il vous plait"和西班牙语的"por favor"，字面意思就是"你没有义务这样做"。当然，在工作中这其实是一个礼貌的谎言。当要求某人"安排与玛丽会面"时，你仍然是在下达一项指令。只是加上"请"字后，你至少让对方有了一种可自主选择的幻觉，并暗示你对他们遵照指令行事表示感谢。

随着职场中各种技术越来越复杂，各类文化越来越多元化，礼貌就显得更为重要了。然而，言辞粗鲁的状况实际上正愈发猖獗，并呈现上升的趋势。所有企业（或机构）都应该对上述状况感到担忧，这些轻率行为在日积月累之后，终将令员工感到不受尊重或者被公然轻视。在过去的18年里，《文明秘籍》一书的作者克里斯汀·波拉斯，对全球数千名工人进行了问卷调查，了解他们经受的待遇。1998年有近一半的受访者表示，他们每月至少受到过一次粗暴对待，到2011年这一比例上升至55%，2016年上升到62%。

当波拉斯在调查问卷中提出"应如何改善职场关系"这一问题时，排在第一位的答案是什么？正是说"请"字。所以，请说"请"字。

本章适用对象

◆你不想把别人所做之事都看作理所当然。

◆你尚无法按照最高标准完成工作。

◆你没有时间纠缠"细节问题"。

◆人们对你的同事施以援手，却唯独避开了你的目光。

行为建议

●尊重他人，不能只把他们看作是自己花钱雇来完成任务的人。即使他们中有人有义务为你工作，一个愉快的"请"字也会令他们倍感骄傲，也更愿意服从你。

●看着对方的眼睛并报以微笑，这能增强"请"字的语气。

●试着用同事的母语说"请"字，这能产生更大的冲击力。

●请记住，对于指挥和控制性的指令，千禧一代的年轻人（他们在目前的劳动力构成中占有很大比重）是不会积极响应的。

特别提示

★并非所有"请"字都能给人相同的感受。管理好你说"请"字时的语气，特别是在与服务提供商进行交流时的语气，"请"字也能让问题听起来很紧急、很直白，甚至很无礼。

★不要过度使用"请"字，这样反而会显得迂腐——请千万注意！

案例分析

若论激发办公室活力，肉毒杆菌还不如一个"请"字

苏亚雷斯博士在公园大道附近开了一家皮肤病诊所，那里的工作非常繁

忙。办公室内环境优雅。来就诊的病人比较挑剔。护士、技术人员，以及接待人员相互之间越来越看不顺眼。他们在提出要求时，也只是发发指令，并不会将脸转过去面向对方。博士感受到了员工间的紧张关系。连她自己都不想跨进诊室。她的团队抱怨说，许多病人非常无礼，他们的好心情都被这些人消耗殆尽了。博士认为："与其被不良行为所'污染'，不如给自己'接种'真正具有积极意义的行为。"如果员工之间能尽可能非常礼貌地对待对方，那情况又会如何呢？他们可以体会到自己渴望的尊重，也许还会为病人树立好的榜样：这间办公室不仅迷人，而且亲切。

他们的尝试成功了！技术人员和护士在提要求时，都会在前面加上一个"请"字。当他们一方要求使用某个仪器，而另一方将仪器递过去时，也会相互看着对方。他们通过积极主动的行为感受到了彼此间的联系，工作起来也觉得更舒心了——每个人都是这样认为的。

用"请"字结束一天的相处

科里能读懂摩根的心思。他担任摩根的助手已经三年了，甚至是摩根还没考虑到的需求，他都能提前预料到。日子就这样飞逝而过，而且充满了欢乐的玩笑。为摩根工作很有趣，但当太阳下山时，摩根的魅力也会随之消失。当摩根一边大喊着"给我打辆车"，一边抓起外套赶去参加另一个精彩的客户活动时，科里的感觉就不那么好了。"说个'请'字如何？"这位兢兢业业的助理说，"虽然现实情况是你正在奔赴饭局，而我只能继续被困在办公桌前发邮件，谁也改变不了，但至少会让我感觉自己不像一个没有个人生活的仆人。""就这么定了！"摩根说，他本以为他们之间愉快融洽的氛围可以转化到不必说"请"的状态。

3

道谢

被你忽视的人却能毁掉你的成功

生活中的我们都会存在这种疏漏。你也知道，有时候你会没有足够的时间启动工作项目，比如，你正在等待开会，或者等待晚点的火车，又或者正在排队。这种时候，与其翻看社交媒体，或者纠结你不该多吃的卡路里，又或者重写你的待办事项列表，不如试着回顾一下过去的一周，花一分钟感谢那些为你的日常生活、工作项目或心情带来变化的人。真诚的感谢有着美乐棵肥料（Miracle-Gro）一般的激励作用，然而纵观人们表达感激之情的各类场所，办公室竟然排在了最末位。

伦敦经济学院在回顾了 50 项研究成果后，明确表示感谢行为与产量之间存在着直接的关系。同样地，求职招聘网站 Glassdoor 所做的一项研究也表明，有 70% 的员工表示，如果老板可以更频繁地感谢他们，他们的自我感觉会更加良好。说一声"谢谢"绝不会有任何经济成本，但它能为你的组织赢得良好的声誉并提升员工满意度，而且产出也会增长。

要知道，同事们努力工作都是为了个人利益。每天表达感激之情的人会感到自己的压力减轻了，免疫系统也增强了。社交网站 Facebook 的创始人马克·扎克伯格每年都会为自己制定一项个人目标。在 Facebook 十周年庆时，扎克伯格给自己提出了一个挑战，要求每天写一封感谢信。他的理由是："这个挑战对我来说很重要，因为我确实是个挑剔的人。"他说得很对。你平时管理方式越严格，感谢的时刻就越能打动人。

让我们面对现实吧，谁会对善意的感谢无动于衷呢？资深专业人士詹·贾米森是赫斯特杂志集团高级副总裁兼出版人、《奥普拉杂志》首席收入官，她坐在赫斯特杂志集团光彩夺目的办公室里，拿出手机播放了一段奥普拉为她儿子唱《生日快乐歌》的 30 秒视频。她的脸上洋溢着笑容，我们待在她的房间里也感受到了她的快乐。奥普拉为企业重要员工提供了一份独特的礼物，让他们可以一遍遍地分享快乐。

本章适用对象

◆你是懂得感恩的人。

◆你的团队成员已经精疲力尽了，你现在担心有人会辞职，还担心能不能为下次大行动做好准备。

◆制定高标准的工作目标已成为常态，而且你还经常要求对其进行反复修改。

◆你与合作者和（或）支持团队的办公地点相距甚远。

◆你的领导非常支持你的工作。

◆你实施管理靠的是自身的影响力，你并没有多少直属下级。

行为建议

●养成每天道谢的习惯。从现在开始，把你经常接触的人及能为你的工作发挥重要作用的边缘人整理出来，制作成一份名单。将这份名单存入手机，在每天早上喝咖啡的时候拿出来浏览一遍。新的一天就从道谢开始吧。

●将致谢与某项日常活动关联起来。当你走在停车场、健身房或杂货店时，请至少给一个人打两分钟的电话。

●计划你的"奥普拉时刻"。你要怎么做才能在表达谢意时加入个人的专属特征呢？在重要活动中（或者只是平时的日常合作中）与有价值的员工一起合影。在你的律师助理帮你准备的简报上署名（并在最高法院的辩论中使用它）。

●感谢应该真实、具体。不要把感谢当成你必须完成的任务。若某人的行为对你的生活，或者他人的生活产生了情感方面的积极影响，那就真诚地告诉他。你应该承认那个人为此做出的牺牲。

● 说话时应看着别人的眼睛，而且若有可能，应选择当面致谢。

● 不要拖延。有时候，我们想把感谢的方式搞得独特一些，于是就选择晚一点道谢，这样反而错过了最佳时机。其实，感谢的话从来都是可以说两遍的。把手机的语音输入功能用起来。立即给对方发个短信或者赶紧写一封电子邮件："我刚和 × 先生开完会，没有你的帮助我们不可能谈得这么好。"

● 亲手写几句感谢话，让对方可以实实在在地查看和触碰到你的谢意。留在别人桌子或电脑上的便利贴可以"贴"很长时间。

● 准备一套表达谢意的材料，也就是在一个密保诺（Ziploc）密实袋里装上一些信纸和邮票。把上述袋子放进你的公务包或抽屉里。如果下次你忽然想匆匆写一封感谢信，所需的一切材料就都已经准备就绪了。

● 就在撰写本章时，我收到了表示谢意的鲜花，感谢我上周领导一家企业成功开展了团建活动，这令我有些惊讶。即使是收取报酬的"卖方"，也会对这种个性化的设计心存感激。

● 请记住，你的领导和你一样喜欢听到别人对他说"谢谢"。你可以多关注你的上司，看他是如何发挥鼓舞作用或支持作用的。

● 要想说谢谢，任何时候都不晚。请从过去的经历中振作起来，给曾经的教授、导师或同事写封信，让他们知道他们是怎样继续影响着你的。不必担心他们是否记得你。在你写完这封信后，他们（一定）会记得。

特别提示

★ 道谢时不要附带任何要求。感谢就应该只单纯表达谢意。

★ 真诚的感谢比价格不菲的礼物更有意义，更不容易被误解。

★ 组织团队成员聚餐或开展集体活动似乎是表达谢意的好场景，但对于通勤时间长或者工作日程紧张的人来说，这种形式也有可能给他们带来压力。一定要确保感谢方式符合你致谢对象的要求。

案例分析

为了按时完成项目，我只道谢，不提要求

投资者的资金进来了，项目也到了最紧要的关头。黛比可以把她的产品推出时间定得很紧张，但这意味着她一天 24 小时都得工作。黛比喝了大量咖啡，全力以赴争取按时完成项目，她的速度几乎没人能跟得上，而那些尝试像她一样工作的人则常常会出错。黛比需要一份计划。她没有发邮件痛斥员工的懒散，只对他们的工作表达了谢意。她没有说："你答应今天早上 8 点前交过来的报告在哪儿呢？"只说了一些道谢的话，比如："我很重视我们的合作伙伴关系。""你的技能对我们的新产品至关重要。""感谢你不断做出的牺牲。"

黛比的做法起到了预期的作用。大多数团队成员都回复她说："我就是来助你一臂之力的。我知道现在是疯狂时刻，那就冲吧。"在每天几乎要工作 24 小时的两个月里，黛比无论是在电子邮件中，还是在市政大厅里，都或公开或私下地向同事们表达了谢意。随着黛比手中的工作越来越繁重，她主动设置了一个周五日程提醒，确保自己在每一周即将结束之时可以衷心感谢团队成员，谢谢他们通过自身努力，推动项目取得了又一个重要的阶段性成果。团队成员并没有对黛比的要求愤愤不平，反而为自己做出的成绩感到骄傲，而黛比也没有被自己曾经的坏习惯（喜欢批评、羞辱他人，有时喜欢一个人独自完成工作）所困扰，这也令她自己松了一口气。

不写致谢信，你就会付出代价

在参加股票分析师终面时，鲍勃见到了他未来的上司、两位未来的同僚，以及一位职级较低的面试小组成员。面试结束后，面试小组聚在一起，讨论大家对他的印象。他简历上的各项条件都非常符合要求，但有一点令大家不太满意。那就是：鲍勃看起来有些傲慢。这只是一种感觉，但也并非空穴来风。面试小组的每位成员都收到了鲍勃体贴周到的致谢信，除了……黛利拉，那位职级较低的面试小组成员。招聘经理有些担心，这是一个"信号"，一种暗示，鲍勃可能不重视下属。他打电话给鲍勃的推荐人，得知鲍勃的确更擅长于管理自己，他不太懂得如何尊重直属下级。最终鲍勃没有得到这份工作。

4

称呼名字

引发关注，承认个性

我不是一个数字——我是一个自由的人！

——帕特里克·麦高汉，《六号特殊犯人》主演

若听到有人叫你的名字，你的头脑中就会出现一把点燃神经的钥匙，激活你的注意力，并促使你参与接下来的互动。名字承认了你的存在，提供了你的身份，是获得服务和各种机会的通行证。否认别人的名字是人性缺失的表现。名字的意义如此重大，以至于在南非后种族隔离时代的宪法中，它被界定为一项基本权利。名字赋予我们尊严，让我们闪耀出独特的光芒（哪怕只是短暂的瞬间）。工作时，知道别人名字的含义可以在表示尊重的同时，让对方感觉到你在关注他们，将他们视为同等的人。如果你想与对方建立深度连接，那就从称呼他们的名字开始吧！

许多时候，现实情况都是这样的：办公室里的每个人都知道领导的名字，但那些职级较低的人却得不到同等的认可，特别是在维修部、食堂等领域工作的后台支持人员，而且最令人啼笑皆非的是，这些人中竟然还包括了接待人员——他们本来就是负责了解和标注访客姓名的。为了符合同事的发音习惯，拥有外国背景的员工（无论资历如何）不得不修改自己的本名，这不但让他们感觉受到了轻视，而且时刻提醒着他们与旁人的不同。正如戴尔·卡内基所言："无论哪种语言，名字都是其中最甜美的声音。"我的同事詹娜在北京工作时，一位美国客户问她，能否称呼她娜塔莎，因为她是俄罗斯人，而且娜塔莎这个名字他更容易记住。故意记错名字，是将某个群体的舒适感凌驾于其他群体之上的行为，特别是在跨文化环境中工作时，这种情形更为明显。要弄懂一个人的名字，要真正认清你身边的人，你就必须投入时间和精力学习一些跨文化的知识。不关心别人名字的行为多少会显得有些轻慢他人，你可能不是恶意的，但别人有可能产生屈辱感，从而导致人际关系出现裂痕。

本章适用对象

◆你已经意识到，立即与他人建立联系很重要。

◆因为有了许多人的帮助，你每天都过得更高效、更快乐或更有趣，但是……你称呼帮助你的人"高个子"和"戴红眼镜的家伙"，因为你不知道他们的名字。

◆发生了大规模的员工变动，而且大伙儿看上去都有些迷茫。

◆你想让对方感受到尊重和尊严。

行为建议

●现在就从办公桌前站起来，在办公室里走上五分钟。你知道在座所有人的名字吗？

●做完自我介绍后，要问问对方的名字，而且每次都应该这样做。

●无论是召开会议，还是在工厂走动，都要确保在场所有人知道彼此的名字。若有人不清楚，就给他做个介绍。

●开会时，试着按照每个人的座位记下他们的名字——这有助于会后回忆。

●请你的同事与你分享与其名字相关的任何历史；这种方式可以帮助你在倾听他们的家庭故事的同时，记住他们的名字。

●在手机上新建一个联系人名单，专门记录为你提供服务的人，包括清洁人员和停车场的工作人员。在你记住这些人的名字前，为手机设置上班前提示，这样每天一早在你即将走进办公楼时，你的手机就会弹出不断闪烁的提示信息。

● 有些人的名字听起来像是外语发音。你可以在相应的联系人名片上输入拼音，这样就能正确念出名字了。

● 尽你所能——不要因为你自己觉得称呼昵称会更加轻松自在，就在工作中推行这种做法。办公室里的每个人都有权为自己取一个庄重的名字。

特别提示

★ 是否知道别人的名字是无法伪装的。你要么知道，要么不知道，而且在某些情况下，知道对方名字其实相当重要。如果你确实忘记了，那就向对方道歉，并请他给你提示，帮你回想。你可能想描述一下你们上次见面的情景："我记得我们在大厅里讨论过关于雕塑的问题，但我恐怕不记得你的名字了。"

★ 不管你觉得自己有多快乐（或无害），像"甜心""亲爱的""亲"这样的亲昵用语都不适合在工作场所使用，也不应用来代替别人的名字。

★ 为了避免适得其反，请务必记住：语气很重要。你不会想要暗示别人，你是为了举报某人才去问他的名字吧。

案例分析

将名字牢记于心

在一次成功的客户会议后，公司的高级合伙人韦恩选择向阿尔曼致谢，感谢他为此所做的贡献，并询问了他的名字。这已经是第四次了。第一次被问到名字时，阿尔曼感到受宠若惊。第二次时，他仍然沉浸在受到赞赏的喜悦中，对韦恩的辛勤工作给予了大力支持。第三次时，阿尔曼开始觉得心烦，现在已经是第四次了，韦恩的这种漠视行为早已在他的意料之中。阿尔曼考虑建立一个办公室活动基金。如果在韦恩（第五次）询问下属名字时，每个人都向基金投入一美元，那募集起来的钱一定够吃一顿丰盛的大餐了。韦恩对阿尔曼敷衍了事、心不在焉的虚情假意，损害了阿尔曼心中所有美好的愿望——韦恩却因为驻足时间太短，没能锁定阿尔曼发出的信息。你可不要跟韦恩犯同样的错误啊。

见到谁就招呼谁的名字

相较上一个案例，安东尼（托尼）·莱希奇医生却在 ArchCare 公司的亨廷顿舞蹈病诊疗区传播着一种特殊的医学魔法。我跟着莱希奇医生进行星期六上午的例行查房。他跟接待人员打招呼时都是称呼对方的名字，呼喊勤务人员时也是称呼他们的名字。当然，在感谢各位护士时他也道出了每个人的名字，而且还将我们一行人介绍给了他的病人。虽然这些病人的身体正在遭受着残酷疾病的蹂躏，但他们的尊严却得到了医生个性化的关怀。当我们停下来吃点心时，莱希奇医生向厨房工作人员询问他们的周末安排，对，也称呼了他们的名字。中午时分，一位来访的钢琴家开始在自助餐厅演奏，在座之人都觉得自己正在见证一场非常特别的聚会，所有坐轮椅的客人都在庆祝着他们的这次相聚。莱希奇医生能够说出自己看到的每个人的名字，无论他们是企业的员工还是残疾的病患，如此便建立起了一种崇尚尊重的文化，同时也表明在这个充满活力的集体里，员工们走到一起不是为了执行任务，而是想要互相照顾。

不要只介绍自己的名字，还要询问对方的名字！

雪莉丝在等候区迎接她的客人，与每位客人握手的同时，询问了他们的名字。她将客人带到会议室并为他们送上饮品。这四位潜在的业务伙伴中，有三位都点了自己想要的饮品。雪莉丝带着他们的咖啡回到房间后，说道："我叫雪莉丝·托雷斯，是谷歌商务（Google Commerce）的市场总监，很高兴认识大家。我们还有大约 52 分钟的会谈时间。我们按什么顺序进行讨论呢？"

房间里的几位专业人士都惊呆了，他们错将她当成了接待人员，浪费了她宝贵的时间，"我们根本不知道您是雪莉丝！"在讲述这个故事时，雪莉丝道出了自己的疑惑：是因为她比较平易近人（亲自到门口迎接客人），还是因为她的性别或肤色，才使得对方没兴趣与她交换名字。不管真正的原因是什么，几位客人都没有询问雪莉丝的名字，这让我们看到了这些争取未来合作机会之人的性格特点，但是他们并未给人留下好印象。

5

赞美

自尊心是助推火箭的燃料

只要一句赞美之言，就能让我活上两个月！

——马克·吐温

自尊心是社交方面的一剂灵丹妙药，可以激励个人和团队全力以赴。我们的内心深处都有着同一个欲望，就是成为有用之人，能为更广袤的社会做贡献。我们的努力能够得到认可，进而能够站到更高的平台上，更加努力地工作，同时由于感觉到自己的重要性及自我价值的增长，我们也能受到激励。正如 Lady Gaga 的歌曲中所唱到的："我活着就是为了掌声、掌声、掌声。"

自尊心是一种"投资货币"。就像说"请"和"谢谢"一样，赞美虽然无须付钱，却很有用，而且需求量极大。无论你在组织中处于何种地位，都可以恰到好处地去赞美别人。为了提高大家对工作的满意度，你应该毫不吝啬地称赞他们，但绝不可胡乱夸奖，你的赞美之辞一定要符合他们的实际情况。不切实际的赞美听起来就像空洞的奉承，会对后续真正值得认可的努力造成伤害。赞扬循序渐进实现目标的每一步行为可以起到激励作用，因为它承认的是进步而非完美，并且可以更频繁地表达真诚的欣赏之意（并且有机会建立积极的联系与沟通）。

罗伯特·西奥迪尼所著的《影响力》一书，是销售人员心目中的圣经。书中有一个重要经验：大多数人都非常乐意听到奉承自己的话。能从我们所做事情中找到亮点的人，我们更愿意与之合作。如果你称赞自己的同事，他们会用行为来证实你的评价。毕竟，他们不能辜负了自己的名声！

虽然大多数管理者都认为他们经常表扬员工，但我很少遇到有员工觉得管理层充分重视了他们的成绩。再来说说管理者，他们可能有奢华的办公室，乘坐航班时可以获得升舱服务，而且奖金也比普通人高，然而就是这样的大人物，也是有感情的。创建一个尊重共同人性的职场是劳资双方的责任。高处不胜寒。如果你的领导即将登上领奖台，你可以向他点点头，表达你的信赖之意。如果你在绩效考核期间看到队长站在大厅里，那就不要一味地沉溺在自己的焦虑情绪中，你可以问候他一句："您还好吗？"并感谢他付出的辛勤劳动。毕竟，写作和提交评估报告是一项繁重的年度工作。

你可以记住这样一项统计数据：一个负面评价带来的不良影响，需要五个正面评价才能完全抵消——所以要随时关注获得各种赞美的机会。

本章适用对象

◆你对自己完成的工作充满信心。

◆你给人的感觉是，占据了太多的聚光灯（和功劳）。

◆士气低迷，但负面情绪高涨。

◆你的团队正在从恶劣境况、竞争状态或负面影响中逐渐恢复。

行为建议

●除了道谢，还应该称赞同事的独特贡献，这样可以增强你的致谢效果。今天就去试试吧。查看一下日历记录。本周有哪些人令你感到惊喜或开心？先花上一分钟讲讲来龙去脉。告诉你的同事，为什么他们的工作对你及整个团队而言都非常重要。这件事其实可以很简单，比如，你注意到有位教育工作者在冷雨中面带笑容迎接刚从巴士上下来的孩子们。你就可以让他知道，你很感谢他为这一天营造起来的良好氛围。

●承认早期的成绩。将同事的贡献与更高层次的团队长期目标联系起来。在制定工作进度会的议程时，专门安排五分钟时间对他们提出表扬。即便你不是领导，我们也建议你花点时间去称赞你的同事。

● 赞扬不能拖延。你的赞扬一定要明确、真诚。

● 你的赞扬只有与对方高度重视的领域保持一致，才是最有效的。如果你的同事十分推崇社区服务，就想办法评论一下他们所做的工作让企业附近的居民享受到了哪些好处。

● 腾出时间，与别人共同分享他们的成就（这样，你就可以称赞他们了）。在出席会议时，不要只顾着埋头解决问题，还要问问哪些方面进展得比较顺利。

● 除了称赞你的领导、同事和下属，你也可以表扬自己的对手。你可以学习极限飞盘运动员，向胜出的队伍送去赞美之辞。

● 不要吝惜对别人的赞美。不要被错误观念迷惑，认为奉承别人会削弱你的地位。事实恰恰相反。评论性意见才能彰显你的权威。

特别提示

★ 不要把赞扬别人变成卖弄自己的成绩。

★ 如果别人反过来赞扬你，请回答："谢谢。"——千万不要拒绝别人的好意。

★ 赞扬别人时，不要附加额外的工作要求。

案例分析

奥运技能

2012 年伦敦奥运会的奥组委 CEO 保罗·戴顿有着非常强烈的意愿，希望"利用奥运的力量激发出持久的变革"。他将重点放在"包容"二字上，招募了 7 万名志愿者，让他们代表英国国内多元化的面孔。这些人之所以能被选中，是因为他们把自己看作这项使命的组成部分，保罗也尽其所能不让这些人"失去动力，把事情搞砸"。为了在这个多元化的群体中培养崇尚尊重的文化，他借鉴了自己任职高盛 25 年的银行家经验。保罗注意到赞美是高需求和低供给的。因此，他可以运用市场解决方案，把大家最想得到的东西给他们。保罗想方设法找出表现优秀的人，并鼓励其他工作人员向他们学习。在奥运会筹备及举办的过程中，保罗遭遇了许多艰难时刻，但他仍然是现代夏季奥运会历史上唯一一位任期满7年的CEO。从他的经验中学得一二，会是你不错的选择。

赞扬明星员工的亲人

从2008年我与同事贾玛·保罗第一次在印度海得拉巴合作的那一刻起，她就成了我身边的关键人物，我开始叫她"6号快拨键"。有一次，我连行李都没带，只提前了几小时匆匆赶去业务会议现场，而贾玛还真的从她衣柜里把需要的衣服拿给了我。她才刚开始做这份工作，却从里到外都很适应。她有一种惊人的能力，能让每个人都感到轻松，因为她能协调好相关工作，包括我们应该见谁，需要哪些背景材料，甚至我们要吃点什么。我如果遇到问题，会按快拨键6去找贾玛，而她就会给我答案。

贾玛曾向我透露，她的父母对女儿的职业生涯有着无数种憧憬，但其中并不包括在轻易无法实现自身目标的公益企业里担任项目经理。贾玛能够快速、有效、富有创造性地解决问题，这对我们团队来说是非常宝贵的。我该如何表达谢意呢？我选择给贾玛写信，赞扬她才能出众，详细讲述了她的才能对我们组织产生重大影响的原因，并表达了我对她的职业选择有多么感激。我鼓励贾玛与她的父母分享这封信，因为对女儿的赞扬也就是对父母的赞扬！十年后，我可以很自豪地向人介绍，贾玛是聚贤社的联席管理合伙人。她拥有洞察周围情况并预见解决方案的能力，并将继续发挥她的能力，帮助我们每个人更加高效地完成工作。

6

已经知道了吗？那就请如实回复

帮助同事管理时间

为了让项目继续推进，让每个人保持理智，我们需要施展一种魔法。

尊重，关注，以及减少焦虑。这不是很理想吗？尽你所能消除不必要的忧虑，避免人们在感到被忽视的同时还认为自己受到了轻贱。当同事通过电子邮件给你发送已完成项目的信息，或者请求你的帮助与支持，又或者与你分享重要公告时，请回复一句"知道了"。在日常事务中增加这样一项简单操作，可以提供一种心理保证，表明你已经关注到你的同事——已收到他们的信息，请他们不必紧张焦虑。"知道了"三个字是人与人之间一个极快速的连接点，表明在这种电子沟通方式的另一端坐着一个真实的人。回复一句"知道了"，可以表明你对上级、下级及同僚的尊重。你还应该用它来回复客户、供应商和求职者。没人希望自己的字条被送去了太空。

虽然有些人可能会辩解说，回复"知道了"会让收件箱里塞满不必要的邮件，占用太多的空闲时间，或者堵塞手机的上网通道，但若是没有这种承认，就会造成信任被侵蚀，从而激发消极思想，并引出夸大其词而且不断升级的内心对话：

"她为什么不回复？一定是她不在意我。"

"也许是我无意中冒犯了她？"（提示你翻出过去的邮件，从中寻找冒犯她的信息，这实际上是浪费时间的行为。）

"如果我得不到所需的信息，这个项目就始终无法完成。为什么总是让我等着呢？"（沮丧情绪高涨。）

"如果我们不能按时完成，那全都应该是她的错。"（现在你生气了。）

你若把这些感觉带回家，那你在家里会更痛苦。一个简单的要求会激起一场情绪上的灾难。首先是你不开心。如果你正面对着其他人，那他们很快也会不开心。一句简单的"知道了"就能避免所有这些浪费时间的反应。不要做你的那位同事，他太专注于自己的待办事项清单，以至于忘了还有其他人在想他们能否得到需要的信息，何时才能得到这些信息。同样地，没有什么比在一份报告上磨蹭几个星期更糟糕的了，把报告呈报给老板，然后……石沉大海。不要做一个不肯承认员工完成并呈报的工作，并以此贬低员工价值的经理。而且，使用邮件的自动回复功能也不好。确实，这是他们的工作，但你不能那样处理。应该立即让你的团队成员知道，他们的努力是有价值的，足以当得起"知道了"这句宽慰人心的话。

除了用"知道了"这句话回应外，如果接收的信息中还包含你无法立即执行的要求，就请估计一下自己什么时候能够完成该项任务。有效管理自己的时间是职场权力的一种表现。让我们等待的人是在维护他们的控制权。只有告知同事你什么时候需要得到信息，他才能据此制订相应的计划。你的下属员工是否已将他们的演示文稿发送给你审阅，然后在办公室等待按你的意见进行修改（而你却在出席客户的晚宴，明早以前都无意提供反馈意见）？相信我，你的团队成员会很不开心。

人有时候出于善意，会等到答案出来后再采取进一步行动，即使这需要等上好几天。我们都有过这样的经历，照顾客户、出席会议、集中精力完成另一项需要优先处理的事务——实质上，就是在做本职工作——可能都意味着你在拖延别人的时间，或者让别人感到失望。举个例子，采购部的戴夫问你，在过去三年里，你在购买机票这一项开支上花掉了多少钱。对于这件事，你需要花点时间进行整理统计。你没有回复戴夫的邮件，即使你正在处理他的要求。与此同时，戴夫也想知道你是否收到了他的信息，有没有忘记这件事情，以及怎么会需要这么长的时间。你的现实情况是什么？你是一位工作勤奋的团队成员。而他的看法又是什么呢？你是个瓶颈，耽误他完成必须完成的报告，这可是要提供给公司的决策依据，供其权衡是否需要更换旅行社。写出"知道了"三个字只需要几秒钟的时间，却能够省去别人数小时的焦虑与不安。

本章适用对象

◆ 由于你迟迟没有答复别人提出的要求，对方便直接来到你的办公室找你。

◆ 你认为这本就是对方的工作，因此当他将你要求的材料报送给你时，你没有告知他你已收悉。

◆ 你的收件箱中有大量未读邮件，加起来的总数比你的体重数值还大。

◆ 当最后期限临近时，你戴上耳机，全神贯注……并祈祷收到的邮件中没有与你无关的要求。

◆ 当有人第五次追问你是否收到邮件时，你却回复："它肯定被拦截到垃圾邮箱里了。"

行为建议

● 收到任何工作请求、特别通告或已完成项目报告，都应立即回复一声"知道了"。

● 不要等到读完冗长的文档或完成耗时的任务后再通知相关人员，应第一时间确认收悉。

▼管理要求

● 每天扫描你的收件箱并进行邮件"分类"。回复你之前错过了的所有值得回复"知道了"的邮件。如果要求不适当或不合理，请立即予以回复并解释其中的问题。根本不回答往往会加剧潜在的冲突。

▼提出要求

● 通过在标题行中写明相关事项，让对方知道需要完成什么工作。你如果需要对方立即回复，请注明"紧急"。

● 在电子邮件的开头部分，写清楚你希望对方完成的事项。如果你只需要对方在下周将结果报给你，那也把这个最后期限写进电子邮件。每个人都喜欢有喘息的时间，而且总是希望在最后期限前合理安排自己的工作。

● 为你的团队提供帮助，让他们更好地帮助你。如果你喜欢在半夜进行头脑风暴，穿着睡衣提要求，那就尝试一下，把你写的电子邮件归档到草稿箱里。待到同事早上醒来，能够确认收件情况时，再把它们发出去。

特别提示

★ 一句"知道了"并不能取代完整、合理的回复，因此，如果可能的话，还是要给对方一个预计的回复日期。然后，在你的日历上设置一个工作跟进提醒。

★ 如果你担心一句简单的"知道了"会过早给对方"自己已经同意"的暗示，那就回复"邮件收讫"吧。

案例分析

并非只有你提出的问题才重要

有这样一位值得信赖、从不胡说八道的生意人，一位你想与她一起喝杯咖啡的同事——她就是温迪。温迪是一家服装公司的高管，她为自己能够解读办公室里所有人的想法，能够敏锐感知他人的需求而深感自豪。然而，在年终评估时，温迪却收到了意想不到的反馈意见。有同事说，尽管温迪询问信息时，他们都快速回复了，但轮到向她提要求时，她却经常用"遥遥无期"这个词来回应（我们指的是几周，而不是几分钟）。温迪的第一反应是把这个不同意见解释清楚。她需要的答案应该在财务部，"他们就是为了这件事，"然后她顿住了，"我做得不对，是吗？会计人员请我做一个与未来项目相关的分析。我可能需要几周时间才能得到我需要的预测资料，然后开始写报告。"这是一个惊喜时刻，因为温迪意识到她的行为和她期望的声誉是不一致的。虽然温迪不可能在所有工作完成前就给出答案，但她此刻已经意识到，她至少

可以先确认对方的要求，解释必要的步骤，并（在理想情况下）提供预计的
完成时间表。

揭示企业文化

当亚斯明通过猎头渠道应聘一家大型时装店的董事级职位时，作为面试
流程的组成环节，对方要求她回答四个比较有深度的问题。招聘经理要求她
在 48 小时内答复。亚斯明放下其他一切事务，在一天内提交了全部答案。但
她却没有得到任何回复，对方没有确认所提交材料是否已收讫或者告知相关
材料是否正在接受审查。没有"谢谢"，也没有"知道了"。两周后，当对方
的设计师请她过去进行更深入的面谈时，她犹豫了。对于这样一份公司认为
时效性很强的材料，竟然没人抽时间告知她已经收到，经此一事，亚斯明对
企业文化有了许多新的认识。

7

反馈

每个人都能从中受益

我做得好吗？我做得很棒吗？是不是如我所料搞砸了？为什么没人告诉我？不安全感会令本该成功的事情最后以失败告终。我们需要知道自己做得如何。提出（或接受）纠正意见可以巩固人际关系并深化彼此间的联系。让同事看到自己的盲点能给你的工作赋予更多的意义。我们很高兴看到恰如其分的反馈意见所产生的直接、积极影响。

直接提供反馈意见并不是一项日常工作，在没有这种反馈的时候，我们会去观察同事的面部表情，分析文字记录的细微差别，并监视我们是否参加了"本应该参加"的会议，我们希望通过这些方式得到有关我们表现的线索。你走进办公室时，已经捕捉到了他们看你的目光。你猜测应该有什么地方不太对劲，但大家什么都没说。

作为一名心理教练，我会采取访谈的方式，深入了解人们对与我共事的高管人员的看法。毫无疑问，董事会成员、中层管理者、同僚和下属都会在认真思考后给出评价。然而，当我问道"你直接告诉他了吗？"时，答案却是"没有"。导致这种情况的原因包括害怕引发冲突、没时间提供反馈意见，以及担心自己的意见可能不受重视，正因如此，企业的绩效改进导航系统停摆了。你感到迷茫？你不知道自己的表现如何？不必聘请外部顾问。抽时间多与同事相处，你可以问问他们的看法！

有时候，纠正令人难堪的行为也很容易。安全标志告诉我们："看到什么就说什么。"如果你把这一条应用到办公室里，我可能会损失很多工作。CEO

们可以与人谈判跨国并购案，却要请我转告他们的下属，不要再把案情摘要装进黄色的小背包里了。

本章适用对象

◆你的日常工作目标之一就是支持个人职业发展。

◆你是敏锐的行为观察者，同时也是害羞的评论者。

◆相比正式的讨论，你感觉闲聊更轻松愉快一些。

◆如果你发现直属下级存在工作上的问题，你都会请其他人转告他们。

◆你基本上是在年度绩效评估时，才会提供反馈意见。

行为建议

●如果可能的话，应尽早地私下提供反馈意见。此处有一个潜在的假设，就是相比收集到全部"确凿"证据后再提供的迟到信息，适时反馈可能更有价值。

●应将别人的出发点看作善意的。关注他们的行为，并给出具体的改进建议。

●主动征求反馈意见。不要成为最后一个知道自己表现的人。问问其他人，他们与同事交谈时，会用哪些词语形容你。

●提批评意见就像做三明治。先以恭维话开头，然后提出你的建议，最后用一个积极信号来结束谈话。

●请记住，如果你的反馈意见得当，那些位高权重的人就会重视你的反馈。正如我的一位客户所说："我成名之后就再也无法触摸到自己的世界了。我基本上就是在自己的高管办公室（它后来也变成了应声室）里与八个人谈话。"

●试着"向前看"。提供反馈意见时，应关注下次如何能做得更好，而不是过去哪里做错了。

特别提示

★请记住，让别人感觉"达不到"会削弱他前进的动力。在与他人分享你对其表现的评价时，请不要提及你的成绩。

★ 无论提出还是接受反馈意见，都应保持风度。如果别人提出的反馈意见，从他们的立场看是合理的，那么，即使你不同意，也应该向他们道谢。

案例分析

换掉红色套装

"您与参加研讨会的英国男性银行家大不相同，"瑞银培训主管表示，"您是一位女性，一位美国人，一位心理学家，穿着非常漂亮。我们唯一能够改变的就是您的套装风格。"是的，在我的客户们的衣橱里，衣物颜色只会是从灰色到深蓝色，但我总是喜欢用各种颜色来装点我的外套。才刚刚迎接这位毛遂自荐的时装顾问，我的脸就红成了衣服的颜色。当我按捺下自己的怒火后，才意识到这并非在侮辱我。我没有被解雇，也没有失去合同。她在教导我如何取得成功。深红色套装的故事已经深深印在了我的脑海中，提醒我时刻保持敏感性，通过适当的方式将客户群体与自己关联起来（或区分开来）。渴望在工作中保持本色，这也许是我们的目标，但我们不能太专制。适应客户终归是很重要的。

不要害怕提批评意见的人

"我做得如何？"这是纽约市前市长埃德·科赫最喜欢的一句话。当还处在政治生涯早期、正积极参加竞选时，他会在每周五早上去地铁站发放传单。他提出的这个问题出人意料，让忙碌的上班族们停下了脚步。随着时间的推移，这成了他独有的品牌形象。科赫停顿了半秒钟提问，然后又逗留了一秒钟听答案。只因问出了这个问题，他为自己赢得了信誉。让别人发表评论意味着对他们的尊重，同时也是在邀请他们成为你赢得未来成功的伙伴。科赫市长预见到了如今在网络上非常热门的客户体验评级行为。真相可能会对你造成伤害，但不知道真相会更加危险。当代表客户进行反馈意见访谈时，我总会要求与他们中批评意见最多的那部分人面谈。这不足为奇，因为征求他们的意见往往能把竞争对手变成支持者。

问题并非出在头发上

乔在公开场合和员工大会上说了很多冷嘲热讽的话，这激怒了她的老板利达。利达经营着一家成功的招聘公司，而自主权是公司文化中引以为傲的组成部分。尽管工作时间灵活，但利达认为乔的某些行为利用了这项公司文化。比如，乔中午会离开一阵子，回来时头发就做成了漂亮的大波浪。"她怎么敢如此浪费我的时间？"利达很生气，但她什么也没说，因为她不想制造冲突。然而，当乔离开办公室时，利达会阴阳怪气地说："哎呀，忘了把乔也包括在客户联系电话里了。"利达和乔都跳了一个被动的攻击性舞蹈，没有任何一方感到愉快。

在参加了相关培训后，利达将情况向乔和盘托出并提供了建设性的反馈意见。因个人原因离岗是在利用公司政策，而老板对她的负面评论则进一步削弱了她对老板的信任。乔起初并不高兴。她的绩效目标都完成了，所以即便利用了公司政策又算得了什么呢？但利达很坚持。她认为，办公室的工作时间很重要。出去见求职者是另一回事，但中午的美容习惯与公司所珍视的勤劳价值观并不相符。更重要的是，利达为自己不能指望一名高级职员做出榜样而深感失望（还感到伤心）。归根结底，问题并非真的出在头发上，而是跟不受尊重的感觉有关，这是一个极其重要的反馈。双方一旦进行了直接对话，隐藏的匕首也就放下了，乔、利达及整个团队都松了一口气。

第二部分　调动所有感官

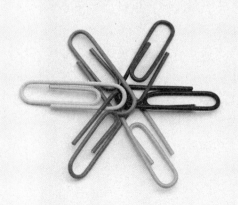

深度连接

新商业时代的 52 种有效沟通方式

　　知识是你的竞争优势。未知的人和事可能会对你造成伤害。一味地躲在职位和电脑屏幕后面是不行的。在你埋头苦干"完成工作"的时候，你的同事每天都会传递一些你无法理解的关键信息（尽管有时是间接的）。此刻，他们的表情、他们的步态变化或者他们在椅子上挪动的方式，可能看起来微不足道，或者太过分散注意力，没有探讨的必要。然而，正是这些看似怪异的行为有可能反映了更广泛或者更重要的一些行为模式。你错过什么了吗？

　　你不能只依靠语言这一种沟通方式，它会把世界变成只有黑白两色。为了真正出类拔萃，也为了能够深入联系，你想用特艺集团的技术及环绕立体声来呈现办公室里的互动方式。那就占用自己几分钟时间，把你的感觉从自动转换成手动，学习如何与周围的人相处。促使同事如此行事的真正原因是什么？要多听。不要害怕相处时出现冷场。要多看，观察**每一个人**。可以尝试组织团队聚餐。你的同事把他们的秘密都告诉了我，只要你能放慢脚步，表现出倾听的兴趣，腾出时间参与非业务性、非目标导向性的活动，他们就会与你分享重要信息。停下来关注非语言的线索会帮助你达成目标。找到工作的意义也并非遥不可及。你与他人分享经验的每一个片刻都是在共同创造工作意义。

本部分的适用对象

· 你希望工作时能更有活力。

· 团队士气低落。

· 平静的表象下是正在暗暗酝酿的冲突。

· 你不太清楚发生了什么事。

· 你的职位或预期工作目标发生了重大变化。

· 你的办公场所高度依赖电子技术，人们都通过电子设备相互交谈，
  并未开展面对面的沟通。

· 你的团队大多数时候都不在同一地点办公，现在你有一次召集大家
  的机会。

8

不要忽视任何人

边缘之人的观点往往会优于常人

关注是无可非议的鉴别器。躲避一个人的视线，会抹去那个人的存在。锁定目光（即使很短暂）能够创建一种连接，具体到此处，就是告诉对方我们同属一个团队。我们把目光从我们认为不该看的人或事上移开，因为它会令我们——或其他人感到难堪。你在靠近某人时，若选择将视线移向远处，则传达出的讯息就是"你不重要"。相比之下，看向对方或者与对方交换眼神则表达了尊重之意。然而，并非每个团队成员都能被看见。如果我们不承认共事之人的存在，就会强化一种具有破坏性的等级制度。在如今这个数字化连接的时代中，即使许多员工无法被看见，我们也会承认他们做出的贡献，并将他们视为自己的团队成员。然而，那些为你擦地板和洗手间镜子的清洁工，他们都是真实存在着的，你却可能一直都看不见。他们看见你了，但你看见他们了吗？

当打印机墨粉用尽、马桶堵塞、暖气无法使用、窗户也打不开时，你会感到非常难受。当你被锁在办公室外面，没人接听你的电话，没人为你开门，而且已经下班的保安还突然出现在你的面前时，你终于感受到了那种平时察觉不到的感觉。宇宙就是这样运行的。看不见的质量改变了彗星的轨道；暗能量加速了超新星；地球的磁场牵引着鸟类、海龟和水手的指南针。整个可见领域都是受不可见因素驱动的。确保在整个职业生涯期间能始终保持专注。要想建立深度连接，就请睁大双眼，观察你周围的一切。

本章适用对象

◆ 你认为每个团队成员都很重要，你还想让他们本人也知道自己的重要性。

◆ 你的态度可能有些轻慢或者无礼。

◆ 支持人员提供的材料不完整，或者没能按时提供材料。

◆ 你在办公室里走动时，可能会迷失在自己的思绪中。

◆ 你与不认识的人一起开会时，会因为工作忙或者害羞而忽视了他们。

行为建议

● 当你进出办公大楼时，请抽出一秒钟时间，用眼光扫一扫为你开门、整理邮件或者清洁地板的那些人。现在，请告诉我，你能描述出他们的制服款式或者回忆起他们的衬衫颜色吗？如果不能，就走回去，重新进一次门吧。你可以假装有东西忘在车上了。

● 会议开始前，请先扫视整个会议室。你与每位参与者都交换眼神了吗？是的，每一位。

● 注意保持专注。问问你自己，如果在你的视网膜上安装一个隐秘的摄像头，它能将你注视的东西回放出来，你会不会对自己关注的一切感到骄傲。

● 进行自我观察，看是否有过度关注某个人而排斥其他人的倾向。如果你对重要之人的标准做出了限定，竞争就会占据优势。我们都有过这样的经历：由于太在意某个人的意见，以至于将这世上其他人都视为不存在。问问你的配偶或室友，你在谈论工作时，提到某个名字的次数，是否比提到其他任何一个名字的次数都多。

● 走路时把手机放进口袋里。减少同时处理的工作任务数，可以帮助你扩大视野。

● 邀请与自己不同类型的人一起散步，敞开心扉，专注于了解（并被介绍给）他们认识的人。

● 请记住，你选择看到的人和事将成为你转变的基础。

特别提示

★ 注意，不要一直盯着别人看！我们是在进行眼神交流，并非要让对方紧张不安。

★ 如果眼睛是心灵的窗户，那戴着太阳镜就像拉下了百叶窗，会阻碍人与人之间的联系与交流。请把你的百叶窗收起来。

案例分析

你为什么就不能看着我

经过艰苦的谈判，卡罗尔的老板肖恩终于让法律部门给她寄去了一份新的劳动合同（晚了整整 5 个月），这深深刺痛了她。卡罗尔把合同带到肖恩的办公室请他签字，肖恩敷衍地签完字，隔着桌子把合同扔还给了她。钱不是她想要的，耽搁了这么长时间才签订劳动合同，她不明白自己为什么还要如此卖力地为肖恩工作。请肖恩签字时受到的冷遇促使卡罗尔想要辞职。"为什么他连看着我的眼睛，说一句'我期待在未来的两年里能与你共事'都不愿意？"卡罗尔回到办公桌前，开始更新自己的求职简历。

不要对同行之人视而不见

在通往米格尔家的一条未经修整的小路上，我踩到泥巴滑倒了，那一刻天上正下着倾盆大雨。米格尔的家位于圣保罗郊外的一处贫民区，我此前曾通过一个名为 Instituto Rukha 的巴西非政府组织与米格尔见过面，这家组织的主要工作是促进贫困家庭与潜在社会服务之间的联系。与我同去的是一家有着良好声誉的国际企业的几位合伙人，他们想见一见为巴西世界杯和奥运会服务的潜在劳动力的代表们。米格尔同意在自己家里组织一次会谈，向大家展示一下基础服务缺乏、公共投资有限的贫困社区的生活现状。

登山时，同行的几位高管都步履蹒跚，为了稳住身形，他们（未事先征得同意就）把手搭在身边人的肩上。他们的外套和雨伞都扔给了主动伸出援手的几位志愿者翻译。结束贫民区访问后，在我的一再催促下，高管们终于在共进午餐时请同行的几位翻译聊聊各自的情况。然而，结果令他们十分意外，这些衣着随意、乐于助人的"助手们"分别是几家家族企业、一家大型咨询公司和一家大型建筑公司的老总。他们自愿提供服务，换取进入他们平时只能远远观望的这类社区的机会。若是在城里，几位志愿者管理的企业很多时候反而是我们这个高管团队的业务推销对象！"我很抱歉，如果我能早一点知道，就不会那样对待各位了。"我们的定点访问让这个企业团队了解了巴西，但更重要的是，帮助他们更好地认识了自己。

尽管几位高管都认为自己彬彬有礼、自我认知度高并以此为傲，但他们也意识到，自己很容易忽视就在身边的人，或者更准确地说，他们没有"看到"这些人，没有与他们打交道。第二天，我注意到这个企业团队的成员都特地向酒店的客房服务员问好，并在行李装车时与搬运工攀谈。当他们步入会议室时，大家也行动一致，都注视并感谢了我们团队（及他们内部）的所有成员。

9

用聆听去激励

利用非语言的方式促成更深入的交谈

我喜欢聆听。这是仅有的你可以保持安静的环境之一。此外，你还能被感动。

——纳依拉·瓦希德

在你等待发言的时候，倾听并不是放空大脑的机会。它是一项全身运动。那些真正了解事情真相的擅于倾听之人，会调动起所有的感官并全身心地投入其中。在《心灵智慧》一书中，尼古拉斯·艾普利的实验表明，当要求人们判断陌生人的想法时，他们会对自己的换位思考能力非常自信，但他们的尝试结果通常只能比意外情况稍微强上一点点。我们自认为知道事情的真相，但事实并非如此。我们常常都在进行自传式的倾听，比如浏览我们自己的各种经历，通过分享我们自己的故事展示同理心等——这个过程实际上干扰了我们的注意力。有时候，我们更想努力通过对话，促使别人理解自己的立场，而不是真正实现沟通。

史蒂芬·柯维发现，高效能的人士都是首先寻求理解别人，然后才寻求被别人理解。一旦你的对话伙伴感觉你真的在倾听，他们就更有可能询问你的观点，而你就能更好地提出宝贵意见。"这与你是否成熟有关。"维亚康姆集团首席执行官鲍勃·巴基什表示，"你没必要听从别人的建议，但是，如果你提出了问题，就一定要证明你确实在聆听别人的意见。"

本章适用对象

◆ 你自认为自己的声音非常美妙动听。

◆ 你觉察到有错误，但没有人承担责任。

◆ 你的团队快速组建成立并立即投入工作，团队成员之间其实并不了解。

◆ 你的团队成员彼此间非常融洽，而且喜欢用缩略语交谈——以至于无法准确理解对方的意思。

行为建议

● 练习说"请再多讲一些"，无论是用语言、微笑，还是你的眼睛来表达这层意思。

● 向对方证明，你听是因为你想听，而不是因为你必须听。把手机调成静音，关闭计算机，把椅子转过来面向发言人。

● 提出问题后，你应停顿一下，等待对方回答。慢慢地默数五个数（在心里数，不要用手指轻叩桌面）。

● 有耐心。不要立即让别人知道你同意与否，应听听他们的意见，努力在你的想法和他们的想法之间找到共同点。

● 做一个大方的倾听者。与同事一起旅行或在自助餐厅一起排队时，鼓励他们聊聊自己。他们不但会打开话匣子，还将更加喜欢你。

特别提示

★ 别太把自己当回事儿。若把说话比作开枪，那就别再给你的枪上子弹了，请把注意力集中在对方说过的话上。

★ 有一本书叫作《安静：内向性格的竞争力》。作者苏珊·凯恩就在提醒我们：你说的话少，听到的信息就可能更多。内向的团队成员可能是最有洞察力的人，但你必须控制住自己的嘴，才能听到他们的想法。

案例分析

想要知道得更多，就应长时间（安静地）倾听

"用聆听去激励"是 Presencing Institute 学院的玛丽安·古德曼（我的一位南非同事）推出的辅导课程。玛丽安的建议是，每位听众都应保持安静，利用其他感官鼓励发言者表述自己的想法。

我们曾在百慕大为联系紧密的保险业界高管们举办了一次研讨会，在那次会议上我就用到了玛丽安推荐的上述沟通技巧。会议主题是"从重大失败中吸取教训"。虽然与会者供职的企业间存在着竞争关系，但他们都非常希望改变这种相互伤害的错误做法。我们将与会者分成两人一组，轮流担任嘴巴（分享自己故事的人）和耳朵（听故事的人），每次五分钟。当一个人分享自己的错误（用了整整五分钟），而另一个人只是专心倾听时，你知道会发生什么吗？全体与会者的情况都非常类似。先花上一两分钟讲述"事实"，而且感觉这段时间很漫长——但比起接下来 30～60 秒的尴尬沉默，其实也不算长。第四分钟是情感流露时间，到了第五分钟，将会有更多的细节和更深层次的个人自责被揭示出来。他们的坦率令他们自己都感到惊讶。他们实际分享的内容，比他们最初的打算或者预期要坦诚得多。与会者注意到，在正常的工作日里，他们很少能抽出完整的五分钟时间一直倾听同事的讲话。我们都赞成这样一种观点：如果我们能定期闭上嘴巴，一心一意地倾听，新奇的想法就会出现，而错误也会浮出水面（并得以解决）！

大领导的倾听

洛根正展示着他的语言技巧。他穿梭于观众席中，适时地引经据典、插科打诨，每举一个例子都要讲个故事或者放一页幻灯片。他似乎在展望未来。自担任 CEO 以来，洛根每年都会召开一次全球性的团队会议。他描绘着自己的愿景，而与会者也听得热血沸腾。会议结束后，这些人返回自己的办公室，却不知道该如何制订计划。洛根这一年视察公司各地区的办事处时，都忙着会见客户，以及与地区负责人谈话。报纸上刊登着他的专访文章，他还会见

了当地的政治人物。但他唯独没有做一件事，就是倾听"努力工作"之人的声音。

作为他的心理教练，我一次又一次地从他的直属下级和下属员工口中听到这些信息。洛根和我一致认为，他应该开展一次为期一个月的倾听之旅。他在各地区会见的都是小规模团队。这些团队由各层级的员工组成。这次，没有麦克风放大他的声音，只有耳朵接收员工的评议。旅程结束时，洛根举办了一个视频大会，在会上分享了自己此行的经验和教训，并为来年的工作提供了切实可行的指导。他游刃有余地进行着脱稿发言，并回答了与会者通过文字实时发送给他的各种问题。对曾在交谈时为他提供过灵感的人，洛根在会上专门提到了他们的名字；这种做法非常鼓舞士气。他让全体员工都感觉工作更有意义了，因为大家更加明白自己的行为是如何与大愿景联系在一起的。洛根还发现，在员工自助餐厅用餐可以比在高级餐厅与权贵们共进晚餐开心得多。

10

静默
共享安静

水满则溢。

——来自中国的谚语

本章要推荐一个提高会议质量的有效方法。五分钟之内什么也别说，真的。你可以在会议开始时利用该技巧将与会同事集合在一起，或者在会议结束时利用它保证自己能够得出富有成效的结论。

佛教中有一个带号召力的概念，叫作"空"，它以最简单的形式鼓励我们放空被自我意识束缚住的、充满僵化"事实"的大脑，敞开胸怀去感受当下发生的所有事情。我们就像是杯子，充满了先入为主的各种想法，再也腾不出空间来容纳新知识。开会时，你仔细研究房间，考虑哪个人应该坐在哪个位置。经过核实，你弄清了哪些同事会把商务休闲服定义为牛仔裤和漂亮的衬衫。被你假想为竞争对手的两个人在窃窃私语吗？裁员真的迫在眉睫吗？你的大脑在琢磨各种事情，直到你将它拉回到手中拿着的会议议程上，然后你的思绪真的飞出去更远了。如果公司继续实施扩张计划，你将有更多的工作，但公司不会额外增加员工来完成这些工作，而其中哪怕是一点小小的功劳都落不到你的头上，你认为自己虽然组织了整个战略活动，但没有得到充分认可，因而感到非常愤怒。你不停地胡思乱想，却没有考虑到当下的现实情况，结果你对房间里各位同事目前情绪的解读能力——与同事沟通的能力——会随着你头脑中不断闪过的令人分心的事情而迅速消失。你的思想脱节了，接下来的小组讨论也将受到影响，因为还有 6 到 18 个人也和你一样，虽然拿到了必要的文件，却没有调整出必备的心态。

在过去的几年里，企业界热衷于邀请冥想大师开展员工培训，教授如何平抑内心杂念，变得更加专注（关注当下）。苹果、谷歌、耐克、德意志银行和 HBO 等公司不仅提供相关课程，有时还专门设置了冥想室。虽然一个全面的大脑清理方案可能不符合你的预算或偏好，但你还是应该把握住一个共享静默的机会，帮助团队成员清空思想、加强联系，做到用一个声音说话。在会议开始时，可尝试先向所有与会人员表示欢迎，然后邀请他们与你一起静坐沉思。给同事一个机会，让他们清空思想，让新鲜的氧气充盈整个胸腔，并倾听旁人的谈话。但你不能经常这样做，否则会显得陈腐，而那些愤世嫉俗之人也会晚几分钟再来参加你的会议。你可以偶尔使用一次本方法，它会是十分强大的工具，能够为毫无新意、气氛紧张、缺乏重点的各类办公室会议注入新鲜空气。

相关研究表明，在事件（或刺激）与我们的反应之间，插入几秒钟的心理空间，是更加深思熟虑、更具合作性的解决方案与自动攻击性反应之间的差别。因此，在会议结束前插入保持静默的时间也同样有效。如果你参加的会议非常高效，主持会议的人就会要求与会者就下一步行动达成一致意见。如果在过去的一个小时里，你一直在为自己的观点辩解，偷看自己收到的信息，或者因为被左边高谈阔论之人打断而闷闷不乐，那么有机会冷静思考几分钟，就能够做出更为慎重的承诺。同样，对于那些在电话会议上将电话设置为静音，忙自己事情的人，突如其来的安静能引起他们的注意。

本章适用对象

◆尝试新方法会令你激动不已。

◆你领导的高绩效团队中充盈着各种想法……还有紧张气氛。

◆会议没有成效，结果令人沮丧。

◆所有与会者都是气喘吁吁地冲进会议室的，不但注意力不集中，而且还打算提前溜走。

行为建议

● 不要直接宣布，会议开始时要先静默一段时间。首先应将大家迎进会议室（就跟往常一样），然后说："为了充分准备今天的讨论，我们的做法会与以往稍有不同。我们将花五分钟的时间共享静默，所有人凝聚成一个整体，为新想法腾出空间。请放下手中的笔，将手机关成静音，找个舒服的姿势坐下。您如果愿意，还可以闭上眼睛。借此机会，我们一起呼吸，让紧张情绪随着浊气一起排出体外。任何进入您脑海中的想法都让它从左耳进右耳出吧。练习将注意力都放到呼吸上。"三分钟后，你可以提示参与者关注他们的感受，注意房间的氛围。你可以再延长两分钟时间让大家继续保持安静。鼓励同事们调整呼吸，与身旁的同事步调一致。

● 练习完成后，邀请大家给予回应，任何回应都可以。如果有人说自己感觉不自在，请不要惊讶，没关系的。不是所有人一开始就能接受和认同。你要保持自信：会有一部分同事告诉你，他们有一种连接感，自身的焦虑也被释放出来了，而且已经做好了工作准备。不要强迫任何人；要有耐心，不要进行任何评价。询问小组成员现在的感受，以及他们希望会议结束时有何感受。这些提示将促使小组成员把关注重点放在如何合作，而不是只关注自己将完成什么工作。接下来，请继续会议议程。

● 如果你调整了保持静默的时间，将其安排在会议结束前，那就应该让与会者明白，这并不意味着他们可以自由离开。一旦他们深吸一口气，然后同意进行下一步的动作，静默的价值就会显现出来。不同阶段运用本方法会产生不同的效果，会议开始时的静默能引发反思，会议结束时的静默将直接形成总结。让你的同事亲身体验一下（而不是口头谈论）这种效果。

特别提示

★ 不要做出有关本方法的任何承诺，只管实施就好。

★ 如果你是第一次被邀请保持静默，（可以的话）请不要发出笑声。

★ 用温暖的目光迎接其他人的视线。不要强迫大家闭眼。

★ 不是只有企业高管才有资格要求采用新的会议方法。有时候，新人来挑战常规会更加容易。

案例分析

感受黄昏的宁静

我们公司在英国萨默塞特郡（Somerset）召开了一次闭关会议。前来参会的人员不少。我们在一所美丽的英式乡村别墅里共度了一天……埋头工作。窗外是广阔的田野，但我们的靴子并没有触碰到这一片绚丽的景色。大家的注意力越来越难集中。虽然大家都没有主动提出这个问题，但实际情况的确如此。第一天才刚刚结束，后面还有两天时间。当太阳逐渐西沉的时候，亨德里克 - 扬·拉塞尔让我们全组人围成一个圈，向大家简要介绍了下次会议的内容（这是今天的第七次会议，刚好安排在很可能会有更多发言的晚宴之前）。我们的任务是什么？利用十分钟时间，安静地走出门外，享受黄昏。想一想，摸一摸，仰望一下天空。手机都放在座位上。等我们回来后再继续工作。多好的礼物啊！在一系列密集的战略会议中，插入十分钟的个人反思时间。那些急于完成工作的人也别无选择。我们的任务就是保持静默。而且，这种感觉好极了。

当我们继续开会时，前一刻还疲倦不堪的小组成员们已经完全放松下来，又变得思维敏捷了。我们能够精力充沛地继续展开讨论。与大自然亲密接触的机会令团队成员之间的联系更加紧密了，最终，我们的工作成果得到提升。

让自我保持沉默，为倾听留出空间

房间里挤满了头脑精明、骄傲自大、手握权势的人，此外还充斥着无数噪声，这是一家日益壮大的航空公司联合体的领导层聚在一起制定五年规划的场景，该规划将以公司间的合作取代各公司的独立运营，旨在创造更大的价值。此次会议的会期共有三天。第一天结束时，许多很有创意的想法已经浮出水面。而第二天地盘之争开始了。该规划若要付诸实施，就需要进行资源共享，并缩减部分服务中心的规模。会议现场没人在听别人说什么。下午4点时，我碰巧寻到了一个机会，我要求与会人员抽出五分钟时间。所有人坐到自己的座位上，不拿手机，不拿书写工具，脚踩在地板上，如果他们愿意的话，还可以把眼睛闭上。我建议他们调整呼吸，让思想涌动起来……涌出他们的大脑。我小声地向他们发出一系列指令，鼓励他们尝试着将自己的呼吸调节到与周围人一致，通过这种方法来感受房间里的一切。我也在努力克服自己心中的不愉快，因为这帮大人物会笑我。我静默下来，我调节呼吸，融入大家的呼吸中。

到第五分钟的时候，我通过询问大家的感受，将他们从静默中带回，重新开始讨论。他们很享受这种宁静，这种相互联系。接着，我又问他们，当晚上7点结束一天工作时，他们希望有怎样的感觉。毫无意外。宁静感比紧张感更具吸引力。为了维持这份宁静，他们同意在接下来的两个半小时里，积极阻止彼此间的针锋相对。他们会创造倾听的空间。如此一来，随后的讨论内容就丰富了许多。这些人并没有做到完美的冲动控制，但保持静默的这段经历为他们创造了一个起点，也给了他们一个理由，可以在事情出现太大争议时进行相互监督。

11

身体接触

改变互动方式

我正在告诉大家工作时相互间要进行身体接触，这是想干什么？！现在是 21 世纪，#metoo 反性侵运动正如火如荼。我是不是疯了，建议可以进行身体接触？我曾仔细考虑过该如何处理本章。若将它搁置不谈，对我而言应该更容易操作一些，但这样也不对。身体接触在建立人与人之间的联系时太重要了，不能因为它的复杂性就直接忽略不谈。而且，正因为情况复杂，有些男士可能会选择在办公室里避免一切形式的身体接触，这一点我完全同意。如果你有任何疑虑，或者哪怕一点点的怀疑，觉得自己的行为可能会被曲解或被视为无礼举动，那就不要这样做。解读个人境况很重要，阅读本书也不能取代其重要性。

在我们正式开始本章内容前，请拿出你的荧光笔，在"适当"这个词上做个标记。非法、无礼的触摸与快速、温和的轻拍之间有着极大的差别。皮肤是我们人体最大的器官，重 6 磅①，覆盖 18 英尺。它就像具有保护作用的封条，把不好的东西挡在外面，把好的东西护在里面。触觉语言令人陶醉。

身体接触可以激活眶额皮层（大脑的决策中心），促使身体释放出催产素，这是建立联系的生物学基础。神经学家马修·赫滕斯坦和他的同事认为，皮肤是一个被低估的、复杂的差别信号系统。他们的研究表明，虽然看不见触摸自己的人，但被触摸者能够准确识别出愤怒、恐惧、厌恶、爱、感激和同情

---

① 1 磅约等于 0.453 6 千克。——编者注

等情绪。联系实际来看，这就跟我们审视别人的脸一样，是一个很好的情绪解读方法。

只要接触一下手臂（不是性接触），就可以令对方更加顺从。比如，相关研究显示，要求别人在请愿书上签字前，若轻拍对方的上臂，可以将其参与率从 55% 提高到 81%。

想提高你的支持度吗？那就抽出一点点时间，碰碰对方，充分表达尊重之意。研究人员达米恩·埃尔科和尼古拉斯·盖恩在一个二手车市场随机接触了一些男性。他们轻拍其中一半人的手臂，每人一秒钟，与另一半人则完全没有接触。之后，那些被轻拍过手臂的人会更认同他们，认为卖家真诚、友好、诚实、可亲、友善。拍拍后背、把手放在肩膀上、玩闹似的轻推都能实现"个体接触"。但是，请务必当心，即使是非常友好的身体接触也会存在不同的含义，这取决于一个人所处的环境、文化背景和性别因素等。一般来说，轻拍肩膀和肘部之间的上臂是最安全的。推搡他人、把人提起来等行为都不属于我们所说的身体接触范畴，不建议在工作中使用。拥抱也会给你带来麻烦。2017 年，美国联邦第九巡回上诉法院就裁定，如果拥抱是不被接受的普遍现象，那么在工作中搂搂抱抱就会造成不利的工作环境。

本章适用对象

◆ 你的办公室缺乏人情味。

◆ 你希望让自己冰冷的名声变得有温度起来，而且你对于形势方面的线索非常敏感，能清楚知道别人愿意你轻触手臂还是热情握手。

◆ 你的同事似乎很痛苦，或者一整天都过得很糟糕，又或者迷失在了他们自己的世界里，而你想向他们快速表达你的关心。

行为建议

● 轻触对方手臂，增强其顺从性和连接感。

● 轻拍一下对方肩膀和手肘之间的上臂，告诉他："很高兴见到你。"

特别提示

★ 要有限度，不可越界！不恰当的身体接触会给你带来麻烦，并真正激怒你伸手触碰的那个人。如果你连轻轻拍一下是否合适都拿不准，那就不要轻举妄动了。

★ 如果有人连一个短暂的轻触都在躲避，你就要明白他的暗示，别再这样做了，也不要嘲笑同事的这种消极反应。

★ 当一个人背对着你时，你若想通过轻拍来引起他的注意，反而会惊吓到他。此时，称呼他的名字会更加有效。

★ 拍背在某些情况下可以增进友谊，但若换作其他一些情况，就变成炫耀自己的能力了。不要冒险，不要让人感觉你在展示强大力量。

案例分析

向不可触碰之人伸出援手

直接触碰可以产生直接联系。将某人视为不可触碰之人，可以传递出很多信息。"不可触碰"一词指的是相互矛盾的两个极端人群：印度教社会最底层的贱民，或者拥有无与伦比才能的人。无论属于上述哪种情况，不可触碰之人都与普通民众保持着距离，并且都是世人眼中"另类的存在"。

宾夕法尼亚大学的一位女教授即将获颁职业成就奖，因为她是该校任教时间最长的女教授之一。她散发着独立的气息，是非常有名的女强人。我不太了解她，但站在她身旁还是能感觉到她在即将登台时的紧张情绪。我发现她的衣领有褶皱。于是我便问她，能不能帮她把衣领抚平。这是一个简单的动作，也是一个非常（且恰当）亲密的行为。她的身体似乎随着褶皱的平整而舒展开了。在这种情况下，这所大学的偶像只是另一个对完美情有独钟的女人，如果颁奖照片拍下的是一件凌乱的衬衫，她定会深感不安。虽然我们只是泛泛之交，但在教授登台时，她知道有一位朋友就在身边。

你害怕接触谁

有人问我的搭档刘竞秀，为什么要将那么多时间投入聚贤社，一家由我们自己创立的组织，旨在为来自不同世界的人们寻求交流机会。她讲述了参观艾滋病诊所时的一个故事，当一位病人伸手握住她的手时，她却将手拔了出来。这个无意识的行为令她十分震惊。她比一般人更加清楚，握手是不可能感染艾滋病的，但她还是没忍住。她的身体背叛了她的道德观。从那一刻起，竞秀就知道，要想消除我们自己无意识的偏见，就需要面对面交流，并通过不害怕与对方握手来轻松表达尊重之意。

12

共享美食

美食是引发交谈的诱饵，能够促成彼此间的联系

我们都得吃饭！让你的肚子成为建立信任、减少孤立，以及把你从办公桌前解放出来的理由。办公室生活可能是一场孤独的历程，我们中间有许多人在人际关系方面都是饥饿者。尽管身边围满了同事，我们却常常只紧盯着电脑屏幕，同事之间反倒是视而不见。将电子邮件抄送给某人或邀请他们参加会议，并不能保证你们可以开展真正的合作。为了行动快速，我们会选择经过简化的表达方式，即便相互间还没能建立起同事意识。有机会了解共事之人，可以为你今后的成功奠定基础，这也是企业花重金组织团建活动，希望以此促进团队合作的原因。这些做法确实有所助益，但众所周知，它们往往是人为的和临时的解决办法，人们很容易陷入眼前的压力中。最后期限迫在眉睫，而你的收件箱里还有 122 封未读邮件。

吃一顿像样的饭食往往会对工作效率产生影响。人类学者琼·乔·李在他的报告中说："人们吃工作餐的方式非常糟糕。"他花了将近 12 年的时间研究办公室的饮食习惯。尽管人们认为的"高绩效员工"应该是"通过吃午餐获得能量"并依靠"咖啡因和压力"将其放大，但有效率的员工还是会通过午休恢复精力、集中精神。这是有道理的。那么，根据 2017 年的一项盖洛普民意测验结果，为什么美国还是有 67% 的上班族，每周会在办公桌前进餐一次以上呢？这种（通常是徒劳的）提高效率的努力会引起更大的不满，并抽走办公室工作中的乐趣——与生动、鲜活（并且可能真的很有趣）的同事一起共事的乐趣。

午餐时喝上三杯马提尼在企业中可能是放纵的象征，但它包含了事业成功的基本要素，比如，为坦诚交谈创造一个不受会议室礼节约束的空间，以及抛开数据的机会——可以深入探讨办公室互动中的潜台词。CEO 给首席运营官（COO）施加了什么样的新压力？ 团队里较年长的员工真的会使用新版客户管理系统吗？ 塞西尔和萨米真的共同担任联席主席并且分担重任了吗？过道里的谈话可能会破坏董事会设定的目标，但你通常不会知道它们的内容，除非你试着停下来听一听。

一起掰面包是由来已久的传统，它表达了推动关系进一步发展的积极愿望。抽时间与同事共享咖啡、点心或晚餐，显然是获取信息、扩大关系网、化解紧张局势的好机会，但它常常被轻易错过。

康奈尔大学食品与品牌实验室的凯文·克尼芬与他的同事们合作，证明了用餐作为一个独立环节的积极作用。以一起吃过饭的消防员为例，他们的协作程度几乎是从未一起吃过饭的消防员的两倍。消防员若要相约一起吃饭，需要实施如下几个步骤——集资、计划、聊天、做清洁，当然还有吃饭——这些都能提高团队在工作中的协作能力。有了食物的维系，你会对同事更为欣赏，而你获得非官方内幕信息的机会也增加了——你为什么不请同事共进午餐呢？ 这是非常好的沟通方式！

本章适用对象

◆ 你通过应用软件（APP）点餐，在办公桌上吃饭，而且边吃饭边戴着耳机听音乐。

◆ 在宝贵的午休时间里，你一直努力避免接触同事的目光，这样就不必"浪费时间"与他们交谈了。然而，你的 FOMO 感（意思是害怕错过朋友圈里发生的事情）在增强，因而你又在利用这个时段访问朋友们的 Instagram 账号。或者情况还要更糟糕一些，你虽然在社交媒体上关注了你的同事，却没有与他们面对面交谈过。

◆ 你已经不记得最近一次与邻座同事一起欢笑是在什么时候了。

◆ 你感觉自己不是一个有心跳的生命，反而更像一台能够生成文档、答录电话的机器。

◆ 你想知道那个头发很酷的家伙午餐吃的什么（或者休息时在手机上看到了什么，让他笑得这么厉害）——但你不知道该怎么问他。

行为建议

● 食物是一种平衡工具。我们非常想吃的食物（和我们想要避开的食物）与我们的名字一样，都是因人而异的。食物选择反映了我们的文化，表达了我们的价值观，揭示了办公室之外的世界。每一位团队成员都有一个与他们最喜欢的食物相关的故事。如果你或其他同事平时是远程办公，那就组织整个团队在办公室或某人家中搞一次聚餐。不要拖延，现在就给你的同事们发个消息，看能否找个方便的时间吃顿便饭。我们的目标是相互联系，而不是将负担强加于人。请不要要求别人为了团队凝聚力而放弃个人时间。还有一点需要强调，就是不鼓励使用高价食材。如果做饭耗费的时间太长，那就请同事们报名吃甜点，并带去一包他们最喜欢的小甜饼。

● 鼓励你的同事把最心爱的菜品带来办公室，那也许是可以给他们带来慰藉的童年的味道（在与包含多元文化的团队合作时，这一点尤为重要）。利用你的烹饪技术吸引团队成员。大伙儿不是都知道你做的千层面味道非常好吗？让邻座的同事答应做一道他妈妈非常拿手的炸鸡（他们总说星期天都吃撑了）。请前台的同事做一道人人都爱吃的菜品。你可以为即将到来的各种美食做预告，这会让其他人兴奋不已。这种期待和计划能立即为轻松的调侃，以及善意的竞争提供素材。

● 提供食物是一种关怀。今晚，当你在网飞上疯狂追看最爱的剧集时，为什么不烤上一些布朗尼蛋糕呢？如果大清早你还没准备好使用烤箱，那就在停下来取咖啡时拿点糖果。带着意想不到的食物出现，并不能让一个不称职的同事变成超级明星，但能让冷漠的高管变得有人情味儿。当大家心浮气躁、神经紧张时，你试着送上一份"礼物"，就能表达出你的关心。实际上，交换食物只是一个理由，真实目的是让大家交换眼神、致谢，以及分享不受职位限制或者待办工作支配的时刻。

● 饭局可以建立人际关系。你是不是在想：我是 CEO，我并不打算请整个办公室吃我烤的面包！你可以不这样做（尽管你可能很高兴让大家知道你爱好烘焙）。那共进午餐如何呢？许多高管都会利用请客吃饭与客户搞好关系，却不记得邀请职位较低的团队成员。或者，他们将受邀人限制在自己熟悉的小团体中，并不会扩大范围邀请有关的社区领导者、有趣的创新者或在相关领域工作的学者。餐厅用餐有其特定的节奏，点菜前先闲聊，然后边谈生意边吃饭，最后自然结束。聚餐是一个很好的平台，可以将素不相识的人召集在一起。

● 邀请应具有策略性。每周留出一天时间与公司里不太熟悉的人一起用餐。现在就列出名单，发出一批邀请。在你的手机上创建一个永久性的备忘录，写上你想在公司内外结识的所有人的名字。坚持在名单上不断添加名字，按月发送未来几周的午餐邀请。邀请对象应包括不同年龄、不同层级、不同部门的人。

● 小零食可以制造交流机会。当人们下午 3 点左右过来向你要上一块放在最上面抽屉里的巧克力时，他们很可能会与你分享一些有关交易大厅里所发生事情的个人见解。承认吧——大家都知道谁有好零食。为什么不做发糖果的人呢？把手里的糖果发出去，同时获得有助于提高工作质量的、非正式渠道得来的最新信息。

● 咖啡能冲破阻碍。员工是否希望能够直接问你问题，而不必试着从你的助理那里获得信息（或者情况更糟，他们都在猜测到底发生了什么，而且还经常猜错）。许多企业都声称自己的企业文化很透明，但想要与决策者交谈仍十分困难。将每周三上午 10 点设为"与凯利共享咖啡"时间，给那些不是自己下属的人（也许还有其他一些人）一个机会，接受他们的提问，并分享他们的成绩。运气好的话，基层员工甚至可能会大胆告诉你他们的一些新颖想法。

● 若去国外开会或者去国外办事处时会遇到同事，就带上一些自己国家特产的传统小吃。当日本同事薰木带着一盒包装精美的东京红豆糖出现在诺克斯维尔市时，他总能收获工作人员的微笑（不是每个人都喜欢这种口味，但大家都喜欢感受这种异域风情）。如果你经常旅行，那就储存一些不易变质的东西，准备好随时将它们打包放进行李箱里。如果你缺乏想象力，那就在会议桌中间放一罐果冻豆，每个人都会在"争抢"自己最喜欢的口味时，抓起果冻豆哈哈大笑。

特别提示

★ 不要强制员工用餐。分享食物应该很有趣。一些企业却因为将提供餐饮作为"诱导员工工作"的手段而遭到批评。

★ 应留意同事在食物上的一些忌口，但不要受其束缚。尽量吃些中性的零食。蔬菜和水果可以与大多数人分享，将它们装在碗里会显得很漂亮。

★ 别拿！不要吃下属盘子里的食物。我们曾不得不告知和我一起工作的一位高管，不要从同事的盘子里抢走炸薯条。她觉得自己很友好，但她的员工觉得这种举动显得过于熟稔，有种受侵扰的感觉。

★ 在团队分享完当月过生日的同事的生日蛋糕后，请留下来帮助清理会议室。有太多时候，这些活儿都落在办公室的女同事身上。先生们，你们不是隐形人，如果你们太专注于吃完就开溜，那墙壁（和你们的同事）会有话说的。

★ 无论男女，烘焙都是建立良好人际关系的桥梁，而非替代品。即使你放好了装着美味布朗尼蛋糕的盘子，也仍然有责任通过本书中介绍的许多其他方法建立尊重。

案例分析

每个办公室都需要一位西尔维娅

巴西一家通讯社的工作人员向我透露，办公室里士气低落，他们甚至想无故责备某个人。"是西尔维娅！"西尔维娅是谁？她是通讯社主管的母亲，开着卡车售卖自制的肉馅卷饼。每逢星期三，西尔维娅就会把美味的特产带到她女儿的办公室。每个人都喜欢星期三。大家都爱西尔维娅。西尔维娅去世后，记者们就不再参加每周的午餐活动了。这群人也不再抽空组织聚会了。西尔维娅的美食让所有人都从座位上站了起来。西尔维娅会询问每个人的生活状况。她让身处这个集体的人相互攀谈。

重振办公室士气的办法是什么？这家机构恢复了"西尔维娅小吃时间"。现在每周三，团队成员都轮流点午餐。他们一边吃饭，一边讲述最近一周发生的有趣故事。这群记者终于又一次强调：时间不变，地点不变，所有人一起聚餐。聚会增强了他们工作的重要性，并提供了征求意见和炫耀近日成果的机会。这些人开始拍摄他们每周聚餐的照片，与正在外地采访的记者（及西尔维娅的家人）分享。聚餐活动的回归令团队成员们回想起，他们是多么享受彼此间的陪伴。毫无意外——办公室的精神面貌又焕然一新了。

古老仪式在当代的意义

在德国一家卡车公司的管理层会议上，我的同事刘竞秀让工程师们系上围裙，做了一顿饭。在切菜和炒菜的过程中，团队人员学到了中国哲学中的一些关键概念。他们开始领悟到阴阳的概念是如何融入中国菜中的——每道菜要如何在颜色、味道和质地上寻求平衡。每种成分都必须与其他成分和谐共存，没有可以凌驾于其他之上或完全消失无影的。在竞秀从旁的指导下，团队人员发现中国食谱不仅是烹饪指南，还是生活指南。第二天早上，团队人员参加了正式的战略会议，会上所使用的一些隐喻成功启发了他们的思维（还有一些很不错的照片可以与他们的家人及同事分享）。

因食物而团结，铺就一条和平之路

安特万（一位现居约旦河西岸的巴勒斯坦人）站在隔开以色列和巴勒斯坦的隔离墙前。在过去的十年里，他致力于与圣地信托基金会合作，加强以色列人与阿拉伯人之间的沟通。这个巴勒斯坦非政府组织将工作重心放在"激进的和平建设"上，举办过促进个人宽恕和加强非暴力社区建设的各类研讨会。

当被问到是怎样的机缘巧合促使他开始这项工作的，安特万解释说：他的家人在伯利恒的犹太圣地雷切尔墓（位于去往耶路撒冷的途中）附近开了一家旅游商店。在自己家的店里，他遇到了一些担任导游和大巴车司机的米兹拉希犹太人——他们是 1948 年后从阿拉伯邻国移民到以色列的。米兹拉希犹太人都用阿拉伯语和他交流。他们把食物带到办公室厨房加热。这些食物无论是香味还是口感，都像极了他母亲做的手艺。尽管从政治暗示上讲，他应该多加提防，但置身这些犹太人中，他感觉很自在。"一个闻起来像极了妈妈家厨房的地方，怎么可能养育出与我非亲非故的人呢？"安特万的鼻子没有说谎，这两类家庭之间的共同点的确比人们广为讨论的要多。正因如此，他开始了作为社会工作者的职业生涯。

第三部分　提升个人魅力

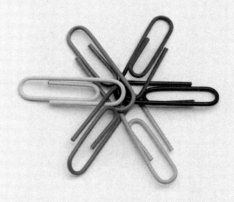

深度连接

新商业时代的 52 种有效沟通方式

本部分关于**自我**！你是最终的变革推动者。不要让职位或者头衔限制住了你。要做一个最可爱、最迷人的自己，好让自己与众不同——在任何情况下都应如此。"职场我"与"真实我"正在合二为一。社交媒体让我们无处藏匿。现代化的职场重视透明度。不管你喜不喜欢，我们的个性就是我们的品牌。你要对自己的名誉负责。

你应该意识到，自己的表现决定着办公室的状况，决定着今天是愉快工作还是要一直忙碌到下班。在这个瞬息万变的世界里，成功所需的技能是不断变化的；然而，自我意识（对你给他人所施加影响的评价）却在继续预测着你的事业发展。本书前两部分旨在帮助你赢得尊重，运用非语言的方式与他人沟通，并完善你的各种观点。本部分则是在上述能力的基础上，向你展示如何成为别人最想建立联系的人。现在是时候写下你的自述，讲出你的故事，学会在不确定、不完美、困惑，以及紧张的状态中茁壮成长了。你想提出增加自我价值的观点，也知道什么时候应该主动承认错误。你若能成为大家想要接近的对象，机会就会成倍增加，你也会更加快乐、更加成功。

本部分的适用对象

· 你想获得各种参与机会并发挥自己的影响力。

· 你想帮助同事出类拔萃。

· 你比较容易出错——或者产生畏惧情绪。

· 你已经晋升为管理者，现在正关注该如何提升自己的管理者形象。

· 你发出的电子邮件无人回应。

· 你很难与不认识的人建立良好的人际关系。

· 你有获取信息的权限，并且（错误地）认为其他人也有相同的权限。

· 来自内心的声音正在折磨着你。

13

正确的出现方式

露脸仅是第一步

> 我们能够给予别人的最珍贵的礼物就是我们的出现。
>
> ——一行禅师

"他用自己的头脑打破了一堵砖墙。"关于我的一位客户，他的同事是这样评价的。当我与这位 32 岁的计算机程序设计师分享该反馈时，他回答说："我只是在做本职工作。"当尼克得知，由于他的加入，某个项目立刻就得到了大家的信赖，他感到非常惊讶。我们忘记了，甚至并没有意识到，我们身边的人常常会因为我们的出现（或者不出现）而深受影响。

先来说说问题。不在办公室现场办公的人员是通过业绩表现让你感知到他们的存在的，对于需要现场参与的工作，他们则希望能够提前安排。我们不要把他们与办公室一族相提并论，等到开会前最后一分钟才打电话通知他们参加，因为你可能打扰了他们休息，又或者他们不想在高峰时段开车出门。

当缺席会议的同事成为大家关注的焦点时，你又有几次是坐在会议桌前的呢？"他们为什么不努努力呢？我们还不够重要吗？"团队成员们的确露面了，但没有相互见面，他们都在对着通信设备讲话！如果大家希望你亲自出席会议，那就不要选择成为通信设备里的声音。

当然，还有一类同事只会在他们自己有需要时才出现在定期会议上，你应该避免成为他们中的一员。如果你是受邀讲课的讲师，请花点时间与你的听众共处。在我参加过的许多会议上，主旨发言人都是众人希望向他们学习并给他们留下深刻印象的专家，但这些人只在台上露露脸。这让那些渴望改变的与会者们非常失望，他们很希望能与各自领域中有名气、有影响力的大人物来一场非正式的交谈。

客户经常要求我就"高管出面"的意义向他们提供指导意见。若觉得高管出面就意味着要在房间里发号施令，那就错了。出现并不意味着你就是明星。你的权力来源于你关注身边之人需求的能力。这似乎显而易见，但值得一提的是，如果你的自我定位不正确，照顾别人就无从谈起了！

OK，你出现了。然后呢？你可以抓住这个机会，将前面章节中所讲的各项建议付诸实践。比如，用眼神问候大家，让内心喋喋不休的声音安静下来，洗耳恭听他人的谈话，以及进行短时间的放松等。丹尼尔·路德维格，一位讲授如何体现领导力的前舞蹈演员，就提醒我们说："你的身体不能只是一辆运送大脑的出租车，只负责将它从一个会场转送去另一个会场。"无论你是步入会议室，还是路过大厅，又或者正抓着一个三明治，都应该通过各种非语言的行为表现出平易近人的个性，以及对他人的关注。

你的职位越高，身边的人就越有可能要解读和诠释（通常还是错误的）你的一举一动。尽管你是领导，但一想到你姐姐对你现任男友的不屑一顾，是不是就不知所措了？请千万小心。如果你皱着眉头走过大厅，团队成员们的默认版本不会是"哦，我看到她和我一样，有个非常气人的兄弟或姐妹"，反而更有可能是"我做错了什么？我的经理看上去相当生气"。

这似乎不公平。你可能会问："我难道得一直监督我自己，还有自己的表情吗？"你可以选择不在乎，但如果别人认为你并不平易近人（或讨人喜欢），也请不必吃惊。告诉你一个好消息：如果一个人能全身心地关注当下发生的事情，他将拥有别人无法抗拒的力量。他能与其他人建立起良好的人际关系。如果你从分心的事情中解脱出来，与同事坐在一起，用你所有的感官积极关注他们，如果你传达出的信息是，此时此刻发生在你们之间的一切才是最重要的，那么你可以将对方带进你的办公室，邀请他们坐下，表现出你的关注并采取相应的行动。

本章适用对象

◆你希望受到认真对待。

◆信息不容易传到你的耳朵里。

◆谦虚是你的口头禅，但你不记得自己是如何影响他人的。

行为建议

●控制你的情绪、面部表情和肢体语言，让它们发出正确的信号。

●精心选择你的关注对象。确定需要面见的同事和团队成员。

●可以考虑开会时用手写方式做笔记，这样你就不会蒙骗大家，也不会在电子设备上查看电子邮件了。

●如果你是位大人物，就请听从我的同事麦克斯·梅特卡夫的建议："管理好自己的烂摊子。"请务必小心，不要让整个办公室都笼罩在你的低气压下。

●合理评估你个人的输出功率。如果影响力的范围是 1～10，而你将自己定位在 7，那么你真实的影响力更有可能是在 11。

●请记住，在大家期待你出现时，或者你的惊喜能够激励和影响他人时，应主动露面。

特别提示

★谷歌 Hangout 聊天软件或带公司话题标签的网页聊天都不能代替面对面的交谈。

★无节制的噪声会让人产生压力，请关闭不必要的电子邮件和文本警告提示音。我们都知道你很受欢迎，也知道你的收件箱会定期收到邮件。你大可不必用哔哔声或嗡嗡声来宣布自己又接收到信息了。

案例分析

现在就去，拿球扔你的领导

艾米是位非常热情的领导，经常开玩笑、与员工互动——这就是为什么当她发现团队里的人会根据她的心情，互发短信告知是应该马上见她，还是不要见她，或者晚一些再见她时，她会大吃一惊。的确，她经历了一场非常艰难的离婚及抚养权之争，但她自认是位出色的演员。然而毫无疑问，事实并非如她所料。收到这样的反馈后，艾米考虑到自己在团队中的一贯风格，以及与同事们的融洽相处，于是拿来一个装满海绵球的大桶，将它放在自己的办公桌上。

"如果碰上我脾气暴躁，就拿它扔我。"她命令道，"我可不想你们在背后议论我。"她提供道具的能力及下属们滑稽的反应，使得本有些阴沉的日子变成了大家共同的美好时光。此举不仅仅是要管理领导的情绪，最终目的还是要让艾米恢复她与团队成员真诚相待的作风，这是她的制胜法宝。

你冷落同事了吗

商品部负责人杰森在绩效评估期间收到了负面反馈。交易大厅里的人认为他自私自利、态度轻蔑、傲慢自大。他似乎真的被震惊到了。通过深入挖掘自我评价与他人看法之间的差距，杰森说自己实际上是太害羞了。他不习惯主动与别人攀谈。由于自己的工作效率很高，他也低估了闲聊的价值。我问杰森，当他离开自己办公室去洗手间时，我能否随行。他感觉我的要求很怪异。

别紧张，我没和他一起进洗手间！然而，我看到杰森走路时紧盯着自己的手机，没有同任何人交换眼神互致问候，也完全错过了身边的人为吸引他的注意而做的各种尝试。团队成员认为他的这种遗忘是个人怠慢。之后，我们做了一项测试，将需要上厕所的生理需求设置为一种提醒，让杰森的洗手间之行变成了一次次的聊天契机，他可以在回办公室的路上与同事打照面、闲聊、交流。这有助于促进上下级间的对话。杰森鼓励大家装饰各自的工作间。

有了专门的交谈提醒设置，以及有关员工关心什么、到每张桌子前应该说什么的提示，杰森天生的幽默感（一旦你了解了他）一览无余。现在，交易大厅里的人如果再被问及他们对领导的评价，大家都会形容杰森是位态度谦逊、值得信赖的盟友。

14

信息共享

消息是虚拟形态的镇静剂

企业文化往往能从等待指示的凡人身上揭示出各"知情者"之间的分歧，并给出一些与真实情况相关的暗示。掌握信息能提高一个人在组织中的地位。知识就是力量。知识也是一种虚拟形态的镇静剂、肌肉松弛剂。信息可以提供激励并缓解压力，但领导们往往将这样一剂处理人际关系的良药与大众隔离开了，他们错误地认为，在给全团队做演讲前自己必须掌握所有答案，或者至少能对挑战性问题给出近乎完美的答案。还有更糟糕的情况，就是管理者忘记了或者没能抽出时间交换数据，结果导致原本工作热情高涨的员工深受打击。有人向你汇报工作吗？太好了！你是位领导。你是职级最低的员工吗？我敢打赌，你一定会对企业基层情况有自己的看法。记得把你的信息分享出去。我的许多客户都抱怨说：

> 我很生气。我的领导知道我如果得不到信息就会疯掉，然而当我不得不私下里到处打听，想弄清楚到底发生了什么时，他们却一次又一次地不告诉我信息，我感觉自己不受尊重。有那么难吗？他们付钱让我来你这里磨一磨脾气。我花时间过来只是想弄清楚，问题是出在我身上，还是他们自己身上。我希望我的领导能定期分享信息。想象一下，如果我只需要专心工作，情况又会怎样？我的工作表现应该会相当出色。

信息真空会造就带有"毒性"的工作环境，若处在快速变化时期，情况还会进一步恶化。许多管理者认为他们应该对重要决策保密。他们不但没有把门打开，还把窗户也关严实了。热门消息难免会外泄，这些领导不得不消除错误信息，修补与曾经非常忠诚的同事之间的关系，如此反而会令紧张局势更为复杂。一种常见的模式是，他从以前的同事那里听说的；她从自己的公公那里听说的；他们是在过道里听到的，而你是唯一一个认为合并/出售/关闭事件还是秘密的人。

特别是对于那些处于下属地位的人来说，他们既无法控制任何行动，又无从知道下一步可能发生的事情，这二者都将影响到他们的身心健康。

如果人们无法对身边的事件实施影响，就会转而学习放弃。他们不再进行尝试，因为他们的行为无关紧要。心理学家马丁·塞利格曼称之为"习得性无助"，我们不能奇迹般地让每个人都成为自己命运的主人。如何减少这种由环境引起的被动性呢？提供信息！研究反复表明，即使无法控制事件，若有能力预测其可能发生的时间，也可以使个人保持活跃，减少绝望情绪。你坐过纽约或者伦敦的地铁吗？现在，绝大多数车站都会发布状态更新信息，显示列车还有多长时间能够到达。虽然你不能让北线地铁跑得更快，或者让它在你希望的时刻准点到达，但你至少可以决定自己是继续等待，还是选择步行或叫出租车。提供选择可以缓解无能为力的感觉，也有助于成功。

本章适用对象

◆你创办的企业已经从 3 人发展到了 30 人，你已经习惯了在见到他们时分享你的信息。

◆你更喜欢在发言前掌握答案（并且能够预料到问题）。

◆局势紧张时，你会安静下来。

◆你希望同事能与你分享信息。

◆你身边的流言蜚语越来越多。

◆你可能没有响亮的头衔，但你的确知道点什么。

行为建议

▼正常情况下：

● 开始一天的工作前，先抽出 5 分钟站着开个小会。站立可以确保开会时言语简洁、思想集中。每个团队成员都应分享至少一条重要信息，这将有助于大家今天更好地完成工作。信息可以来自企业外部，也可以带有策略性（例如，通往购物中心的高速公路正在施工，工人和顾客可能会迟到；或者，预计今天下午我州南部会下雪，因此通勤时间长的人应该早点离开）。如果团队没有集中办公，那就选定一个大家可以通过电话快速建立日常联系的时间，然后询问每个人："你需要知道什么才能更顺利开展今天的工作？"

● 在团队周例会的议程中加入信息更新这一项。在会议室里走一圈，让每个与会者都讲讲他们在上一周（其他人没有参加的）某个会议上学到的新知识。

● 如果你外出参加销售会议、公司培训或者战略会议，就每晚给你的团队写一份简短的笔记，投入很少的一点精力讲讲你的学习收获。此方法能帮助你综合理解学到的知识，并在团队中强化你的价值观。当你结束场外管理，回到办公室后，不要淹没在收到的电子邮件里。应首先召集团队成员，分享会议要点。当然，有些话题可能是保密的，这就是为什么每个人外出归来之前，管理层都必须就以下两点统一意见：（1）确定哪些内容是保密的；（2）要求团队领导在回来的第一天就与团队成员进行沟通。如果你正在进行场外管理，就应在这种管理模式结束前腾出时间，让每位团队成员提出自己的想法，然后汇总在一起，并确定出想要从你那里接收到的关键信息。

● 如果刚结束的会议能为你的团队提供重要理念，那就不要拖延。利用你为了获得即时可操作信息而建立起来的任何一种办公室聊天方式，将消息快速发送出去。不要将优质信息的沟通机制与必要信息的沟通机制混为一谈。应提前约好在何种情况下，使用电子邮件 / 语音邮件 /Slack/ 文本等联系方式。

● 组织"特别分享"会议，邀请不同背景、不同年龄段的员工参加，让他们分享一些来自非传统/非公务的朋友圈里的内容。随着社交媒体的出现，许多年轻员工正在从企业之外获取资料，而这对于年长一些的同事来说却是一大难题。

▼重大变革时期：

● 若企业正值重组或者有可能面临合并，那就不太可能立即告知所有人他们未来的岗位。通常，相关负责人不到最后一刻都无法清楚知道最终决定。但是，你可以告诉大家裁员名单的宣布日期，以及人们在公司内申请其他职位的流程，这样员工就能制订个人计划并坚持每天到岗工作，不必时刻担心"今天是我失业的日子"。

● 请记住，不要仅仅因为你知道，就认为别人也知道。不要一味地等待既完美又完整的答案。好好想想你能分享点什么，尽可能多提供一些信息。

● 情况越不可预测，人们就越焦虑。他们越害怕，就越不可能记住信息。应该经常进行沟通。以口头和书面两种形式传递你的信息。与其让人们在未知的世界里盘旋，不如自己一遍遍地重复。

● "我不知道"（如果这是真的）也算是一种信息。在没有确切消息的情况下，人们有时会做出一些臆断，而这些可能会比真实情况更加不尽人意，并且会煽动起焦虑的火焰。与其让人们无端猜测，还不如明确告诉他们，有些决定尚在研究中。

● 允许讨论。不要学近期某家制药公司的做法——没有召开员工大会进行互动沟通，只播放了一段视频，宣布即将到来的企业合并，以及随之而来的裁员行动。员工无法询问任何问题。

● 有时候，员工觉得大声提问不安全。你可以引入匿名机制，比如，提交写有问题的纸条，或者采用先进技术让听众将写着问题的文本发送到屏幕上。

● 体系内除了拥有决定权的一部分人员，还有需要对正在进行的活动享有知情权的另一部分人员。请明确通信时应抄送哪些人员。

特别提示

★ 请记住，有时候你的领导也会需要你手中的信息。请在见他时带上他想
要的礼物。

★ 不要散布流言。如果你是猜测的，就应该明确告诉大家是你猜测的。

案例分析

什么时间

"我不知道 4 月份是否会有工作，或者如果有，我的岗位是什么。如果公司要合并后台部门，我可能不得不搬到亚特兰大去。我正在波士顿这里照顾妈妈，我还得为双胞胎孩子申请幼儿园。我真是心惊胆战。"贝尔说的这些并非个别现象。她的领导及领导的领导却都不知情。谣言扑灭了人们对信息的渴求。人力资源部请我主持一场会议，探讨如何应对不确定性。会议受到高度关注。高管团队悉数到场。尽管他们觉得受法律限制，有关这项尚未达成的交易，还不能共享太多信息，但也意识到有一些内容还是可以传达的。告诉大家相关的时间安排，可以在一定程度上减少焦虑。比如，如果交易成功，承担支持职能的员工将成为过渡小组的成员，而这将转化为至少一年的工作保障。这项交易可能会受到质疑，如果随后发生一场官司，所有人在至少 6个月内都不会面临任何变化。至少半年内不会裁员。公司正在重新考虑自愿提前退休方案，并将在 4 周内发布公告。

行政部门提供了一些可预测的信息，有助于员工掌控自己的生活。公司领导层同意每周四上午 10 点举行答疑会。所有人都能得到最新的消息。员工可以提问，执行团队将尽全力提供最新的进展情况。至少，公司可以借助这些手段压制流言蜚语。这不是一个完美的解决方案。虽然人们仍然想知道确切的时间，但至少他们可以立即着手制订个人计划。

请在事件见诸媒体之前告诉我们

"我就不该登上这些五花八门的媒体！"蒂乔被激怒了。他就职的媒体公

司怎么能不事先跟他通通气，就买下一个新频道呢？他是销售团队的一员，负责竞价业务，注定会被报道出来。现在他觉得自己很傻。凯恩（他的领导）究竟还有什么瞒着他？！我尽力让蒂乔冷静下来。这类交易在最后时刻到来前保持沉默并不罕见。我鼓励蒂乔去问问凯恩，为什么即使到了交易毫无悬念即将达成的最后时刻，仍然决定不透露任何消息。这也许是有原因的。当被问及此事时，凯恩很有风度，做了自我反省。他证实说，如果有泄密事件发生，他可能会受到领导非常严厉的惩罚，并且整个高管团队都被要求不得透露有关这项潜在交易的任何信息。凯恩认识到了这件事给蒂乔带来的尴尬处境。他将蒂乔的反馈分享给了自己的领导，对方也表示，今后会更具体地指出可以接收信息的人，并给出信息分享方式和分享时间的参考准则，不会只说一句："仅限我们几个人知道。"

15

磁石般的魅力

吸引大家想要靠近你

我努力帮助客户成为磁石——吸引大家想要与他们共事，与他们相处时心中会生出舒适之感。若你是一块磁石，在参加公司聚会时同事们就都会向你靠拢。若要组建探索新机会的团队，你的名字定会被列在候选名单的最前面。如果是临时提议的办公室郊游呢？你也会收到邀请的。有磁性并不意味着你要性格外向，经常收获赞扬，或者从不会落单。但这的确意味着在你面前，人们能放松下来，拥有安全感，知道你会和他们站在一起。磁石会带着一些有趣的话题出现，热切参与其他人的讨论，不但专业、可靠，还敢于逗趣。

我在工作中遇到的一些人，抱怨说领导"让他们的大脑停摆了"，写错一个字都会受到批评，但就在同一周里，自己为三名外出度假的团队成员加班得不到一句表扬。只关心自己的同事，或者以悲观目标为导向的同事，会令他们居住的房间黯淡无光。"我什么都没学到。""他们不尊重我的经验。""我能做的远不止这些基础工作。""他们为什么不承认我的价值？""我在华尔街的名声越来越差了。"你可能已经升职了，但还是觉得自己像个做苦力的劳工。你渴望坐在会议桌前，但会议室的门似乎仍旧对你紧闭着。你一方面对如此境况深感沮丧，另一方面又督促你的下属更加努力地工作。我们都有过这样的经历。你的毛孔里充满了消极情绪，认为这都是他们的错。经常会有一些希望改变别人行为的人来我的办公室，但正如一个挺老的笑话里讲的："换一个灯泡需要多少顾问（治疗师、心理教练）？"答案是："一个都不需要。灯泡一定是想自己把自己换掉。"这才是我们关注的：如何成为你理想中的那个人，而不是被别人改造成有相似感的某种人。

磁性（或称为魅力）不仅仅是艺术方面的用语。我们的神经系统通过电磁波传递信息，而电磁波会受到周围人的影响。我们从出生的那一刻起，就是通过被称作"边缘共振"的过程来模仿他人，并由此得以生存。对一个新生儿来说，与母亲的心跳和呼吸频率保持一致太重要了，以至于需要给孤儿们提供能够模拟这些信号的泰迪熊。这个无意识的过程为建立不同群体间的公共连接打开了大门。我们会被那些提供安全可靠节奏的人所吸引。无论你是企业老板，还是为 4 楼的高管们接听电话的秘书，这个生物学理论都是成立的。

占星师罗伯·本兹尼创设了一个术语叫"pronoia"，用于表述通过不断调查自身环境（而不是去关注问题）来寻找机会的重要性。有魅力的员工对别人充满好奇，会关注自己的出现可能产生的影响，并做好了介入冲突的准备——不一定要解决冲突，只要证明分歧并不可怕就行了。他们向（自己头脑中的）消极思想发起挑战，当别人流露出悲观情绪时，他们也会采取抵制措施。

激发工作中的乐趣，散发神奇的光芒，随时做好参与的准备，并享受这一天带给你的一切，同时你还应观察自己是如何将人们（及他们的大脑边缘系统）吸引到身边来的。

本章适用对象

◆ 你希望自己有魅力，但总是将他人置于尴尬境地。

◆ 你好像没有收到自己想要的通知。

◆ "建立工作关系"和"建立人际关系"这类语句会令你如坐针毡，你还是觉得在没人看到的时候，躲到办公桌前玩玩电脑游戏会更加舒服。

◆ 你误以为当老板就能受人尊敬，现在你需要重新树立自己的声望。

◆ 若来电显示是你，你的同事就不会接电话。

◆ 别人不断告诉你，你尚未满足迎接新机遇的全部条件，但这些解释性的理由并没让你的同事们望而却步。

行为建议

● 往后靠一靠。我在指导别人不要什么都太过在意时，常常发现自己所处的位置其实并不好受。最有激情和奉献精神的往往是那些在组织中产生过多热量的人。你可以充当浪涌保护器——往后靠一靠，为探索留出空间，如此才能捕获负能量。让别人说吧，你只倾听。不要把重点放在推销你的想法或寻找解决方案上，通过创造一个非评判性的讨论场所来实现增值。

● 为会谈准备一些礼物。别急着去参加下一场会议。停下来想想你的听众。你如何促成一个高质量的讨论？为确保会谈能与时俱进，你将提出哪些发人深省的问题？你是否有一些相关（但不平淡）的信息，可以通过分享让每个人都觉得互动更加有趣，也更加难忘？你可以往口袋里塞进一两个故事，或者近日旅行时得到的物件，也许还可以是与近期的政治事件或媒体事件有关的幕后观点。但也有一些需要注意的地方，比如讲述的故事不要牵扯太多人，不要自夸，也不要贬低他人。你的目标是提供一些娱乐素材——还有新知识。

● 不要"独占"自己擅长的工作。把做不好又不喜欢的工作委派给下属——这很容易，但训练他人接手你乐意去做的工作就要难一些了。然而，从长远来看，这种做法并不能提升你的声誉（或者促进你的成长）。选择一项工作任务。比如，向管理委员会提交月度损益报告。我们都知道这是接触高层领导的绝好机会，你也决心要把所有数字都计算正确，保证直到小数点最后一位都不会出错。使用表3.1进行快速评估。看看是否只有你才能履行这一职责，以及你是否喜欢这项任务，愿意将其纳入自己的工作中。

表3.1　工作任务快速评估表

工作任务	只有我能做	我喜欢这项任务
是		
否		

● 考虑问题一定要全面，看看谁有可能在接受培训后有能力完成你真正喜欢的工作任务。你能否说服你自己，证明你是唯一合格的人选？分享本可以树立自己声誉的机会是一种非常有效的沟通方式，既能保护自己安全履职，又能全心全意帮助同事求得发展，表单填写示例见表 3.2。完成图表后，请留意后续的一些步骤。查看你的待办事项列表。你独占了哪些自己喜欢的工作？你能否发现有利机会，通过委派自己心仪的工作任务帮助他人求得发展？

表 3.2　工作任务快速评估表填写示例

工作任务	只有我能做	我喜欢这项任务
是	现在就做	培训他人
否	不要贪心	委派给下属（如果可以）

● 快乐是有感染力的。从把灯泡变成星星的有趣纸杯，到可以像餐巾纸一样卷起来的平板电脑，娱乐与游轮领域的专业顾问道格拉斯·格雷有着源源不断的幽默道具用来打破僵局、吸引欢笑，因此他成了你想要靠近的人。卡拉则选择在自己的桌子上留下一些小谜题——它们可以用来开启谈话，并灌输一些受欢迎的奇思妙想。有时候，将图片挂在拉链上可以帮助你——珍娜挂出了一张自己双手的照片——在休假时免受工作的困扰。作为公司主管审计的领导，她一直监控着各项开支及财务报告，所以她想让大家知道，下班后她已经做好了冒险的准备，并且有能力真正放手。

● 通过留意别人觉得重要的事情，让对方感到高兴。可以问问同事，他或她放在办公桌上的照片有着什么不为人知的故事（珍娜把自己的照片挂在拉链上就是有原因的）。你的同事刚刚在夜校取得研究生学位吗？她最喜欢的课程是什么？旁边那位女士开始戴自行车头盔了。可以看看她上下班的交通方式有什么变化。

● 多花点心思与性格腼腆的同事交谈。对方在组织中的职位比你高，并不意味着他的人际交往能力也比得上你。别害怕跟他打招呼。

● 管理好自己的气味。我能想象得出你转动眼睛的样子，但事实上，要成为磁石，就不能散发出难闻的气味。这些年来，我不得不告诉客户们，当他们脱掉鞋子，把脚放在办公桌上时，他们的同事会对他们的脚臭味心生反感。在小隔间里吃美味的辛辣食物对你来说是件乐事，但你邻座的同事可就没那么开心了。别忘了来颗薄荷糖。你会感谢我的这个建议。

特别提示

★ 想要有磁石般的魅力就应该积极准备，但请不要炫耀你付出的努力。此处的关键点应是"自然地"将欣赏和机会注入你与同事的互动中。

★ 偶尔一两天脾气暴躁是自然现象（只要将其控制在最低程度就好）。你感觉特别不舒服？如果可以的话，在你的个人魅力提升前，请不要向同事提任何要求。

案例分析

要交谈，不要恐吓

科里不是在电脑旁，就是在健身房。他很安静。若赶上他在发言，大家都会洗耳恭听，因为他经常会提供一些颇有见地的观点。但他不愿多说话，一些同事认为这是他故意疏远，甚至自私的表现。科里本人其实非常害羞。路过大厅时，他往往不会与人交换眼神互致问候。科里的衬衫几乎裹不住他发达的肌肉，当他感受到压力时，眼睛上会遍布血管。在科里供职的科技公司里，有一位同行就曾经说过："我担心他生气时会拿电话扔我。"

最近一批升职人员中没有科里，当我与他分享同事们的看法时，他既惊讶又悲哀："我努力工作，为什么还是不满足升职要求呢？"毫无疑问，业绩很重要，但科里对此太过专注，反而有些适得其反了。比大多数人更高、更安静、更保守，可能还更强壮，这会让其他人感到害怕。科里试着从办公桌前站起来，征求他人的意见，分享自己的观点。他面带笑容，用眼神与同事们互致问候，并为团队沟通做出更多贡献。因为血管不再抽搐，他对此也更加满意。第二年，科里被任命为公司的首席运营官。

在意的少一些，得到的才会多一些

艾弗里的薪水很高，外界对她的评价也不错，但她对自己的工作还是极度不满意。她抱怨自己没有被认真对待，当她的领导就其抱怨之辞进行调查时，同事们却都表现得非常气愤。"艾弗里一直在找证据，想证明大家对她指手画脚。这是一个快节奏的部门，为什么她会如此沮丧和自闭？"她被推荐来接受心理指导，企业希望她能成长为一名领导者，而不是受害者。她的领导说，如果艾弗里能谈论一些与自己无关的事情、主动指导别人、参与公司范围内的各种活动，那就算成功了。毫无疑问，艾弗里有一个光明的未来，如果她不是如此的……"令人不快"。

艾弗里的经历有别于常人。她是家里的主要经济来源，育有两个小孩，每天上下班的通勤时间很长，埃弗里总是担心自己做得不够多、不够快，赚的钱也不够用。她经常磨牙，直到有两颗牙齿都裂开了。她感到精疲力尽和愤怒——在家里如此，在工作中亦如此。她已经是毫无保留地全身心投入工作了。如果她不为自己辩护，谁会为她辩护呢？

于是，我们的工作来了：我们对她所经历的痛苦进行了调查研究，并将其投射到其他人身上，其中大部分痛苦都与她对自己不切实际的期望有关，这是最首要的原因。

整场会议期间，艾弗里充分展示了她的幽默感，她也很欣赏自己作为女性所处的独特地位：交易员兼出色的行业评论员，有着众多的追随者。她意识到由于过分专注工作，反而损害了她自己的成功。我的建议又是什么呢？"不必事事在意。"当然，这与她的个人直觉是相反的，但她愿意尝试——以两周为限。艾弗里尝试不再逼迫自己以火箭速度前进。结果，她的工作成果并没有受影响，但她的强迫性思维减少了。突然间，花时间与别人聊天，跟孩子们一起玩耍，甚至向别人提建议，对她来说都似乎没那么麻烦了。她不再担心自己的薪水（其实已经很不错了），转而选择休假半个月。她喜欢这种感觉。她的家人和团队也注意到了这些改变。她的丈夫想和她一起乘火车回家；

她（又）成了他的好伴侣。

在接下来的四周里，艾弗里开始想方设法赞美别人，建立跨部门的合作伙伴关系，并且在其他交易员们怒火中烧地应对市场问题时仍然保持冷静。在处理各类事情时少带入一些个人意志，这对艾弗里来说已经越来越容易了。几个月后，艾弗里宣布了她新的处事方法："我不再生气了。"实事求是地说，我们也不能指望艾弗里永远不发怒。但是，我们已经让她抛弃了消极的外衣，展露出聪明才智，并全力帮助他人（不仅仅是她自己）赢得成功。

16

懂得融入之法

留下良好的第一印象

多年以来，每当我的朋友凯特琳·博伊森纳斯顺着滑雪道飞速滑下时，我都在绝望地滑倒（和尖叫）。但在最近的一次海滩探险中，我惊讶地看到，这位身手敏捷的伙伴竟然在水边徘徊。"我不知道该如何进入海洋。我没有体验过海浪的节奏。"她一边说一边从汹涌的海浪中跳回来。我足足花了一分钟，才意识到凯特琳的运动能力正是她保持不动的原因。当海浪高到盖过你的头顶时，你不但不能逃避，还要潜进去，这不符合人的正常反应。当潮水退去时，你必须跳进水里，向着大海奔跑过去。观察节奏，并参与到当前活动的节奏中，这是一种技巧。关于路易斯·阿姆斯特朗，所有爵士音乐人的看法都是一致的。他们认为，虽然路易斯·阿姆斯特朗的短号背带宣告了他的到来，但只有当"书包嘴"（Satchmo）[①]合上主旋律以后，他的乐器才开始引入即兴演奏，带领乐队奔向另一个方向。

从基因上讲，我们天生就有快速决策的能力。科学家们已经发现了一种被称为快速认知或切片的无意识过程，它是能够从快速体验中判断出什么最重要的一种能力。获得诺贝尔奖的心理学家丹尼尔·卡尼曼解释说，有时候我们的大脑会走一个心理捷径，只处理"已知的知识"——很大程度上忽略了一些可能使决策更复杂的事实。很遗憾，我们的内部计算机虽然高效，但有

---

① 书包嘴：英文 Satchmo 是"书"（Satchel）和"嘴"（Mouth）的合成词，"书包嘴大叔"指的就是路易斯·阿姆斯特朗，因为他嘴比较大，有一次记者在采访时为他取了这个外号。——编者注

时会存在缺陷，它可能会将一些先入为主的观念错误地认定下来，却没有关注到更细微的信息。当你试图与他人建立联系时，要留心自己的行为传递出了怎样的信号。

本章适用对象

◆ 你一直都在思考："我该如何融入团队？"

◆ 你拿着准备好的方案匆匆赶到会场，却发现谈话根本进行不下去，你感到非常吃惊。

◆ 当你进入新环境时，宁愿祈祷获得一瓶瞬间隐形药水，也不愿意大家注意到你。

◆ 你发挥着标签的作用！派你去社区就是要与大家搞好关系。

◆ 你是办公室里初来乍到的晚辈。

◆ 你是办公室里的老前辈。

行为建议

● 不要压制新形势，应努力寻求与新形势同步的方法。做法很简单，你可以走过去，站在别人的办公桌旁——等待他们做好接受你的准备——不要自以为很受欢迎，或者在提出改进建议前，可以多倾听团队的工作报告，多观察他们的工作表现。

● 请记住，在你评估别人行为的同时，别人也在观察你。你的面部表情和非语言行为会产生巨大的影响力。如果你是掌权者，这一点就尤为明显，因为无论从数值还是强度上看，你的融入都将造成可能超出你想象（和认知）的影响。心理学家纳利娜·安巴迪发现，无论是观看10秒视频后给教授打分的学生，还是学满一学期教授所开课程的学生，二者最后给出的评分都是一样的。喜欢眼神交流、面带笑容、爱做开放式手势的教师，其得分会高于表情僵硬、烦躁不安的教师。

● 进入目标场所时，应面带微笑、单手伸出，准备好恭维你约见的人。有目的地为他人提供一些相处方法，让他们在面对你时能够轻松一点。约克大学的研究人员发现，以富有表现力的、生动愉快的方式进行交流的人，往往比板着脸的人更容易赢得大家的喜欢。心理学家称之为"表现力光晕（expressivity halo）"。与自己容易了解的人在一起，我们会觉得更自在。这也可以用来解释你为什么会"在了解某人之前先讨厌他"。所以，应该帮助大家多了解你。可以利用你的面部表情！

● 不要自认为（或者希望）快速判断无关紧要，请务必做好应对准备。走进房间时，不要把文件拿得歪歪斜斜，手里也不要提满各种袋子；它们会妨碍你与别人的直接接触。若是在即将与新同事见面时，与你的朋友大声说笑，就会立刻形成了一种排斥新人的氛围。你们应该在进门前把那个有趣的故事说完。

● 应关注人们在见面前对你的行为和着装的一些设想——你可以通过灵活应对来"震撼他们的意识体系"。你平时是位态度严谨、经验丰富的银行家，现在将要会见社区领导者，对吗？何不考虑穿着宽松一些的衣服。与你一起工作的同事是不是来自意识形态更为保守的地区或国家？你的信仰也许不需要你遮住双腿或双肩，但他们需要。这种情况下，你可以穿上披肩和／或长裤。

● 当心，不要以为自己职位高，所以任何地方都可以想进就进。在进入别人的私人空间前，应先征询对方的意见并等待回复。对于可能会被你中途打断的行动，应多加留意，看看你是否可以观看、参与，或者你应该稍后再来。如果可以的话，应该想办法提供一些力所能及的帮助。

● 保持好奇心。如果你的身份是"局外人"，就先问一些开放性的问题来缓解最初的尴尬气氛，主动承担起引导谈话进行下去的责任。

● 通过握手这种传统的问候方式，去感受与你会面之人的力量和节奏。不要让椅子、桌子或者书桌等物件阻碍你接收对方亲切的问候。

● 若你和其他人同时步入会场，应首先用眼神与他们互致问候。假设他们和你一样紧张或害羞。那就要预测一下，你们的谈话要怎样才能顺利进行下去。你在跟大家打招呼时，要告诉他们你很期待与他们交谈，因为……（说出一个发自内心的、真实的理由）。同时，你还应创造条件让大家互动起来。

特别提示

★ 希拉里·克林顿曾说："无论你看到谁，都要表现得很高兴。"或者正如比尔·克林顿所说："无论你看到的是谁，都要表现得仿佛他正端着一盘美味佳肴。"

★ 如果你遇到的人来自其他社会文化，应特别注意一下，看握手是不是恰当的问候方式。绝不要搂搂抱抱。如果在你当前所处的社会文化中，双手合十、指尖轻触是通用的问候方式，那你就该照做。你是在一个行鞠躬礼的社会工作吗？那就鞠躬吧。

★ 一旦了解了印象的形成方式，你就可以影响别人对你的看法，这是帮助你与对方建立有效联系的一条宝贵通道。

案例分析

征得同意

我妈妈过去常说，医护人员叫醒你，竟是为了问你是否需要安眠药。其实，这不是对待病人最体贴的互动方式。与之形成鲜明对照的是，巴西欢乐医生的创始人惠灵顿·诺格拉会穿上小丑服，夸张地大声敲门，还试探性地将他那只超大号鞋子放进病房，而他所做的一切都是为了展示征得病人同意的重要性。病床上的病人们笑了，看着惠灵顿表演的医生们也有所领悟。随意侵犯别人神圣的私人空间是在滥用自己的权力。无论你是从小隔间里探出头来聊天，还是到储存室里查看库存，都最好先征得相关人员的同意。

参加孩子们的板球赛

军人与前述案例中的小丑医生有什么共同点？答案是，他们都懂得如何在尊重的基础上建立相互联系。退役将军杰夫·辛克莱和我一起去斋浦尔沙漠做社区访谈。我们的目的是了解当地织布工人的生活状况，以及他们与努力促进供应商经济发展的地毯经销商的关系。在镇上走了 5 分钟，就到了地毯公司的联络处。当地居民都注视着我们。这个小镇的访客并不多。辛克莱将军没有直接去约定的会面地点，他停下来接住一个乱飞的板球，将它抛回到临时场地上比赛的孩子们手中。他们都大笑了起来。我也学着将军，把球抛给男孩子们，不过我抛得不太准，球打在了他们身上，然后我们都停了下来，相互进行了自我介绍。由于语言不通，将军指着板球拍，意思是想要打一局。孩子们高兴得尖叫起来。

　　正式会议开始前，我们只花了几分钟时间就完成了与参会者的初始交流，我们的"搞笑举动"已经在小镇上传开了。冰就这样被打破了，我们不再是他们眼中的陌生人。我们开始谈论孩子、体育运动，以及寻找好学校的艰难。当谈到我们此行的主题，即这个贫困城镇的经济发展问题时，他们已经把我们当作对这个话题感兴趣，希望进一步了解织布工人与地毯公司关系的朋友来对待了。

17

讲故事

通过刺激同事的右脑来连接彼此

故事可以刺激生成催产素，一种促进合作的神经化学物质。讲故事能唤起情感共鸣、增强同理心、促进相互联系。故事是一种主要的交流形式，其历史可以追溯到用洞穴墙壁代替"平板显示器"的时代。故事可以让我们分享激情、艰辛、悲伤和快乐。讲述故事则可以帮助我们找到其中的真意。

神经经济学家保罗·扎克的研究表明，从生物学角度讲，我们听故事时会有种身临其境的感觉。听者在感受你的感受，并与你建立联系。无论是单人面谈、小组讨论，还是台上发言，通过讲故事都可以邀请你的听众与你一同回到过去，或者迈进未来。分享自己的故事就是要告诉别人："向你展示一部分自我，是为了表达对你的信任。"若你真心实意地领导大家工作，其他人也愿意唯你马首是瞻。你工作时的衣着打扮只能构建框架。把你的故事填充进来，可以将你塑造成一个鲜活的人，一个同事可以理解、学习和结交的人。

故事能建立秩序。人类总爱追求确定性，而故事的叙事结构能给人熟悉、可预料和舒适之感。在故事框架下，我们可以承受十分强烈的情绪，因为我们知道冲突之后定会有解决办法。我们可以在保障自身安全的前提下去体验和感受。我们不必遵循"逻辑自我"所坚持的常规防御，可以自由地倾听和理解，并获得新信息。

工作报告，包括其中的统计数据、指标和数字，一般都偏重左脑。但这种情况正在发生着变化。正如丹尼尔·平克在《驱动力》一书写到的："右脑优势是竞争优势的新来源。"理性行为是基于大脑的刺激。感性行为则来自内心深处。有效运用讲故事这种手段，能够冲破工作中的重重阻碍，帮助我们首先与他人建立起良好的关系。然后，大家就可以言归正传了。

本章适用对象

◆人们同处一室，却没有多少共同点，是时候让大家以"社会人"的身份建立相互联系了。

◆无论申请资源这种大事，还是寻求点滴帮助这种小事，你都要去制作PPT。

◆你就像个"闷葫芦"，大家觉得你非常无趣。

行为建议

●停下来想想：我为什么在意这件事？让观众听到你的声音，而不是"公司的旨意"。如果最近在你的家里、办公室里或者新闻报道里发生了一些令你有所触动的事情，并且与你想传达的信息也相关，那就讲出来，不要怕跑题。

●选择一个你个人生活中的小故事，在将其公开前先讲给某位朋友听听，确保听到它的人不会误解其中的意思。

●讲出自己的战略弱点。你可以提醒自己的同事或听众，虽然你已经设计出了令人羡慕的美好生活，但是在成功前，他们犯过的各种错误你其实也都犯过，而且有些错误可能比他们的更离谱。不要把你的发言变成心理辅导课，没有人相信（或喜欢）十全十美的人——所以，不要把自己想象成集所有优点于一身。

●停下来想想：他们为什么在意这件事？当你要求管理委员会投入更多资金进行产品开发时，不要过多陈述当前系统崩溃的原因。应将重点放在，（真实）描述投资能够如何减少由此造成的损失与挫败，并获得更多的直接利益。

●在分享过程中，你可以通过讲述自己的所见所闻，甚至曾经品尝过的东西，来吸引听众的各个感官。

特别提示

★ 请记住，你的故事必须是真实的——不要太过长篇大论，也不要一味地自吹自擂。

★ 大脑会自动忽略被滥用的词和短语，所以应避免使用陈词滥调，否则你会失去听众。

案例分析

告诉他们你曾是黑帮成员

"你愿意雇用自己吗？"

德鲁正在为游说人力资源的相关领导做准备。他制定了一个方案，打算将大学辍学者安排到通常由大学毕业生任职的工作岗位上。德鲁需要寻找一个能够引起人力资源主管们兴趣的话题，用它来作为切入点。尽管他之前从未接触过招聘领域，但还是努力想让自己表现得内行一些。"我想我会先问听众们'你会雇用自己吗？'"对此，他有自己的理由：大多数雇主为求职者设定的标准都比他们刚开始工作时能达到的标准要高。不行，这样问没用。他们压根不会为难自己。好吧，那分享一下失业者暴力犯罪的统计数据怎么样？也不行，他们会充耳不闻的。那么，如果从"为什么"开始讲呢？

德鲁以他本人的故事作为开场。他在高中时代是一位运动员，身强力壮，在街区非常受人敬重，所以……被招募去卖毒品。他加入了一个黑帮组织。幸好，他进了监狱，在那里待了很短一段时间。被释放后，他的教练的朋友给了他一个机会。虽然没有接受过大学教育，但经过培训后他仍然成为了伦敦证券交易所的交易员。他凭借自己的坦诚得以在这条路上走了下去。工作改变了他的生活，也改变了他妈妈和妹妹的生活。现在他是位自豪的父亲，结婚已经十多年了。德鲁站在大家面前，彬彬有礼、才华横溢、口齿伶俐，你不可能知道他从体育明星到黑帮成员，再到商人的历程——除非他将自己的故事亲口告诉你。人力资源主管们被吸引住了。当听到德鲁讲述如何改变自己的人生后，他们也希望能够帮助他，以及符合他的新颖录取方案的求职者。

不要害怕脱稿演讲

对奥梅拉而言，被邀请参加创业大会的确是件好事。8分钟的个人发言之后是30分钟的小组讨论，期间她会与另外4位女企业家同台展示。本次活动还为胜出者准备了一份奖金。她反复练习，将案例和数字都讲述得流畅自如。奥梅拉的吹发业务发展迅速，公司招聘、培训并雇用了许多来自贫困家庭的女性，她对此深感自豪。奥梅拉能够将自己的观点准确表述出来。但只做到这些就想赢得观众的心，让他们投票支持她获得25 000欧元奖金，似乎还不太可能。她预料到主持人会问她开发廊的原因，于是她参考自己完成的商学院课程项目，以及自己对运动的热爱、自己每天锻炼后无力支付头发护理费等状况准备了一份答卷。

然而……最后时刻，奥梅拉却道出了自己的本心——她真正的动机是羞耻心，当她的单身母亲因找不到工作，最终只能在一家发廊打扫地板时，她感到很羞耻。十多年来，这一直是一个干净、保险但死气沉沉的就业方向，自己家庭的财务状况从未能因此得到改善。奥梅拉靠着奖学金才能完成学业。她试图远离这个不太坚实的根基。小组讨论环节时，她站在聚光灯下，分享了自己真正觉得重要的事情。如此公开地讲述自己的故事，使奥梅拉重新与推动她前进的工作意义连接在了一起，同时将她与台下的观众连接在了一起。

18

什么也别做，就坐在那儿

即使无法立即找到答案，也应享受寻找答案的过程

我们中的大多数人都在自觉做着各种事情——无论在工作中，还是个人生活中。我们不会任凭事态自由发展，而是将自己的意志加诸其上。若要我们放下手中的事情，那将是一个非常困难的抉择。我并非要建议大家消极怠工，或者对应做的事情故意视而不见。我的建议是，时不时地刻意让自己什么也不做。这是特意为他人留出空间，锻炼他们的能力。不要急于找到最终的答案。信任你的团队，留出时间供他们去迭代和完善方案。

生活在激烈竞争的社会中，我们知道成功需要有冲劲、奉献精神和决心。我们必须投入大量精力，必要时还要使用强制手段来得到我们想要的东西。然而，我们也可以考虑一些变通的方法，不必次次都用肌肉去解决问题。

当遇到群情激动，每个人都在争先恐后捍卫自己的观点或攫取资源的情况时，我会指导我的客户考虑后退一步。处理这种事情时，应该机智一点；当然，如若有紧急状况出现，就不应推卸责任。但是，大多数情况都还达不到红色预警的程度。你可以密切关注事态，等待适当时机。有时候，你急着参与进去也只是徒增噪声。你的想法也许很好，但很有可能你并非那里唯一的聪明人，混乱平息之时，你可能会发现，这个群体形成了一个完全合理的答案。当然，如果他们没能找到答案，你可以指出现有的各种解决方案全都无效的原因，并解释清楚为什么你的观点值得被采纳。

如果你是资历最浅的团队成员，那么在竞争进入白热化时，表现出耐心就是你的一种美德。如果你是管理者，则可以让团队独立解决问题——给他们留出一段时间。正如一位睿智的客户所讲："不要在团队刚感到饥饿时，就急着给他们喂食。"保持警觉，但不要过分介入，对他们的问题解决能力要表现出充分的信任。

虽然你置身事外，将任务交给别人去做，但仍有工作需要你自己去完成，因为在整个团队中，最后"一锤定音"的应是所有人中能力最强的那位。以纽约洋基队前投手马里安诺·李维拉（绰号"睡魔桑德曼"）为例，他的技术总是要保留到最后一局才施展出来。"睡魔"会穿过球场（按照自己的节奏）完成救援，为球队赢得胜利。

本章适用对象

◆因为你有这个能力，所以你认为自己无论何时都应该承担起这份责任。

◆你的责任心太强。你就像一座灯塔，不停地在地平线上搜寻遇险船只。

◆别人指责你揽权。

◆你长了溃疡，或者喜欢磨牙。

◆你无法容忍项目人员名单中没有你的名字。

行为建议（或者不提倡的行为）

●你在介入前先考虑一下，这样做是为了改善工作结果，还是为了满足你的自尊心。

●应把你的精力视为有限的资源，善加利用。

●抵制住想要填补空虚的心理诱惑。有时候，身体是能够自我修正的。

特别提示

★决定对一些工作刻意放手，不等于消极怠工或者不感兴趣，不要将它们混为一谈。

★给别人留下行动空间并不等于授权，此举只是给别人一个提升的机会。

案例分析

收起你的超人斗篷

闵军来到我的办公室时，头发梳得一丝不苟，洁净的连袖衬衫从他的定制西服里露了出来。他成功主持了分散在4个国家的6场客户会议，并及时从机场赶到了我的办公室。把行程安排得如此井井有条确实值得骄傲。当闵军放松下来，开始我们的讨论时，他也承认自己非常疲惫。为了达成目标，闵军甚至可以在必要时直面一列飞驰而来的火车，或者从高速行驶的火车上跳下来。闵军的超人斗篷就藏在外套下面，他也随时准备好展开行动。如果没能进入某项活动的核心位置，他就会感到沮丧（愤怒）。

15年的时光匆匆而逝，闵军的身体开始发起反抗（他如今饱受腰痛和剧烈头痛的双重折磨）。最终，他认为自己长期以来的控制和存在可能是导致这些问题的根源。尽管闵军认为他奔波于世界各地，能为客户和同事送去阳光，让他们的内心感到温暖，但是当我们检验证据时，他却无法让其他人发挥出领头人的作用，这意味着他常常会充当云的角色，将团队置于自己的阴影之中。我们选择不再称闵军的力量为最强之力，将其更名为（仅限于我的办公室范围内）魔法之触。闵军并不想逃避责任，但他打算在其他人有机会尝试时，用随时待命、随时施以援手等方式来代替超人般越俎代庖的救援。结果，他的团队成员获得了更多的机会，承担了更多的责任。他们也发现工作更有意义了。

参加会议与受重视不能画等号

多伦是一家房地产公司的首席法律顾问，但他感觉自己受到了轻视和排斥。客户来访，多伦只能眼看着首席财务官、销售负责人，以及其他团队成员走进会议室，而他仍旧坐在自己的办公桌前。多伦承认自己通过与助理们闲聊获得了同僚们的行程安排，然后连续跟踪了一些自己未受邀参加的会议，但最终他只能独自哀叹。多伦收入不菲，一直因思路清晰而倍受赞扬，而且也得到上层的不少鼓励，希望他继续维持自己的领导地位。他都缺席这么多会议了，人们怎么会把他当领导看呢？

　　我们回顾了相关情况。的确，没有多伦的帮助，公司根本无法达成任何交易。每当局势紧张时，他总能勇担重任、实现目标。经常有人向多伦咨询企业文化方面的问题。当客观情况下需要进行艰难决策时，他也是少数能够提出不同见解的人员之一。而且，他的意见也得到了领导层的重视！针对他的实际情况，我将辅导重点放在了他的心理按摩矫正上。我们需要改变多伦的看法。如果不邀请他参会是为了让他不必忍受没完没了的初期讨论，而这正是因为对他深为重视呢？对于棘手的业务问题，多伦常常能提出简单有效的解决方案。如果公司及股东们认为，在咨询专业人士之前应首先自行考虑一下各种情况的应对方案，而且认为这样做很重要呢？这是有道理的；它符合实际情况。从战略上讲，把多伦关在会议室门外是很重要的。把他视为一项有限的资源，能令他发挥出更强大的作用，并保持住与众不同的特质。多伦开始意识到，就他个人情况而言，参加的会议应该越少越好。

19

克服消极思想

停止制造噪声污染

我的思想就像一位坏邻居，我尽量避免独自一人去做客。

——安妮·拉莫特

"**我**还不够优秀，不够迅速，不够精明。"这是我从自己指导过的一些 CEO 那里听到的！若仅看外表，他们都表现得非常克制，自控力很强。但若是深入内心，他们其实常常徘徊在爆发的边缘。有一位刚刚在布鲁克林开了第三家咖啡店的企业家，虽然看上去很自信、很时尚，但其真实状况也跟上述其他人一样，他说："我简直跟不上。每个人都在模仿我的创意。我离丧失抵押品赎回权总是只有一步之遥。"人们自言自语的样子并不好看。工作中最具破坏性的对话，往往就发生在我们的脑子里。

外面的世界可能看起来很危险，但真正绊倒你的是你内心的沟壑。有时候，我们会不自觉地陷入绝望状态，甚至都没能察觉到这个过程。为了平息内心的恶魔，你必须找出自己的消极想法。不仅要认识到你正在折磨自己，还应该奋起反击。所谓的"善待自己"太过空洞。让我们换一种方法：对自己强硬。不要让具有侵蚀性的内心独白支配了你的情绪。向思想发起挑战。在此，我们向你介绍一个认知行为疗法的速成课程，见图 3.1 改变思维模式的 ABCs 模型，它非常简单，就像字母 ABC 一样。

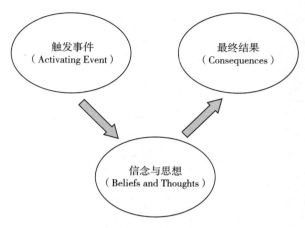

图 3.1　改变思维模式的 ABCs 模型

　　首先发生了一件事情（A）。假设你收到的电子邮件通知说，你被调离了已经工作满 6 个月的 Delectable Cake 团队客服岗。此外，对方还要求你明天下午 3 点与 Mindful Diet 团队面谈。当然，你可以问问你的上司发生了什么事情，但是在你们好好谈谈前，先不要胡思乱想。你有一个选择——是的，一个选择——你要如何对该事件做评价，要选择相信什么（B）。你可以选择相信自己是被强制调离的，因为：（1）你的工作从未得到过重视；（2）你的老板更喜欢其他同事；或者（3）这是解雇流程的第一步，又或者上述三个原因都有。抱有这些想法的结果（C）就是：你将度过一个备受煎熬的夜晚，第二天脾气暴躁地走进办公室，厉声斥责邻座的哥们儿。你给 Delectable Cake 团队客服岗的主管领导抛去一封简短生硬的电子邮件。你没有和团队同事一起去参加午餐时间举办的嘉宾讲座，而是选择查看招聘信息。如果有人问起你的压力处置能力或者变动处理能力，你传递给他的答案只会是固执和易怒。等到下午 3 点你该参加会议时，你的注意力已经基本集中不起来了。

　　现在，我们来尝试一种截然不同的思维。如果我们改变一下 B，即你对上述情况的评价，那结果又会是怎样的呢？我被调离这个岗位是因为：（1）我已经培训出了接班人，并准备好接受更复杂的任务：（2）我的工作给 Mindful Diet 团队的负责人留下了深刻的印象，想邀请我加入他的团队，因为他们需要提升业绩；或者（3）我已经成长为零售食品领域的专业人士，我将承担更多的工作职责。抱有这种积极评价的结果是，你开始为新的机会做准备，你不会鲁莽地发出任何谴责他人的信息，你将正常参加团队午餐并学习新知识，同时巩固你的良好声誉，让同事都来夸赞你的适应能力。

我们仍然不知道你离开 Delectable Cake 团队客服岗的真正原因，但我们知道，在第一种情况下，你的负面评价会令自己心情不佳，对你的声誉或者你身边的人都毫无益处。

这个 ABCs 模型实际上也不是那么容易执行。它需要你勤加练习，但请记住积极思想是可以学习的。责备自己，或者自认为不会成功，是处于消极和沮丧状态时的特征。与负面想法抗争会让我们成为自己更好的朋友，也会让我们成为别人更理想的同事。从我们的内心世界摆脱消极想法的那一刻起，工作中将充满各种快乐的体验。

本章适用对象

◆你的内心总有一堵忧虑之墙。

◆你花了太多时间去解读言外之意，以至于忘了阅读文字本身的意思。

◆你对自己就职的企业深感忧虑。

◆你认为最坏的情况就是自己弃权。

◆你总觉得有"不对劲"的地方。

行为建议

●思想就是思想，是你头脑中的各种想法——并非一定是事实。应把它们作为待检验的理论来对待，不要受其误导，认为事情一定是极为不公的、错误的或者面临崩溃的。与朋友和同事一起检验你的假设。事实是克服挫折的一剂良药。

●如果你不能消除诋毁别人的想法，那就把它们记下来，但不要太过执着。带上你的小笔记本，找个时间自己回顾一下以前记录的内容，并用 ABCs 模型重新加以思考。

● 不要沉浸在内心杜撰的剧本中。对于所面临的形势，应至少写出三种不同的看法。明天照常去上班，而且还要表现得似乎这些看法中至少有一种是正确的。

● 不要把各种不公正的想法都收藏到自己的头脑中。用你的眼睛去拨云见日，撕掉阴谋的外套，发现身边的美好。

● 倾听内心世界里具有积极意义的低语，并试着调高它的音量。有时候脑子里汇集着多种多样的声音也是件趣事。

● 试着去想象。打开你的心灵之窗，让消极的想法远走高飞，千万别邀请它们留下来喝茶。如果你正忙着说"我是个白痴，我是个冒牌货"，那就试着把这个"我"装进一只想象中的手提箱，然后扔进垃圾桶。

特别提示

★ 有时候，只改变思维模式是不够的。还必须改变外部形势。

★ 如果你无法靠自己改变极端消极的思维模式，可能就需要去寻求专业的指导意见。

案例分析

放弃完美，收获尊重

一对即将从伦敦迁往美国的夫妇来找我寻求指导。美国妻子认为自己的工作停滞不前，并且甚是沮丧。她的意大利丈夫向我讲述了他观察到的情况："她善于取胜，却不擅长度假；她要求自己必须时刻做好充分准备，这使得她总是处于焦虑不安的状态。即使是在做饭的时候，她也会一丝不苟。我做意大利烩饭的时候接到了领导的电话。他向我征询一些意见。但我妻子的 CEO 没有给她打电话，她就紧张起来了。她最大的敌人就是她自己。"

追求完美会产生一种紧张焦虑的能量场，然而要让安托瓦妮特意识到这一点并不容易。作为地区首席运营官，她能够预见和应对不利事件，并因此备受重视，但她总是担心自己未尽全力。这种焦虑没有成为保障安全的双手，反而破坏了她的成功。我们进行了一系列尝试，将她的想法和假设与实际结果进行对比，并重写了她的内心独白。随着各种数据的出现，安托瓦妮特的理性自我不得不承认，她的工作做得非常好，她面对的关键挑战应是与他人建立相互联系时，要展现出领导该有的自信。随着安托瓦妮特的情绪逐渐放松下来，她的声音似乎也降了八度，当她走进办公室时整个人更加自信，提出观点时也更笃定。同事们感受到了她性格的转变，大家都集体松了一口气。他们的首席运营官不再脆弱不堪。她已经准备好为同事们解决问题，请她提供建议的同事也的确更多了。

创造共赢的机会

本为他的律师事务所赚了几百万美元。他风度翩翩、机智精明、人脉极广。本很会讲故事，经常与大家分享笑话。办公室的同事都给予他很高的评价。但一直以来，本总是抱怨自己身边缺少优秀人才，工作无人可派。他感到有些精疲力尽，健康状况和个人生活都受到极大影响。本联系我的时候有点惶恐不安。他参加了事务所的敏感性训练，并被要求留下来与主持人进行私人会谈。本（非常吃惊地）了解到，一位女性求职者曾怀疑她自己是否愿意与他共事，因为他是出了名的"不让女性参与项目"。这虽然不是正式的指控，但一句评价也足以深深地刺痛了他。"我非常想在项目中任用女律师，但我们没有合适的职位，"本说，"我决不会故意排斥任何人。"

通过与本详谈，我们渐渐明白了，尽管他从未有排斥女性的行为，但也没有努力保障过女性的参与机会和晋升机会。本的精神为之一振。他会扭转这种局面（及他的声誉）。他要求加入事务所的招聘委员会。他给同事们发去信息，要求推荐优秀的女性求职者。他要求通过横向招聘的方式获得两名项目人员，并要求必须是女性。为此他亲自联系了招聘人员。他开始每月组织一次指导会议，本部门的同事都可以参加，他还亲自给年轻同事发消息，邀请他们参加。在与客户共进午餐时，本让资历较浅的女同事发挥带头作用，以确保她们有机会表达自己的观点。本没有陷在沮丧的情绪中萎靡不振，反而选择了积极的应对方法，这也为其他人创造了机会。

20

形成个人观点

逐渐发展成真知灼见

我没有特别的天赋，我只有强烈的好奇心。

——阿尔伯特·爱因斯坦

在回答了来访高管一个小时的问题后，巴西保险业巨头 Porto Seguro S. A. 公司的董事会主席贾梅·加芬克尔提出了一个问题："你认为我需要知道什么才能做出明智的选择？"无论是从提问者的角度，还是回答者的角度来看，这个问题都问得非常好。无论你在组织体系中处于何种位置，只要见解高明，而且能不断完善，就可以成为组织中有价值的资产。如果你只会重复已知的事情，那就有可能成为一件低值易耗品，以及一位无趣的同事。要敢于与众不同：

- 多了解与组织中重要主题相关的知识。
- 扩大企业的认知范围，特别是对那些本应该很重要却未受重视的主题。
- 能够对由你负责的材料提出专业意见。

法国巴黎银行董事会成员菲尔兹·威克·米林认为，观点就是从某一点上引申出来的个人见解。如果你把自己的提议清楚表述出来，别人就能知道你的立场，如果他们有不同意见，便可就此展开一场有益的辩论。对新思想或者他人的见解秉持开放态度并不排斥拥有个人观点，更不能否定它的重要性。我在辅导一些渴望自我发展的客户时，会帮助他们从只会接受指令转变为能够提供意见，成为通过发起讨论来促进高质量对话的专业人士。在前面的章节中，我们讨论了建立情感联系的重要性。本章将为你提供建立认知联系的机会。我鼓励客户在向领导做工作汇报时，能采用一些把握局势的新方法，并提供一些潜在的解决方案，不要直接闯进领导办公室问对方："你是怎么考虑的？我该怎么办？"因为你懒得做这些工作（或者能力有限），自然也就害怕表达自己的意见了！

不同群体、不同业务部门的负责人，或者同一领域的各个专家之间可以形成固定的思维模式，这种情况并不少见，他们不必扩展思维，往往只需利用语言来加以强化。如果无论多复杂的信息收集技术你都可以使用，那么仅提交一些公开数据，可能会对你的声望产生不利影响。不要总是依靠谷歌搜索答案，应尝试参加其他专业领域的各种会议；多阅读其他学科的各类期刊；多与你日常圈子以外的各类人士交流。然后，你可以把这些智慧的结晶带回办公室。

本章适用对象

◆你已经做好充分准备，要成为大家眼中更加德高望重的同事。

◆你愿意为大家提供有益的指导，帮助他们成长。

◆所有人的信息来源都一样——是时候改变这种状况了。

◆你可以预测到自己的团队将会提供怎样的解决方案。

行为建议

●保持好奇心。你可以利用旅途中的时间翻看博客，或者听听其他领域的播客。下载一本电子书或者带上一本纸质书；不要只是一遍一遍地阅读航班上的杂志。

●设想某个时间你可以把新知识推荐给别人。你应该事先练习如何让信息简单易懂，并且与听众息息相关。此处应特别注意，不要夸耀自己的学识。

●重点阅读有不同意见的文字材料。将持不同观点的人添加进你的社交媒体中。

● 订阅能够快速提供每日信息或者每周信息的新闻网站。除了阅读自己特别感兴趣的内容，其他包罗万象的信息也应一并浏览。

● 读读汉斯·罗斯林所写的《事实》一书，它推翻了人们对当今世界的普遍看法。该书提供的信息出人意料、与直观认识相悖（这是为了帮助你的团队形成更全面的认知，并非要让谁对其所持观点感到惭愧）。

● 向你敬重的人请教形成个人观点的方法。问问他们会去哪里查阅信息。

● 你可以提问说："我不知道自己究竟该问什么？"然后留出足够的时间去倾听答案。若有必要，还可以安排额外的时间来充分欣赏自己未曾领略过的风景。

● 对于你想要推销的策略和产品，可以与受其影响的人直接交流，并将他们的观点带回团队。

● 帮助客户取得成功。（内部或外部）客户最初要求的不一定是帮助他们实现目标。

● 站在知情者的立场，非常自信地提出替代方案。你的客户可能不会改变他们的要求，但至少你们的这场辩论是具有建设性的，它有助于你在客户那里获得加分。

● 准备好教给大家一些新鲜事物，帮助他们提升思维、增长见识。当你解决办公室遇到的问题时，你工作之外的爱好或兴趣可能会为你提供有趣的处理思路。

特别提示

★ 时机很重要。你不会想要等到会议结束时，再插入一些新信息吧。如果你的领导正急着离开，就不要拿着会让他情绪激动的会议日程表，穿过整个大厅去追他。

★ 个人观点仅仅是形成了，并不能保证它一定正确。你应该对自己的观点进行检验，并保持开放的心态不断学习。

案例分析

帮助客户取得成功

琼是一家国际咨询公司的市场营销负责人。她指导自己的团队成员不能客户要求做什么就只做什么，还应该提供一些有建设性的意见，帮助他们实现目标。她有一位女下属叫作艾娃，专门负责为替代能源企业咨询业务提供支持服务。负责此项业务的领导很快就给出了明确意见，包括他应该出席的会议，他认为有影响力的媒体报道，以及他想会见的该领域知名人士。艾娃按照过去的习惯做法，在开会时做了大量笔记，一周后将据此制订出的计划提交给了琼。"自己先动动脑筋，"琼坚持认为："媒体的大肆宣传可能会让我们的自我感觉更良好，但这不会给公司带来任何收入。"她鼓励艾娃跟踪替代能源领域最有影响力的几家企业，找到没有讨论过的话题、拥有最广泛读者群的行业时讯，以及计划在明年发布的替代能源领域新产品。

艾娃赶在与客户会面前，重新拟制了一个计划方案。相较之前的客户要求，这次的讨论内容和最终结果都出现了质的不同。虽然她的建议并不能每一项都引起客户的兴趣，但更好地推动了双方的对话，提高了她自己的声誉，也为公司的经营利润做出了积极贡献。

利用好奇心赢得支持

在辅导面临升职机会的管理人员时，我总会鼓励他们成为思想领袖。有两家投资银行邀请我为企业的女性管理人员制定领导力课程。我们将课程重点设定为：利用与企业本身息息相关的各种问题，积极磨炼参训者的行为，以此提升她们的吸引力、知名度和个人价值。参训的每位女性都运用自己特有的专业知识，对具体建议进行了完善。她们还抽空与主管多个部门的高层领导进行了交流，了解他们如何思考问题、喜欢阅读什么书籍，以及如何确定决策理由等。尽管她们也担心这些问题会被视为无礼的侵犯，但她们的好奇心让交谈对象深感荣幸。这些女性在讨论新兴发展趋势、当前市场状况及解读关键历史时刻时，都充分展示了她们的智慧与活力。轮到参与我们课程的女性管理人员升职时，高管层的很多领导都已经提前接触过她们，也看到了她们那既轻松又亲和（与之相对的是业务驱动型）的信息处理方式。这些都能帮助她们获得升职所必需的选票。

21

不必强求绝对正确

在这一点上请相信我没有说错

如果你从不改变主意，为什么不试着改变一次呢？

——爱德华·德波诺

放弃坚持绝对正确可以维护你的声誉，并帮助别人建立声誉。极度恐惧错误的心态应该是你收到的一种信号，告诉你……有些事情其实是非常错误的。对绝对正确的过分依恋是没有安全感的表现。如果你想在团队中展示自己的实力并占据一席之地，那就大方承认自己的认知有限，并且对别人的反对意见也应该虚心求教。如果你坚定地站在那里，充耳不闻外界之事，双臂交叉抱于胸前，将自己的思维与新信息完全隔绝，那便是发出了内心深处脆弱与畏惧的信号。

有些人因为过于坚持自己的意识形态，难以与常人正常对话，实际上他们也付出了沉重的代价。他们发现自己被孤立了。同事们或是围在喜欢吹牛的家伙周围与他们合作，或是破坏他们的工作成果。

为了让自己绝对正确，你也会冒险将现象与真相混淆起来。所谓的真相究竟是谁的真相？如果两种不同的观点都符合事实真相，那又该如何呢？哪个更正确？或者，如果我是对的，那你就错了吗？我们中有许多人都是成长在强制推行非对即错这种二元答案的教育体系之下。如今的职场越来越专业化。当我们受聘成为专家后，就很难再考虑可能存在的其他现实情况，特别是当这些现实是由那些没有正式资格发表意见的人提出来时（尽管资格不够，却有可能提出了非常有价值的观点）。你是高层领导吗？如果是，员工就更难向你发难了，而且更为重要的是，在对正确与否的理解上，他们很难不遵从你的既定标准。

你是否雄心勃勃，渴望受到提拔？如果是，有时候即使你很清楚自己是对的，也不要成为聚光灯下的焦点。你的观点并非一经提出就必须受到好评。如果团队中有其他人正在宣扬与你一致的观点，而且他的观点得到了越来越多的支持，那就请你也表示支持，并向他表达你的赞赏之意。他会感激你的慷慨大度，而且，当团队为实现你所相信的解决方案而共同努力时，你的自信及自我调节能力将会不断提升你的魅力。

有时候，你也可能是完全错误的。请试着说一句简单的"是我错了"，它可以宽慰人心。知道错了却不愿承认，会造成真正的伤害。你自然是希望团队或领导对你的能力充满信心，所以你会想方设法展示你所知道的一切。比如，如果一切顺利的话，这会是一个相当好的计划。但情况不会如此简单，错误出现了。你发生了误判。当你与经验不足的供应商签订合同时，觉得这能省下不少资金，似乎是个不错的主意。然而，活动策划人没有按时把桌子准备好，天气也不合适。特邀嘉宾也没有查看他们的电话留言。你若试图隐匿这些错误，局面反而会失控。所以，你最好坦白。如果不承认错误，你辛苦建立起来的良好关系就会遭到破坏。

本章适用对象

◆你急于纠正错误。它好像对你的工作起着决定性作用。

◆你认为自己的办公室里不允许出现任何错误。

◆你是个传声筒。你的社交媒体、动态信息及阅读材料都是从与你观点相同的人那里转发过来的。

◆作为领导，你认为员工只需要接受指令就可以了。

◆你在团队中资历尚浅，但渴望展示自己所知道的一切。

◆"他们"在你曾经的工作岗位上做得比你好。

◆当受到挑战时，你说话的声音会提高许多。

◆当别人要求你做出解释时，你会感觉自己被冒犯了。

行为建议

●与其争论不休，不如试着加入新内容。即兴喜剧的第一条规则叫作"是的，而且……"。举个例子，你打开一个即兴喜剧的剧本，上面写着"嘿，浴室里有一只紫色的猩猩。"如果回答"不，没有"就是错误的。一旦被否认，这一幕就变得毫无意义了。但如果回答是肯定的，比如，"是的，我试着把他挤进药柜里，但你的药片占了太多空间"，那就有趣多了。

●参与讨论是为了见识其他观点，不应强求别人接受你的观点。有时其他人的看法或者反对意见，能够帮助你发现自己观点中的疑惑之处或者细微差别。

●请记住，虽然你是对的，但对方也不一定就是错的。同理，如果你是错的，对方也未必就是对的。好好享受这个共同的发现。

●对你的错误负责并道歉。（若需要有关如何道歉的帮助，下文会有讲述道歉的章节。）

●你应该意识到，如果关于某个问题的讨论已经结束，那即便是仍然存在分歧，团队（和你）也必须遵照执行。试着把反对意见都总结出来，以此证明大家的意见你都听到了，然后提醒团队成员，你已经做出了最后的决定。

●进行自查，看看你是否正在营造一种不容出错的办公室环境。若有人出错，即使是资历最浅的团队成员，也可以通过调侃或闲聊来结束讨论。

特别提示

★不要因为对自己的观点太过自信，就不去听取和关注其他人的意见。有时候，别人的反驳即使是错误的，也能帮助你发现自己观点／思路中的疑惑之处或者细微差别。

★不能说："我早就告诉过你了。"绝对不能！

案例分析

你的规则是正确的……但结果错了

莎娜是一个组织松散的陶艺者协会的经理，她在管理上有些严苛。在监管交换中心时，她坚持要求每件产品都应涂有五种以上的颜色。"这就是卖点。"莎娜解释说。即使没有用公式去准确计算，情况也诚如莎娜所言，这些赏心悦目的图案在出口市场上赢得了不错的反响。其中的关键就是提供了独特的产品。

莎娜为自己被选中接受管理培训而深感自豪，并且一丝不苟地推行着她的管理模式，即使这意味着她必须去数每件陶器身上涂着几种颜色。陶艺者们被激怒了。她们感觉受到了侮辱。她们明白任务是什么，但她们最想遵从的是——自己的设计灵感。对莎娜而言，缺乏标准化是难以接受的，村妇们的"无知"更加深了她的挫折感。莎娜狂热地坚持着她的专横统治，没有尊重其所代表的女性的独特性。为了表达自己的不满，陶艺者们只在陶瓷上涂满规定数量的颜色，却没有设计任何引人入胜的图案。当莎娜想起协会的最终目标时，她才不再执着于这种僵化的评估模式，陶艺者们也才重新开始生产赚钱的产品。

你们都没错

贾马尔和拉吉特在同一家公司任职，他们各自管理着一个地区办事处。直到最近，他们的办事处都是独立记录每天的盈亏情况，但新上任的高管希望有一份合并报告。"如果这样做了，我就没办法维持下属的积极性，"贾马尔说。他分管的店铺位于北部地区，利润一直高于拉吉特分管的店铺。"我们同属一家公司，我们的报酬都是根据合并后的公司年终利润来确定的，"拉吉特回应说，"你为什么不让你的家人知道我们公司真实的盈利情况呢？"

贾马尔一旦平静下来就能提出更好的建议，即同时提供本地区的情况报告和全国性的合并报告，酌情承认自己地区的特殊贡献。这事回想起来似乎很容易，但贾马尔花了整整几个小时才承认，拉吉特的要求也并非完全没有道理。

第四部分　培养忠诚度

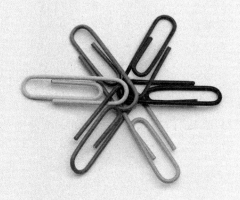

深度连接

新商业时代的 **52** 种有效沟通方式

本部分内容是关于你的同事们的。不管你的办公室是坐落在镶满玻璃的摩天大楼里，还是隐藏在自己父母简陋的车库中，你都无法独自实现目标。想要你的同事人尽其才，并不是仅仅依靠钱就能办到的。就让我们来探究一下，什么才能令你的同事愿意为你所用吧。

当你翻阅待办事项清单时，很容易忘记他们——你的同事；接受你最新指令的人，他们错过了孩子的足球比赛，放弃了自己的约会，又或者彻夜不眠，只为帮你在另一个最后期限到来前完成工作。同事们问你的问题，可能只与手头的项目相关，但他们问自己的问题是："我重要吗？""我的工作重要吗？"具有感染力、积极向上的团队文化，其核心是人的工作，因为他们在关心着别人，也在感受着别人的关心。要让他们按照计划实现工作目标，就应先将他们看作自己人。这才是把团队紧紧结合在一起的胶水。你的宽容大度和乐于助人，证实了你与同事能以诚相待。你清晰的工作思路，以及为同事们创造的良好工作环境，则能缓解他们的压力，增加成功的机会。

不要畏惧"使命驱动型工作"这个概念。我们做任何事情都是有原因的。花几分钟时间找出原因，不要害怕与同事分享你的发现。此外，还应提升办公室的氛围：若有人做出了成绩，就一定要抽出时间欢庆胜利。

本部分的适用对象

· 你已经做好准备，要让每一天都变得重要。

· 你需要深化团队关系。

· 你身边都是好人，做的事也不差，但给人的感觉不怎么好。

· 你的长期目标还遥遥无期，需要制定一些重要的阶段性目标。

· 你向爱吵闹、需要帮助的团队成员投入了太多关注。

· 工作是你乐趣消失的地方。

22

明确定义角色

提供全面的职责说明并明确权限

大千世界是一座舞台，而世上的男男女女都只是演员。

——莎士比亚

我们穿上工作服，在办公室诠释着自己的角色。虽然我会敦促大家不要生活在假想的角色中，应该做真实的自己，但他们若想向世人展现自己最好的一面，就应该知道自己需要实现的目标是什么，能够得到的权限有哪些。我的客户中就有这样一类人，他们想多做一些工作，却又担心被视为揽权或越权行事。有时候，一线员工即使知道具有立竿见影效果的创造性解决方案，也会故意忍住不说，因为他们担心自己会因为打破了既定惯例而遭到指责。

《盖洛普 2017 年美国经理人状况报告》在对 195 个国家 250 万个团队进行分析研究后认为，明确定义角色可以赢得成功并减轻压力，因此是最受追捧的提升团队效能的因素之一。设定具体目标后，人们就可以据此管理自己的时间，确定自己的关注重点，这在小型企业或者使命驱动型组织中尤为重要，因为它们的员工承担了过于繁重的工作，极有可能把自己弄得精疲力竭。若角色混淆不清，人际关系质量就会下降。我指导过的一些管理者常常会说："你所谓的角色清晰度低是什么意思？他们都有自己的工作职责描述！"工作职责描述的确是一项必要条件，但并不充分，因为它们通常只是招聘员工时依据的文件材料，不能成为团队中需要不断完善的角色定义。

设计组织架构是从图表和职位开始的。一旦职位上有了真正的人，他们的个性就不太可能刚好符合职位要求。这种时候，企业通常会邀请我去做"心理大扫除（psychological clean-up）"。把个人风格融入角色中是人类的天性，而且很多时候这种做法能够激发出更大的工作意义。然而，无论是团队成员还是团队长，频繁的职责调整都会弱化他们的角色。突然之间，我的工作权限发生了变化，而且还影响到了你的工作，我俩却不知道谁应该对其中的哪些问题负责。于是，脾气便上来了："他以为他是谁？"偏执的念头也出现了："为什么我的工作权限越来越小？他们准备解雇我吗？"请尽可能明确每位团队成员及其领导的角色分工。

你无法想象（或者也许你可以想象），我有多少客户搞不清他们的上司究竟是谁！他们有一位正式任命的主管领导，还有一位似乎也在行使管理权的领导——而且两个人下达的指令经常不一样。在一个矩阵式组织中，这种情况会更加混乱。比如说，莎莉在芝加哥销售高端跑车，她的销售收入提交给了负责中西部业务的区域经理，但她参加的会议是由奢侈品部组织召开的。区域经理告诉她，这个月要做促销，因为现在是年底了。与此同时，奢侈品部的负责人告诉莎莉，下个季度之前不要做成任何交易。他想在客户心中营造一种稀缺感。而且，他正打算提价。看见了吧，莎莉的头都要炸了。你得让自己公司的"莎莉们"保持清醒。所以，目标一定要明确。

本章适用对象

◆ 团队的工作成果没有达到预期目标。

◆ 最后期限已经悄悄过去了，但细节处仍然漏洞百出。

◆ "这不是我的工作"成为你不愿插手的借口。

◆ 工作的着手点不明确，"我该给谁打电话？"也不清楚。

行为建议

● 在团队会议结束前，制定出明确的行动步骤，并指派专人负责落实。应将最后期限也纳入讨论议程中。

- 在启动新项目时多投入时间是为了以后能节约时间。召开一次项目启动会议，对工作内容、完成时间和责任人进行评估。如果职责有交叉，还应讨论一下由谁担任领导。

- 确保"责任人"和其他团队成员都已理解团队中每个角色的职责与权限。你可以考虑制作一份备忘录，提示"如果遇到……事情，请给……打电话"。

- 使用 RACI（负责、批准、咨询、通知）表格：在启动项目或者跟踪项目进度时，可以将团队成员召集在一起填制以下表格（见表4.1）。应确保所有人都将自己的表格分享给了大家，这样可以明确每项任务的审批权归属，因为负责人不一定就是审批人。提供咨询意见的同事（例如，需要对项目相关问题做出回复的联系人）与只需随时通报情况的同事常常会被混淆。通过事先确定各类电子邮件联系人，可以减少邮件混乱现象。

表4.1　RACI 表格示例

负责人	负责完成工作的人； 制定任务分配方案
审批人	对执行过程或项目结果承担最终责任的人
咨询对象	提供咨询意见，但不直接参与项目执行的人员（例如，非常重要的利益相关方或者学科问题专家等）
通知对象	阶段性结果或者任务最终结果的接收人，或有知情权的人

- 试试肯·布兰查德在其所著《新版一分钟经理人》中提出的建议："确保一张纸上只单独记录一个目标，并且读完一个目标的时间不要超过一分钟。"这样，员工就能准确知道目标要求。

- 如果你是矩阵式汇报关系中的两位领导之一，应留出时间与另一位领导及你的直属下级见面，这样你就可以适时调整自己的预期目标。

- 对于正在进行公司内部调动的人员，应明确其原角色的结束时间和新角色的开始时间。

- 不应采取任何无视官方政策或损害任务负责人利益的暗箱行为。让你的爱将或者能力出众之人稍微多承担一点责任是极具诱惑力的想法。如果客观情况允许你变更角色，也应做到全程透明，避免引发不必要的混乱和竞争。

特别提示

★ 如果你正在发起一项新的项目计划，但还没有确定各角色的预期目标，你可以说："目前还没有明确的指导原则。"这就表明员工有权进行实验，并主导他们的实验结果。

★ 虽然你的出发点可能是好的，但如果未经广泛交流就贸然扩大某个员工的职责范围，就有可能损害你的声誉并波及你想要帮助的人。

案例分析

我得到授权了吗

与我会面的赛义德，是一家市值 10 亿美元的房地产公司的新任首席运营官。他最初的绩效考核结果出奇的差；他被描述成只会看病、不会治病的急诊科医生。当被问及工作中遇到的阻力时，赛义德列出了三个问题：自己的工作重点不明确、不能参加每周的管理委员会会议，以及公司上下遵守流程不力。"但那是你的工作，"我说。赛义德认可我的说法，最初他也是这样认为的，但 CEO 的行为却改变了他的看法，他认为自己没有权力制定和实施必要的公司纪律。得知赛义德的困惑后，CEO 欣然强化了他的角色期待，并授权他在必要时"做出一些冒犯的事情"，比如在她树立了坏榜样时，可以当面提出改正意见。

别紧张，这不是你的工作

有时候，人们也会希望得到的权限小一点。娜塔莉在参加某餐厅的培训课时得到了"上行销售（Upsell）"的授权，这令她在担任服务员时反而变得结结巴巴、局促不安起来，因为她觉得餐厅现在给她制定的预期目标应该是引导顾客订购售价更高的葡萄酒。当她努力谈论花束、单宁和水果味时，以前那种亲和友好的风格不见了，取而代之的只有拘谨和生硬。然而，当娜塔莉知道自己只需向侍酒师做一个引人入胜的介绍时，她便不再感到紧张了，个人魅力也重新焕发了出来，事实上（侍酒师们的）销售额也的确增长了。

23

将工作与使命相联系

做任何事情都需要理由

人性中最强烈的欲望是想要成为重要之人。

——约翰·杜威

你会等不及闹铃响就从床上跳起来，满怀热情地跑去工作吗？好极了！一定要跟你邻座的同事分享这个秘密。如果你已经按了两次"打盹"键，喝了两杯咖啡，却仍然拖拖拉拉完不成工作，而且还不停地想着：**我重要吗？我做的工作有什么不同吗？有人在乎吗？**——好的，本章就是为你（和你的领导）准备的。

我们并非天生追求金钱。在《人力方程式：以人为本创造利润》一书中，詹姆斯·普费弗查阅了数十个行业的研究成果，最终得出自己的结论：有些企业只把员工视为生产机器上的齿轮，与之相比，工作有挑战性或者有意义的企业就可以赚取更多的收益。金钱买不到意义，但工作可以提供意义。将我们的工作与更高层次的目标联系起来，会在人才招聘和生产效率方面产生**有意义**的变化。麦肯锡公司的报告显示，企业若有鼓舞人心的使命，炙手可热的人才就愿意为其效力。贝恩咨询公司对全球 300 家企业进行了调查研究，其结果表明：员工若能从工作中获得鼓舞，其单人产出将抵得上 2.25 名只对工作感到满意的员工的产出和。

这就是症结所在。使命驱动型组织的员工可能会发现，他们的日常工作要求与组织最崇高的目标之间并没有多少联系，而从事平凡工作的员工可能会因其工作能影响到最终用户而深受鼓舞。是的，与批准经济适用房申请的社工相比，管道制造厂的工人可以让大家享受到可靠的室内卫生设施，后者工作起来自然更有激情。

丹尼尔·凯布尔在《激活：如何使团队跑起来》一书中解释说：当受到刺激时，多巴胺（我们在拥有愉快经历时，释放出的一种令自己感觉良好的化学物质）可以将员工转变成志愿军。因为多巴胺能够调节我们对时间的感知，当我们感到振奋时，时间会稍纵即逝。遗憾的是，有些组织流程太过专注于完美的重复性，往往会扼杀活跃荷尔蒙的大量分泌。只有将工作与现实相结合，才能消除它的单调感。

沃顿商学院教授亚当·格兰特在报告中说，若放射科医生收到的文件中带有病人照片，其所写报告的长度会增加29%，诊断准确率也要高46%。正因为将自己视为与患者健康息息相关的一线保护者，那些身处黑暗房间，而且通常还孤身一人的医疗专家们才仍旧愿意辛勤地为患者服务。欢乐医生的创始人惠灵顿·诺格拉讲述了一个类似的经历，当时医院后厨的工作人员接待了来访的巴西儿童肿瘤病房的孩子们。然后，备餐员工忽然就成了治疗团队的一员，负责为癌症护理时的营养补充提供保障。他们的出错概率更小了，工作速度也更快了。

观察发现，接触从自己工作中受益的人，比聆听领导鼓动人心的讲话更有成效。这是个好消息。也就是说，一方面我们不必等待领导提高激励标准，另一方面我们确确实实需要寻找与客户建立联系的方法——真正走出去，见到他们。

我们也需要将自己从自动装置般的状态中解脱出来，去回顾我们的成就，分享我们影响他人那一刻的故事。研究表明，人们在埋头苦干时很难感受到工作的意义，只有当他们对所完成工作进行全面回顾时，才能真正体会其中真意。如果有机会，垃圾清理人员在清理完全部街道后，可以回想一下这片街区清理前的模样，这样他们就能意识到自己的工作有多么重要。园丁们如果能驻足片刻，看看顾客家后院盛开的鲜花并为他们装饰一番餐桌，就会觉得自己像艺术家，而不是双手沾满泥土、穿着肮脏靴子的人。首先建立人与人之间的联系，然后再上升到使命的高度，这才是制度层面源源不断的动力之源。

本章适用对象

◆你觉得自己像个泥瓦匠，实际上却正在建造一座大教堂。

◆团队的工资水平远远比不上他们为推进工作而流下的血汗与泪水。

◆虽然报酬很低，但我们也曾经热情高涨，然而，我们最近已经忘却了自己为什么愿意做这项有时会深感厌恶的工作。

◆我觉得朋友的工作更吸引我。我这是怎么了？

行为建议

●构建积极向上的身份。在介绍别人时，应将他们的工作融入真实环境中，清楚说明他们的努力对于实现更高层次的目标有多重要。不要只说："这是梅格，我们的夜班经理。"试着这样去介绍："来见见梅格。有了她的努力，晚上9点以后入住的旅客中，选择预订我们酒店的人士是最多的。"或者，也可以这样说："请允许我向你介绍泰瑞，她负责我们出租车修理厂的维修监督工作，有了她，你可以安全放心地驾驶你的出租车。"

●主动提议为同事编辑简历。你的版本可能比他自己的更客观，不会过度谦虚，而且你能够识别出同事为组织中更高层次的使命所做出的贡献。

●可以考虑举办一场研讨会，让你的团队成员依次结对进行交流，了解每个人取得的成就，然后为对方写下评语。每当你的同事读到评论他们的文章时，腰板都会挺得更直一些，因为这是对他们的另一种肯定。

●对外做自我介绍时，应为整个团队树立起积极正面的形象。你在从事电影院自动售货机的B2B（business-to-business，企业对企业）营销吗？可以尝试把你自己介绍成一位娱乐经纪人，把你的团队介绍成能让观众度过一个既有趣又解馋的夜晚的服务提供人。

● 在别人介绍你时，帮助他们将情况说得更准确一些。应确保在特定场合中，别人介绍的事实和重点都恰如其分。你的企业里是否雇用了许多退伍军人，而且你也为此深感自豪呢？在你的上市公司的董事会里，女性是否占据了三席以上？这不仅仅关系到你的自尊。它也在提醒坐在听众席上的团队成员们，他们是公司的一分子，正在推动着公司的变革。如果为你做介绍的人没有说到点子上，你也不要绝望。你可以自己补充几句："我很高兴能代表接受过我部培训的所有理疗师发言。我们为您供了实实在在的帮助，今年前来就诊的患者中有 50% 的人在 3 个月内便完全恢复了健康，对此我们深感自豪。"

● 应尽可能全面介绍所有参会人员或者团队，以及他们在实现组织使命的过程中所发挥的作用。

● 进行实地考察。你是在筹钱为贫困社区提供眼镜吗？如果是，就抽时间与那里的人见见面，听听社区中的女性恢复视力后是如何成为裁缝赚钱养家——并为家人买来新鲜食物。找机会见见孩子们，了解一下他们的父母视力提高后，他们的生活发生了怎样的变化。

● 公司大会期间，可以分出一些时间与大家分享疑难问题的处理方法——比如，如何缓解因内心害怕而感到紧张的客户的情绪，如何确保紧急药品能按时送达，或者在产品发出前发现了错误应如何处理等。一定要多讲解一些典型案例，直到大家都掌握了诀窍。

● 为自己踩个刹车，回顾一下你的工作成果及别人享受到的益处。

特别提示

★ 研究表明，工作中有意义的时刻不是由领导者创造的。但是，糟糕的管理是破坏工作意义的头号因素。

★ 仅仅把组织的使命张贴到你管辖的办公区是不够的。你应该帮助每位员工了解他们工作的重要性。

案例分析

别怕谈及使命

霍珀是位善于自嘲的布景设计师，他自称是时尚摄影界的救助人（Roto-Rooter），就是你遇到紧急情况时会想要给他打电话，但平常不会首先想到他的这样一类人。当遇到艺术要求很高，但资金紧缺、时间紧张之类的问题时，他都能创造性地加以解决，对此他深感自豪。霍珀的名声很好，但签合同时应如何要价一直困扰着他。许多新秀设计师在他的店里工作，把他当作自己奋斗的榜样。而他想让团队成员能够得到机会（和资金），最终自立门户。霍珀将自我介绍从幕后的救助先生转变成了创意团队的发起人。这种转变将其工作上升到了使命的高度，促使霍珀能够更加积极地为自己和团队成员商谈合同。毕竟，他的工作室是培养新人的孵化器，他收取费用不仅是因为提供了布景服务，更是为了推出下一代艺术家。

留下深刻印象

此刻，我只想和你分享一张纸条。它是写给我丈夫的。

"我在看自己的 Facebook 时收到了一则通告，上面写着'6 年前的今天……'，它是我在公司工作了 6 个月之后，写下的一些关于您的事情：'我刚到洛克菲勒中心的假日派对，就见到了我上司的上司的上司。我们被介绍给他后，您知道他说了什么吗？他说：'哦！你！凯拉（化名）！谢谢你所做的一切！'然后，他转向另一位看起来像是高管的人说：'你可得跟她搞好关系呀，她管着我们的钱袋子呢。'太不可思议了！我成了您的铁粉……您凭借自己的领导才能和对下属的真情实意，为我们树立了极好的榜样。我将终生难忘。"

24

用时间做赠礼

我们每个人都有太多事情要做

超级杯橄榄球赛举办期间，半分钟广告的收费标准是 500 万美元。工人按小时收费；律师按分钟收费。时间就是金钱。时间也是力量。

你若让我等着，便是在告诉我，你这一天中要做的事情比我要做的更重要。喜欢设定最后期限或者规定下班时间的人，会严重影响你的职业生涯（和个人生活）。将自己的工作日程共享给大家，同事就可以据此安排会议，改变你的工作节奏——无须征求你的意见。计算机量化了你的客户响应速度。工厂设备记录了订单处理速度。休假天数、病假天数全都记录在案。谋生通常意味着放弃对时间的自由掌控。

我的许多客户都告诉我说："我没时间思考。"然而，他们需要承担战略性的工作。罗伯特·莱文在研究时间地理学时发现，活跃经济体国家更重视效率。挑战就摆在眼前。当我们对忙碌顶礼膜拜，或者相信每一秒都十分重要时，我们的行为可能会损害到创新和理智。

2017 年盖洛普公司对 250 万美国人进行了一项调查，结果显示：属于"感觉自己有足够时间做自己想做的事"（即所谓的"时间富裕"）这类群体的人数创下了历史新低。艾希礼·惠兰斯在其著作《快乐时光》中指出："时间贫困存在于所有经济阶层中，而且影响深远。时间紧张的人会有更严重的焦虑感和抑郁情绪，压力也更大。他们笑得很少，身体处于亚健康状态。他们的工作效率也降低了。"

将时间作为礼物送给需要的人，能让收到礼物的人及他们的团队从中受益，在赠送形式的选择上我们可以多样一些，比如：找回往日激情的数月大假，放松身心的几日小憩，甚至宝贵的几分钟恢复时间。大学教授能够享受公休长假，只要工作满七年，就可以休假一学期。无论是用来钻研学问、著书立说，还是只做简单的休养生息，都是极好的机会。该做法在商界也逐渐流行起来了。《财富》杂志评选的最佳雇主 100 强中，有 1/4 的企业会为员工提供更长的休假时间，让他们找回自己的工作激情——而且还是带薪休假。有些企业虽然没有提供长假，但每周都会为员工分配实验时间。3M 公司以"15% 的时间"名列榜首。1974 年，3M 公司的科学家阿特·弗赖伊正是利用这个机会，在纸张背面涂上一层黏合剂，创造出了完美的书签。瞧！非常赚钱（又方便）的便利贴诞生了。其他企业也纷纷效仿这种做法，并创生出了各种赚钱的点子。Gmail 和谷歌新闻就是谷歌员工利用"20% 的时间"发明出来的。

你可能会想："当然，当然，大企业是可以为员工提供非结构化的时间，但我是小公司，能这样吗？"不要急着结束这个话题，可以尝试做一些创新。我被称为"疯狂的会议时间管理器梅兰妮"，因为我会在会前备好非常明确的议程，在会议期间全程跟踪议题的进度，并确保会议结束时间即使不能提前，也绝不延后。这是一种尊重。试着回顾一下你的会议结构，看看能否挖掘出一些富余的时间。如果你是位中层管理者，你很可能把 35% 的时间花在了会议室，如果你是企业高管，这个数字至少会增加到 50%。美国人每年浪费在非生产性会议上的资金超过 370 亿美元。你真的需要把大家召集起来开会吗？会议时间一定要这么长吗？如果议程已经讨论完了，你能在原定的会议结束时间之前散会吗？

将未使用的会议时间返还给同事是对他们专注行为的奖励，他们可以利用这些时间完成其他工作，或者彼此闲聊一阵，又或者提前一点下班。想让你的办公室成为一个快乐的地方吗？那就把时间回馈给大家。

本章适用对象

◆ 各场会议的开始时间都推后了，因为前一场会议的结束时间与后一场会议的开始时间重合了，各场会议之间都没有留出空当。

◆你想尽自己的一分力量，在一天中插入一些喘息的机会。

行为建议

●会议时长定为 45 分钟而不是一个小时。这样，大家就可以有时间休息，或者赶去参加开始时间与你的结束时间重合的下一场会议。试着按照这种趋势组织会议。首先发送主题为"45 分钟会议，讨论议题是……"的邀请，其后应保证会议时间为 45 分钟或者更短。

●尝试召开站立式（standing）会议。我说的"standing"是指**没有椅子**（chairless），并不是**定期**（regular）的意思。这种会议的开会时间更短，与会人员也更专注。当你与同事站在一起并且相互靠得很近时，就不太可能同时处理多项工作了。

●准时开会，让迟到的人自己赶进度，不要每次有人进来都从头讲起。准时开会传递给迟到者的信息是你不会等他们。准时参会的人为及时到场付出了努力，故而应该受到尊重。

●鼓励与会者在开会期间把手机和私人电子产品收起来，这样他们就能有效专注于共同的任务目标——而且还有可能提前完成。若条件允许，建议采用视频会议，而非电话会议。如果同事能与你面对面会谈，那就更不可能同时处理多项工作了。

●使用白板或纸质日历**查看时间**。如果在电话或电脑上看，就很难体会到一个月的节奏。

●引入休会日。例如，每周三不安排会议，让每个人都能集中精力做事，不必担心中途被打断。

●若要奖励那些刚刚完成重大项目的员工，可以考虑让他们休假，这比公司出钱请吃高价大餐更适合他们。

●一定要让同事们享受到即将到来的假期。过期作废的政策并不适合积极性过高的团队成员，他们可能会一直工作到再也撑不下去为止。对于辛勤工作的员工，一定要提醒并且允许他们多休息。

● 主动申请为准时开会提供帮助。并非只有领导才能主动要求管理会议进度。你可以礼貌地插入一个"进度检查",让与会者知道还剩下多少时间,并且有机会对剩下的议程做出必要的修改。

● 给别人留够时间。不要连续预约大型会议或者研讨会。你应该认识到,与会者也希望有一点独处的时间,或者有机会赶上其他同事的进度。

特别提示

★ 无论层级高低,每个人都应该享受到时间的恩赐。给接待员一个惊喜,让她有机会在星期五中午离开。问问你的上司,你能做点什么帮助他们提前结束一天的工作。

★ 远程办公的同事看不到办公室隔间里的人是否正在休息。你可以向"电脑里"的同事发出"正在休息"的文字提示。

案例分析

这一分钟是你应得的

在每一个小时的第59分钟时,办公室的空气中都会传来叮当作响的美妙铃声。整个办公室则瞬间变得寂静无声,连正在给客户打电话的人也都停了下来。巴西圣保罗市的全爵士通信公司的总裁克里斯蒂娜·卡瓦略·平托说:"我的团队成员把他们一天中大部分时间都花在了我们的工作上;我可以每小时回馈给他们一分钟时间。"这个做法很有效。而且还有传染性。短短一分钟改变了整个办公室的状态。刚开始推行时,大家感觉自己的工作被打断了,但一段时间后,这种做法变成了一种奢侈的纵容。第45秒是个关口,此时你会感到漫长而不安,但到了第58秒和第59秒时,你就会精神焕发,准备好以更加清晰的思路继续投入讨论。一开始,电话那头的客户会感到茫然,但接着他们会通报说,很高兴自己能有这样一个平静的时刻。

抽时间享受生活

有时候，我们需要别人鼓励才会抽时间做点其他事情（甚至这种时刻听起来就像我们正在偷东西）。米歇尔是一家建筑公司的项目经理。她注意到自己的团队成员很少利用私人时间。于是，她特意打听了大家的周年纪念日和孩子们的学校演出时间，然后提前大约一周提醒下属请一天假。米歇尔自豪地讲述了她是如何通过鼓励员工请假享受生活，"让生命中的特殊时刻变得难忘"。米歇尔虽然作风强硬，却很喜欢员工孩子周岁生日派对上发来的感谢短信和照片，以及团队成员参加的全国性比赛的总决赛。通过争取时间让团队成员亲身经历生活中的快乐时刻，米歇尔也感受到了快乐。

25

知道完成时间

有了明确的目标，才能适时宣布"完成！"

> 完成比完美更重要。
>
> ——Facebook 公司的标语

但是，我们该什么时候完成工作？小组委员会什么时候能完成工作？你们的特别工作组什么时候能不再特别了？你怎么知道程序主体部分的完成时间，而且还知道我们可以选择留下来做交流？对于团队和个人来说，真正知道项目任务的完成时间，会比推测一个听上去差不多的时间更为困难。

完美情况下，项目应该有明确的开始日期和结束日期。团队成员各自管理自己的目标完成时间，并在完成任务时获得满足感。然而在现实世界中，"结束"很多时候并没有像它本应该的那样被明确定义，结果不但资源白白浪费，人也被折腾得神经衰弱。究其原因，可能有两种情况：一是由于交付物的范围不断扩大（范围蔓延），二是因为项目本身还处于探索阶段，无法清楚描述已完成的工作。

给本章加上书签，然后传给你的同事。务必远离项目管理中最肮脏的一个词：范围蔓延。承包商或团队成员希望超出合同规定标准，交付"价值更高"的产品，致使意外事件影响了产品交付的时间和方式，或者为了很少的几点要求而投入费时费力（而且成本可能会很高）的劳动，都会造成范围蔓延。在你意识到这一点前，交付物范围和待完成工作的范围都已经扩大了。没有指出"这不在最初要求的范围内"会给你带来挫败感，并延长潜在的无收益时间。我们有时会选择规避预料中的冲突，并认为这一切最终都可以解决，但事实并非如此。

我们不宣告"完成"的另一个原因是熟悉感能让人轻松自在。掌握问题的感觉很好；成为专家很快乐。现在为什么还要停下来呢？你已经和项目组的其他人员节奏一致了，你找到了可以用来开会的最佳午餐地点，你还开发了一套团队内部使用的简洁用语。把注意力从已知领域转移到未知领域非常消耗精力，而且还要解散你的现有团队。没有人敢说"完成"，所以你就在原有项目的基础上不断完善——而且整个团队都把时间耗在了完善上。这些良好的人际关系并非不能维系。你可以想办法深化自己建立起来的新关系（计划一次工作团队的重聚活动），让自己享受与大家在一起的快乐时光，不谈工作，远离任务。

如何度过一个美妙的夜晚取决于你的布局，它可能包括通过显微镜观察细菌，构思完美的开场白，思考推动讨论所需的适当提示，或者想想应该为哪幅图像打开艺术装置。

团队中存在着善意的玩笑和同事间的友情。一些同事从外地飞过来，晚上没有任何计划安排；或者如果下班后继续工作超过一小时，公司会报销晚餐费和/或回家的交通费；那么大家就会继续聊天。你的团队中有一半人已经放松下来了，但另一半人不得不赶回家接手保姆的工作，又或者去橄榄球练习场练球，去商店买些食品杂货。这时，谁将负责说："谢谢你们的辛勤工作。所有想留下的人，请留下来。所有必须离开的人，明天见。"

有时候，阻拦说出"完成！"的头号障碍是追求完美。心理学家巴里·施瓦茨发现，虽然"知足常乐者"和"追求完美者"同样都能将工作做得足够好，但前者总是会比后者发现更多的工作乐趣。虽然追求完美者是在寻求最佳选项，但他们的最终决定未必就会更好。那么，什么又是足够好呢？把预期目标沟通清楚，你就能走上宣告"完成"的道路！除此之外，还有一个必要因素，就是说出"完成了"的勇气。如果你希望同事尊重你、对你忠诚，就要学会优雅地开启和结束一次会议、一个项目或者一份新方案。

本章适用对象

◆你的团队成员热爱本职工作，也喜欢他们的合作伙伴。

◆想要跟你约时间很难，你总在开会。

◆你总有做不完的事情。

行为建议

●目标表述要清晰，而且应在后续陈述中不断提及该目标。若要在预期目标的基础上新增一些目标，应首先完成最初陈述的项目任务，再同意接受新增目标。每位参与人应能够清楚陈述总目标的具体内容，以及他们为实现目标所应承担的工作内容。项目开展起来后，应记得提醒团队成员项目计划的内容及截止日期。

●不要为了在熟悉的环境下工作，就去启动一个更加困难的新项目。在组建特别委员会时，要指定其解散日期。绝不能默认为是"无限期"的。

●制定明确的会议议程，如果提前完成了全部会议目标，那就提前散会。如果不加控制，大大小小的各种会议将占满你所有的时间。应密切注意时间的用途。如果与会者在日常会议的前（或后）15分钟到20分钟都在讨论同事的高尔夫球赛，那以后的同类会议就尽量把时间安排得更短一些。

●如果你让同事们聚在一起，一边喝咖啡或鸡尾酒，一边计划或汇报工作，就一定要注意控制好正式讨论的结束时间。让那些想社交的人留下来，其他人就可以离开了。

特别提示

★你可以先宣布现有项目已完成，然后敲定新项目的条款。承认结束可以激发新的开始。

★了解与会者的想法并查看会议目标完成情况。即使你个人感觉焦躁不安，也并不意味着会议就要结束了。

案例分析

防止范围蔓延

朱尔斯已经攒了好几年的钱，就等着有一天她能把自己非常老旧的厨房改造成萨塞克斯中部的"意大利绿洲"。在她的电脑文件夹里存满了各种装修设计杂志的剪报。她把夏天出国旅行时看上的瓷砖都拖了回来，蓝色的用在后挡板区域，摩洛哥色的用来装饰柜台。既然已经退休了，朱尔斯就有时间专心实施这个项目，然后她才有机会为所有她爱的人做饭，招待他们。她先后与五位建筑师进行了交流，最终聘请了怀亚特。怀亚特自己的店铺刚刚开张，他给出的报价没有超出朱尔斯的预算，他明白这次的项目不仅仅是为一位非常有趣的客户翻新厨房。

朱尔斯非常喜欢怀亚特的设计。还有，她非常珍惜和怀亚特在一起的时光。她要求这里改改，那里变变。怀亚特都无法拒绝。朱尔斯让他想起了自己的妈妈；她总会拿出美食招待他，有她陪伴时会很快乐。然而，怀亚特办公室里的基层建筑师们却没有感觉到同样的喜悦。他们精疲力尽，怨声载道，工作也马虎草率。"这个项目何时才是个头啊？"他们呻吟着说。朱尔斯进一步坚定了怀亚特成为建筑师的决心，那就是为人们构筑梦想。但为了让业务可以维持下去，他必须用一些现实的约束来缓和大家的情绪。他向朱尔斯做了解释，告诉她自己为她和她的项目进行了怎样的投入，以及为什么必须设定一些限制。当听说他负担过重，被她控制了想象力，并不得不接受她坚持的选择时，朱尔斯感到有些不好意思。厨房建成后，朱尔斯在新厨房里为怀亚特、怀亚特的团队及他们的一些潜在客户举办了一场派对。

放听众离开

李教授为人亲切友好，但他很害羞。有人说他不懂社交，但他在科研方面的确是一流的。李博士为世界各地初出茅庐的教授们资助研究基金。他在学术会议上发言时，言行都很自然，但若换作在行业活动中发言，他就会变得焦虑不安。在演讲活动之前，他喜欢听取他人对其幻灯片的意见，因此，他经常会在漂亮的酒店套房里备下一桌晚宴。被邀请共进晚餐的基层教师们都深感荣幸。好吧，至少头一个小时是这样的。然后，大家渐渐感到晚餐时间太长了。李博士反复修改、提问并思考其他可能方法。一部分受邀者喜欢看着他不断深入思考，而其他人想去参加大厅里的网络会议。尽管教授能够感觉到大家的不耐烦，但他常常会理解成是对自己的想法有所不满，因而会进一步邀请大家提供更多反馈意见（此时有些就餐者就会觉得自己成了人质）。

一天晚上，一位乐于助人的同事前来救场了。琼斯博士主动介绍了当晚的情况，安排了讨论时间，并明确表示正式晚餐的持续时间为90分钟，之后客人们可以自由离开。琼斯博士说到做到，一个半小时后他便准许人们自行离开。这次大家都过得很愉快，尤其是李博士！

26

每个人都很富足

保持富足心态，抛弃稀缺心态

如果你总是关注生活中有什么，那你拥有的将永远比期望的多。

如果你只关注生活中没有什么，那就永远无法感到满足。

——奥普拉·温弗瑞

在一次有多个教派参加的感恩节仪式上，我和丈夫被一位传教士简单却实用的教导打动了："以富足的心态看世界，抛弃稀缺心态。"抚养我长大的母亲总认为，如果每道菜的可选食材少于三种，那我们就没什么可吃的，我想知道，如果我把这种默认的想法从"少于"改成"多于"，情况又会是怎样的呢？史蒂芬·柯维在《高效能人士的七个习惯》一书中指出："大多数人都深深沉浸在**稀缺心态**中，他们把生活看成只有一个馅饼：如果有人分到了一大块，对其他人而言，就意味着他们能分到的馅饼更少了。"具有**稀缺心态**的人难以与人分享赞誉、信用、权力或收益。当别人取得成功时，他们很难真正感到快乐，因此也无法与他人进行有意义的沟通。

富足心态会认为每个人都有充足的资源。别人加薪不会引起你的嫉妒或者伤心，因为你知道，别人的成就不会夺走属于你的任何东西。那些总认为自己什么都不够，抱怨缺少时间、金钱或资源的领导者，通常会依据他们缺乏的东西来设置挑战。他们的重点不是寻求增长，而是维持现状。相比之下，秉持富足心态的领导者则已经做好了充分的准备，要去寻找人才和新观念，而且还常常会加以培养和发展。当每个人都因为自己拥有大量机会而争相庆祝时，工作的意义和乐趣就自然而然地显露出来了。

本章适用对象

◆付出能够温暖你的灵魂。

◆你多了就意味着我少了。

◆你关注的重点是限制预算和减少资源投入。

◆你每个月都会说一次"如果……就好了"。

◆若要与他人共享资源，你会觉得自己容易受到伤害。

行为建议

●大方一点。既然已经提供和分享了很多无形资产，如你的知识、人脉及恻隐之心等，那就让自己沉浸在能提供这些东西的充实感中。"赠送"工作中十分稀缺的东西——如理解欣赏、有用信息等——可以把供给不足的部分填补上。

●把时间用在别人身上会让你感觉自己的时间变充裕了。研究表明，你若囤积时间，时钟就会慢下来。

●在即将做重要报告或参加公司活动时，你的业绩压力会突然猛增，此时与其担忧自己是否具备必要的成功条件，不如试着问问你的团队成员："我如何才能帮助你拥有出色的工作表现？"当人们认识到自己可以帮助别人时，往往能够在一定程度上平息内心的疑虑，不再执着于担心自己可能缺少什么。

●创造属于自己的富足环境：多接触擅于发现机会的人。有些同事对于自己缺少的东西会立即注意到，却忘记庆祝自己拥有的一切，请不要与之为伍。

●关注自己头脑中的各种想法，而且要有意识地关注到所有想法。有时可以将它们做成一张图表。你不妨试试吧。将一页纸分成左右两栏，其中一栏写下令自己深感羞愧、不可与人分享的所有恶毒、吝啬的想法。然后在另一栏，写下豁达、积极的诠释。如果你（暂时还）不能完全相信这种富足心态，那也不必担心。毕竟这需要多加练习。

● 你对自己和别人讲述的事情，可以反映出你的现实处境。当你在团队会议上发言，与朋友分享工作方面的新闻，或者向家人汇报最新情况时，会哭穷还是炫富？做个实验。接下来的一周，你只分享有意外收获的事情，看看会有怎样的感受。是的，不要讲工作量过大这种事（很好的尝试，但我知道你心里真正想的是什么）。你的故事应集中关注本周你接收到善意的那些时刻。有人把车位或者手机充电器借给你用了吗？还有那个花了整整一小时帮助你解决电脑问题的同事，你觉得如何？这些事情很重要。还有，你认为暗中使坏的那个家伙，只是靠在你耳边悄悄告诉你（而不是当着全体团队成员的面讲出来），你的听众调查报告中有数字统计错了，这件事情也很重要。

● 写一本感恩日记。记录每天值得感激的事情。日记里应该至少记下 10 件事。记住，一定要列出一些容易被忽略的简单事情，如一起分享咖啡（并且 AA 制买咖啡）的有趣同事。

● 与富足心态相对立的是一种收缩意识。扩展你的视野，看看周边的一切。不要只盯着桌子，把头抬起来。

特别提示

★ 不要总觉得自己是受害者。自己上当受骗的那些事就不要记录下来了。

★ 平日的快乐、大度之事虽小，但汇集起来也能令你在工作、生活等各个方面过得更加愉悦。

案例分析

在楼梯间里治疗病患

贝尔维尤医院建成于 1736 年，是美国最古老的公立医院。我刚到这家医院实习时，它的家具和地毯看起来就好像从来没有更换过。而且，什么东西都缺。救护车呼啸而来，医护人员东奔西跑，病人和医生挤在少得可怜的几部电梯里。填写记录时连一支笔都找不到。接待区没有座位。为了抢把椅子，还要与其他人激烈角逐一番。因为没有足够的办公室，我不止一次在楼梯间里治疗病患。在贝尔维尤医院找个实习机会很难，但要搞清楚它的运作体系，简直就是不可能的。你是怎么完成工作的？医院没有病人护理手册，也没有存放急需的转诊病人来源的中心信息库。

然而，我每每回忆起那段时光，心中都充满了热爱。正如跟着我实习的贝尔维尤医院心理学实习生们很快了解到的那样，我们可能会为了赢得一席之地而努力奋战，但我们只有互相支持，才能在这种疯狂的地方茁壮成长。我们（大声地）发誓，要分享自己所学，如果听说了关于某个团队成员绩效表现的信息就要告诉对方，当被问及对某位成员的看法时，要做出正面的评价。在实习期间，我们一致同意，每周四晚上在街对面的老地方喝酒聊天。我们面临的难题是准备什么样的素材，好在周四晚上讲给大家听。通过这种方式，我们对自己经历的一些荒谬情形能够一笑置之。三十多年过去了，我们中的许多人仍然保持着联系。我们惊叹于大家的共同试验竟如此成功。我们从中找到了自己需要的。资金不足、人满为患的医院里挤满了热情洋溢的专业人员，他们以减轻（至少是部分）病人的痛苦为荣。

专注于使命可以获得更多资源

你会认为，若某人的头衔是"企业社会责任负责人"（CSR），他自然会倾向于慷慨大度，或者至少有这种可能。但贝卡就不是这样，她看到自己的对手无处不在，她觉得市场营销团队和客户关系管理团队都正在侵占她的领地。贝卡抱怨说，她没有足够的人手或者预算去产生她想要的影响。为她设计的辅导课程有助于她阐明自己的目的。她最初进入法律界是因为相信司法公正。她自己也承认，她并不是一位出色的法律顾问，而且因为非常擅于搭建个人与组织之间的桥梁（当她没有感觉到威胁的时候），现在已经转换成了CSR的角色。贝卡将"接近正义"作为本企业的指导原则，重新制订了商业计划书。当她把新的商业计划书提交给市场营销团队时，经她修改后的项目重点（以前贝卡的团队做的都是教育、卫生和营养方面的项目）得到了他们热情的支持。受到贝卡所提使命的激励，客户关系管理团队的员工邀请她参加他们的销售会议。贝卡的影响范围扩大了，她的新方案也得到了更有力的支持。

27

累积社会抵押品

如今的付出是为了将来的成功

我总是鼓励客户准备一些**社会抵押品**。你不会希望在需要帮助的时候，却发现自己已经透支了吧。所以要建立顺差。我不是建议你与别人针锋相对，或者用交易的方式来处理人际关系。我希望你多想想自己能为别人做些什么，不要只想着能得到什么回报。帮助别人的感觉非常不错，你也能从中受益。在前一章中，我们讨论了富足心态的重要性，以及慷慨大度能够造就的优势。本章将进一步深入探讨这个主题。

《沃顿商学院最受欢迎的成功课》一书的作者亚当·格兰特曾说过："在处于成长期的团队或公司任职的领导者为了确保成功，所能做的最重要的事情就是努力建立一种给予者文化。"好人是不会落到最后的。"帮助别人是好事。这也算新闻？"我的一位朋友在参加了格兰特博士的社区演讲后问道。很遗憾，的确如此。人们一般会认为，按照既定日程推进相关工作比帮助别人重要。"没时间"是常见的借口，然而许多对同事而言非常重要的行为，实际上只需要占用你几分钟时间。比如，做个恰到好处的介绍，让同事承担对口研究，或者分享一个与业务相关但不太知名的专业会议邀请，这些都只需要大概五分钟的时间。身处竞争激烈的工作环境，你很容易通过大量消耗或竭力捍卫有限的资源来维护自己的地位，但请不要这样做。

人们在不知道你有多关心他们时，是不会在乎你对他们有多了解的。这就是把沟通放在首要地位的关键原因之一。若要让同事按照你的想法行事，首先就得抓住他们的心。预见同事需求——甚至在他（她）自己可能还不知道的时候，就凭借敏锐的直觉，知道他（她）需要什么——的重要性是构成中国古代"关系"概念的基础。不能简单地问："我能帮上什么忙吗？"你必须仔细观察，主动确定哪些可能用得上。中国话里的"关系"可以理解为"建立人际关系，打开机会之门"。这是对声誉的长期投资，其范畴之广超出了任何一项工作。

本章适用对象

◆你希望晚上睡得好，白天感觉更好。

◆现在是时候投资你的未来了。

◆你感觉所有事情都很顺利。

◆你认为贪婪并不是坏事。

行为建议

●通过首先表达善意，建立起友善的人际关系。只要有人请你花上短短五分钟帮个小忙，你都帮一帮吧。是的，无论是谁提出的请求。

●试着对那些与你有冲突的人表现出宽宏大量。这可能与你的直观感受相悖——虽然很难做到，而且容易动摇，但非常有效。我们的对手往往是我们最密切关注的一方，所以你很可能成为他们需要的专家。抛弃竞争，采用相反的策略：提供帮助。

●参加公司会议时，不要被动地坐着。你的同事、上司或者低职级的团队成员是否提出了重要的想法？找出至少一件对你来说容易做到的事情，帮助他们实现愿景。不要等着别人来问你，而是主动告诉他们你的想法。

●不要以为你的同事就能掌控一切，应主动提供帮助，但也要允许对方有说"不"的权力。

●注册一个 Givitas 账号。这是一个软件平台，员工可以在该平台上寻求帮助，也可以为其他人提出的实际问题提供解决方案。

特别提示

★ 利己主义和雄心壮志并非与慷慨大度完全对立。

★ 如果你心中仍然保留着一张记分卡，那你就还没有真正让自己放松下来，去运用慷慨的力量。

案例分析

别气得发疯，一起吃顿饭吧

在一次上我的心理辅导课时，弗兰克说很想限制销售代表卡门的行动，因为对方总是越过他，直接向他的团队成员了解情况，但卡门其实并没有这个权限。"他以为他是谁？我们团队已经连续工作了很长时间。卡门不能就这样闯进来，还要求立即答复他。他就是个臭名昭著的恶霸。"当我顺着这个话题追问下去时，弗兰克想出了一个更富有同情心的办法。他意识到自己部门无法满足在外奔波的同事的需求。因此，弗兰克没有像最初打算的那样拿起电话表达他的愤怒，而是邀请卡门见面喝一杯，他们共同商讨对策，最终想出了更好的合作方式。这样，弗兰克就能够预见卡门的需求，并适时提供解决方案。

一听说弗兰克对此事感兴趣，卡门高耸着的肩膀就放了下来，语气也变柔和了。卡门解释说，自己管辖的巡回销售人员经常出差在外，感觉与总部各部门完全隔绝开了。即使待在城里，他们也很难接触到提供业务支持的同事。弗兰克答应在销售人员回到城里时组织一些聚餐活动，然而最令卡门及其团队成员吃惊的是，弗兰克会邀请他们参加临时组织的各种办公室活动。原本可能酿成公司内部冲突的事情变成了持久友谊的基础，常年在外的同事们不再指责弗兰克没有及时提供他们需要的数据，转而齐声称赞他非常关心大家。

一位瑞典人的秘密

将个人贡献不求回报地存入社会资源库，不仅是要采取助人为乐的行为，它更是一种心态，一种生活方式。我的一位老客户卡琳·福塞克就在这方面树立起了很好的榜样。我第一次见到卡琳，是她担任伦敦国际金融期货交易所 CEO 的时候。她接着又担任了卡内基投资银行的 CEO 及联盟信托公司的主席。她曾经还担任过多个董事会职位，并曾在位于伦敦的金融服务监管局担任副主席。她担任过的职务还有很多。你们是不是很钦佩？当然，我一直都很钦佩她。初次见面，你就会情不自禁地称赞卡琳对公平和利润的高度关注。她聪明、有人脉、见多识广。你很容易被她的成就吓倒，但卡琳为你做的总能比你想问的多。作为银行业界职位最高的女性之一，卡琳曾多次成为公众批评和关注的焦点。她去杂货店问路，却成了瑞典国内的一则新闻。如果福塞克女士不知道去哪里买牛奶，她怎么能给财政部部长提建议呢？

尽管有人刻意败坏她的名誉，卡琳却没有意志消沉。那她的生存之道是什么呢？卡琳对这个世界有着明确的使命感和坚定不移的大度心态。她总是注意表扬、提拔和帮助他人。因此，卡琳身边聚集了许多忠实的支持者，他们不断证明着她的好意——他们是真正的信徒，随时准备反击任何心怀恶意的媒体。为了庆祝卡琳的生日，瑞典音乐家弗雷德里克·斯旺创作了一首名为《整体》的歌曲，很好地捕捉到了卡琳的精神特质。"你无法将你的身份与你所做之事、共事之人分割开，所以最好为完整的你和整体的我们共同庆祝。"谁能反驳这句歌词呢？

28

安抚同事的自尊心

每颗自尊心都需要一点爱

人们从不会厌倦谈论自己。

——罗兹姑姑（《老友记》）

我们开诚布公地说说吧。大家都希望受赞赏是因为他们重要。你并不是在寻求表扬（本书有单独的一章讲述该内容）或者完成任务后的感谢（本书也有单独的一章讲述该内容）。本章讨论的是对你的长期贡献、你在公司的发展历程、你所做的开创性研究、你的角色重要性或者你的业界经验的**认可**。

这种对赞赏的渴求有可能会表露出来，但也有可能成为深藏心底、令你感到罪恶的秘密。尽管你"应该"不必依赖赞赏带来的动力，但多少也会有一点正常的**自我欣赏**，你身旁的同事也是如此。信任自己是心理健康的标志之一。要保持自尊心健康，就需要为其定期提供养分，告诉你一个秘密——即便是先给同事们的自尊心提供养分，你也不会营养不良。因为，即使是自视甚高、最为自信的同事，也会发现难以抗拒你对他们自尊心恰到好处的安抚。

如果你的地位和贡献没有得到认可，你初时可能感觉是自己做得不好，但很快这种酝酿中的不适感就会发生转变，你会认为同事做得更加糟糕。这时候，问题就出现了。"他们为什么不征求我的意见？""为什么我突然就如此不受尊重了？"同事们的看法：你已经为其他人创造了成功的条件，而且很有可能还在努力开展新尝试。毕竟，你是资深专业人士。然而，你的看法却是，难道他们没有意识到我为他们所做的一切吗？

你的继任者想要的是什么？你的认可！你现在不愿意给他们的是什么？任何一点认可！结果会怎样？每个人的自尊心都无法得到满足，形成了一片自我欣赏的沙漠。在这场赞赏争夺战中，你应该首先安抚同事们的自尊心。

德鲁的衬衫总是被熨烫得干净利落。他还戴着袖扣和一只大金表。他走路大摇大摆，开着敞篷车，内心火热沸腾。他为公司赚了钱；他是管理委员会成员。他招聘了新的首席投资官。他想要的只是大家对其影响力的认可，给他与生俱来的自尊心一些安抚。"他们难道看不出来，我已经把这个新领域推出来了吗？我投资比特币的时候，甚至还没有加密货币这种正式名称，现在要讨论它的最新发展状况了，却没有人在议程中加入与我有关的内容。当然，我们已经另外聘请了一位投资专家来领导公司的工作，但这些人难道不知道是我说服了管理层，让他们愿意承担最初的投资风险，才给公司带来了数百万美元的收益？"德鲁的愤怒是可以避免的，只需要他的同事们在会议开始时说上一句："如果不是德鲁的创造力和远见，我们今天就不会坐在这里了。"或者，也许，他们可以在会议结束时请德鲁点评几句。若不如此，德鲁这样一位既愤怒又极具影响力的高管是有可能做出损害新同事信誉的事情的。

在自尊心的需求范畴内，德鲁更像我们大多数人一样，表现出一种正常的自我欣赏。进一步讲，就是内心渴望得到社会认可，现实却无法满足内心要求的这一类人。他们是**极度自我中心者**。他们平日就像插上了电源，充满着活力和灵感。他们是赢家，你也想在他们的计划中占据一席之地。你是不是想问他们能被视作磁石吗？好问题。这些魅力四射的人一开始可能很有吸引力，可是一旦你意识到这一切都只与他们自己有关，他们就会骤然失色。开始时，你希望竭尽所能为他们实现目标，加入他们的初创公司，或者为实现他们让你相信有可能实现的愿景而自愿减薪。我们同舟共济（这是你认为的），而且人人都精神振奋。然后，你开始感到精疲力尽；随着你日益察觉到自己的成果被他们掠夺，你的动力也会减弱。如果为了取悦如今脾气暴躁（曾经具有不可抗拒的魅力）、不懈追求肯定的老板或同事，你不得不委曲求全，那么你的合作伙伴可能就属于极度自我中心者了。

尽管各种数据都表明，成功的真正因素是能力而不是自信，利他主义而不是利己主义，诚实正直而不是个人魅力，但许多极度自我中心者还是成功了。创新、开拓性政策和面对逆境坚韧不拔的精神都是由一种崇高的自我意识推动的。因此，在你的职业生涯中，你很可能会发现自己的上司（或者同事）是一个极度渴望自尊，却缺乏同情心的非常自负的人。

别被愚弄了。自信可以与想要证明自身价值的极度渴望共存。这类人为了不让自己有不胜任的感觉，可以给自己披上傲慢自大的外衣。公然追求赞扬与强烈的自尊心之间往往是负相关的。那些工作时昂首阔步的孔雀（无论他们职级高低）——你最不愿为其鼓掌的人——往往正是那些需要一点爱的人。当他们不自信时，请安抚一下他们的自尊心。真的。这有助于他们缓解紧张情绪。

一种常见的情况：自我中心者会让你觉得自己所做之事并不重要。他们不会表扬你的工作做得好，只会炫耀他们自己的成就并抢占聚光灯。这不公平，也不尊重。这种对你的付出公然漠视的行为，使你想忽视或者淡化他们的成功。你不想赞美他们，你想惩罚他们，但你要抵制这种反击的冲动。与其坚持你的价值观，不如表现出对他们的尊重。

你可能不明白，我为什么要鼓励这种恶劣行为。对于这些把自己包裹起来的利己主义者，我们难道不应该退避三舍，让他们承受那些令人愤怒的自私行为所带来的后果吗？这些我都明白，但要想在这些极度自我中心者的手底下生存下来，就需要采取与直觉相反的行为。

自我中心者对拒绝超级敏感。你做的任何事情，只要被他们察觉到是对他们的批评，你就可能会遭受到攻击。这是个坏消息。而好消息就是，尽管自我中心者会无情地操纵他人并因此臭名昭著，但他们极易上当受骗，因为他们超强的自尊心需要受到他人不断的肯定，才能安全地保持下去（尽管是人为的）。不要向自我中心者的雷暴中泼水，应该通过承认野兽的威严来驯服它。这样对待他们没问题，还可以试试一些有用的语句："你是唯一能够帮到我的人。""我能帮你做点什么吗？"很有可能，当那些缺乏安全感的同事认为你是他们自身没有威胁的延伸时，他们会第一个赞美你。

本章适用对象

◆ 你忘了考虑哪些人需要恭维，哪些人需要征询意见，或者哪些人需要当众认可。

◆ 你所处领域的资深专业人士对你态度冷淡。

◆ 你的同事想要得到他人钦佩，这种欲望强烈到近乎贪得无厌。

◆ 你做梦都想掐死那些看似不会承认你工作成绩的同事。

◆ 你希望自己的意见能够得到支持。

行为建议

● 如果你身边有很多利己主义者，那就得甘冒感觉自己工作没做好的风险。不要急于捍卫自己的价值，并借此挽回自尊。相反地，你要多去赞美别人，利用社交能力让自己放松下来。那些贬低别人的人正在发出这样一种信号：他们无比渴望收获赞赏。你需要寻找一种符合情理的赞扬方式。通常某些方面还是可以赞美的。比如，赞扬他们努力工作，即便工作结果并不怎么值得赞叹。

● 当你与别人关系紧张时，大概不太可能去寻找他们的积极行为，并给予肯定。你需要鼓励自己反其道而行之。因为，提升他人的自我价值感，是一种非常有效的冲突化解方法。

● 作为深化关系的一种手段，试着跟别人聊聊他们个人最看重的东西。举个例子，艾玛开的书店面积很小，你进去后一定要多讲讲她实现梦想的勇气。可以关注书店的设计风格，并着重强调艾玛进军陌生城市并与当地知名人士快速建立联系的能力（是的，是的，你有点厌恶自己这种攀附的做法，但对艾玛来说，这关系到她是否能被接受和资助，所以就得这样做）。

● 把"除了某人"换成"与某人一起"，这样可以避免与极度自负的对手正面交锋。试着以对方的意见为基础，提升自己的观点。

特别提示

★ 回应，但不要抵触。管理自我中心者的自尊心只是一项体育运动，并非是对你个人的侮辱。最终，你还是要照顾好自己。如果你在至少一年的时间里尝试了所有你能想到的办法，但现状仍旧令你疲惫不堪，那就可能不得不另寻一份新工作了。

★ 注意把握时机！在升职或述职之前，切不可对你的上司太过恭维。这种行为可能会被定性为公然操纵评审。

案例分析

向同事寻求支持表明你尊重他的职位

凯西以为自己是在保护前任上司迪克，但迪克深感自己未被尊重。这是怎么回事？迪克多年来一直热心支持明星员工凯西的工作，总是想方设法推进她的事业。就在凯西升职前夕，迪克被调到了另一个部门。迪克主动提出愿意指导部门的新任领导完成整个评审过程，以确保凯西能够升职，然而没有人找他寻求专业意见。凯西听说迪克身体不太好，再加上他又晋升了职级，所以决定不去打扰这位前任上司。凯西保持缄默却激怒了迪克，他感觉自己被贬得一文不值。他想知道凯西是否"真的很尊重他，愿意向他征求意见，可能还想得到他的支持"。没有认识到导师在体系内的超能力，让凯西失去了期待已久的升职机会。由于凯西拒绝向其寻求支持，迪克决定不代表曾受他保护的下属发言。凯西错过了一票晋级的机会。迪克是一位**正常的自我中心者**，他只是被激怒了，但凯西的升职之路因此受阻。

凯西没能升职，许多人都感到惊讶，我也被聘为她的心理教练，帮助她为下一次升职评审做准备。我代表她与许多高管进行了面谈，其中就包括迪克。谈到凯西，他似乎非常恼怒，这种情绪我在其他高管那里都未曾见到过。

我能感觉到他的怒火。当我继续深入下去时，他既失望又受伤的情绪便流露出来了。我问他是否告诉过凯西这些事情。不出所料，他未曾讲过（正因为有这些行为，商界才需要心理教练）。我征得迪克的同意，将前因后果都告诉了凯西，她惊呆了。凯西立即打电话给迪克，澄清了所有的一切，并明确表示他的指导对自己非常重要。迪克非常高兴，感觉如释重负，他重新担任起了凯西的导师。凯西也成功升职了。

给予他们最渴望的东西——自信

维基 65 岁了，她已经做好了每周工作四天的准备。她是一名深受爱戴的物业经理，其汇报线上级是一位新上任的家族企业 CEO，她知道自己的上司约翰的确很依赖她。减少她的工作时间肯定会令约翰感到不安。但维基相信，她不必整天为约翰出谋划策，他也能取得成功。不过，他只要知道她在，就会感觉更轻松自在一些。但是，约翰缺乏安全感并不能成为阻止此次变动的理由。维基的应对策略是什么呢？维基并没有为自己（她也不关心为什么在公司工作了 35 年之后，她得到了一份新的日程安排），她更关注约翰心中真正的渴望——自信。在大多数人的眼里，约翰是接受过常春藤盟校教育的成功家族企业的继承人。此外，大家还认为他做事从不需要假手于人。维基看到了约翰隐藏在虚张声势背后的另一面，并且意识到自己的出现增强了他的自信。因此，无论在私底下还是公开场合，她都会寻找适当时机承认约翰的领导才能，同时努力减少他对自己的依赖（无论这种依赖会令她感到多么荣幸）。

对于最新一轮的供应商竞标，约翰急切地想征询维基的意见，并主动提出派车（或者，如果有必要也可以派他的私人直升机）将还在度假的维基接回来，让她晒晒自己的专业知识。尽管约翰的天价汽车看上去很有魅力，但维基的回答是："约翰，在这一点上，你是最适合评估这些数字的人，没人能比你做得更好。"后来，当投资人坐在一起，决定飓风过后的下一步行动时，约翰转向维基，让她具体介绍一下公司的财产损失情况，维基告诉与会的投资人："约翰就是这样，为人非常低调。其实风暴刚一来袭，他就巡视了所有的资产。他比我更了解房地产的情况。"

当维基最终向约翰提出缩短自己每周工作时间的建议时，她也考虑到了约翰的领导能力和成长程度。对于自己缩短工作时间的请求，维基有自己的定位：为其他人（与约翰一起）过渡成为新一代领导层扫清道路。那约翰的答案是什么呢？当然是同意！

反击回去……用赞赏的方式

"阿伦，我们已经知道你是公司里最重量级的人物了。"那句话就是这样说的。新闻里报道了阿伦转投这家知名时装公司的消息。他将会做出重大调整！"全世界都在拭目以待。"但迄今为止，他在就任后的前90天里，并没有取得预期的成果。每到关键之处，阿伦都会被基南（一位才华横溢的设计师）横加阻拦。任命阿伦实际上是让基南变相降职了，他不再是公司大领导的直属下级了。阿伦试着亲近基南，但毫无成效。阿伦对基南深感失望，但基南那些忠诚度很高、已经共事很长时间的同事不能接受阿伦的这种态度。阿伦知道基南对于管理层的变动感到愤怒和羞辱，但阿伦不愿意让基南重拾自尊。基南可是他的汇报线下级呀！而且，基南相当擅长用各种数落阿伦无能的例子来破坏阿伦的形象，让其他的设计团队成员无心工作。

我建议阿伦应该主动去找基南，让他知道他的才华在实现公司扩张方面不但有价值，而且起着至关重要的作用，阿伦认可了我的建议。阿伦要求基南告诉他，在新的组织架构下，他希望自己获得怎样的成功。如果基南最为关心的是看到艾美奖获奖者穿上他的设计，阿伦要如何帮他实现呢？让创意团队获得更多的新闻报道机会？阿伦会研究解决的。阿伦称赞基南，表示愿意利用自己的职位，为实现这些目标提供支持。

阿伦在公开场合特别强调了基南的贡献。当他认识到自己的到来意味着对基南自尊心的打击后，阿伦能够将关注重点转移到支持自己的新任直接下级达成工作目标，而不是相互争斗。基南的回应也让阿伦如愿以偿。他开始告诉团队成员，他们有了新鲜的血液和经验丰富的领导，这是多么幸运的一件事情！

29

组织仪式化的活动

若有成果就一起庆祝，若有错误就借机成长

大多数组织都有自己的仪式化活动——从常规活动（咖啡时光、茶歇等）到大型集会（如年会、退休人员欢送会等）。成功的企业都认识到了传统的重要性，并刻意反复制造一些氛围和体验，让员工能够去期待、渴望和回忆。组织这些活动的成本不必太高，而且企业员工无论职级高低，都可以提供活动创意。当有人因犯错而颇为尴尬时，给他一个幽默的最佳改善奖，让一切都恢复正常，并支持犯错之人吸取教训、实现成长。若做成了一笔大生意，可以放上两分钟的经典摇滚乐来鼓舞士气。在进行销售宣传前，可以召集团队成员共同欢呼，让每一个人都感受到：这是一个特殊的时刻，我们同舟共济，我们整装待发。

认识重要事件和关键节点，可以令人产生一种共同拥有历史和团队凝聚力的感觉。关注团队成员的加入和离开，不仅是对他们为组织所提供服务的肯定，更表达了对他们个人的感激，这会令当事人非常感动。

两个人之间的日常仪式化行为，可以确定全天的工作内容并巩固双方的关系（尤其是在远程办公的情况下）。例如，卡兹曼咨询公司的行政总监格里·桑塞维罗，总是每天清晨就给我发来信息问候早安并回顾近期目标，送上诚挚祝愿。我也会同样地问候和回复。同时，我们又总会以一封署名的电子邮件作为全天的结束，对所完成的工作第一时间表示感谢，并预祝对方有个快乐或者惬意的夜晚，又或者能够既快乐又惬意。格里有时也会发来一张照片或者漫画逗我笑。她很擅长这些。大企业都是由人力资源部门负责制定公司级别的活动，但有时候最好的仪式化活动都是自然而然逐渐发展起来的，并且是在团队内部形成的。有效的仪式化活动能够点燃我们的激情，为行动做好人员方面的准备。新西兰国家橄榄球队"全黑队（the All Blacks）"从 1905 年开始，在每场比赛前都要表演久负盛名的"哈卡舞（Haka）"，这是毛利人跳的战争舞蹈，舞步有力，吼叫声极富节奏感。神经科学的研究表明，哈卡舞除了看起来真的很酷以外，类似动作还会激发连接感，从而令行为人身心舒畅。反过来说，它可以减少焦虑、增加活力、强化注意力。

本章适用对象

◆ 你所负责项目的结束时间还很遥远。

◆ 你的团队成员虽然需要相互合作，但在实际工作中并不需要待在一起。

◆ 你认为在工作中加入自豪和快乐并非坏事。

◆ 你想帮助塑造团队文化。

行为建议

● 致敬在公司度过的重要时光（比如工作满一年、五年和十年）。你可以制作一张大大的纪念卡片，请每位同事在上面签名，或者让大家写下祝福的话语，再将它放进漂亮的盒子里保存。如果你想利用虚拟网络表达敬意，那就制作一张个人网页，为你想向其致谢的下属员工写下正面评价并放到网上，供同事们查阅。人力资源部可能会有相关记录，但是如果可以有专人负责保管显示你直管团队各成员入职时间的重大事件一览表，查阅起来应该会更容易一些吧？你为什么不自愿承担这份工作呢？方法虽然简单，却能传播快乐和尊重。

● 准备一个生日蛋糕和简短的庆祝活动，向当月过生日的所有员工送上祝福。

● 明确工作节奏。应清楚知道每一个阶段性的项目节点，特别是当短期内还无法实现最终目标的时候。你可以召集大家搞一次聚会活动，名字就叫"我们在路上"。项目之初就参与进来的员工可以把它视作分享工作推进情况的好机会。他们可以在活动中重申自己的梦想。我们为什么要做这个项目？我们的目标是什么？若项目完成后能够惠及一些社区人员或者客户，也可邀请他们参加庆祝活动。

● 每月评选一次重大失误奖。你只能提名自己（这是为了不让其他人感觉受到羞辱）。即使是通过虚拟网络开展工作，你也可以采取这种做法。评选时间或许可以定在每个月的第一个星期二，通过简短的电话交流方式揶揄一下获得重大失误奖的人（并从中吸取教训）。要求每个人都分享一件感到遗憾的事情。"颁奖仪式"不应超过三分钟，这是为了快速推进活动，不让氛围显得沉重。我们的目标是解决问题、提供支持，并且有机会说一句："我们以后可以如何改进？"

● 考虑举行一些抑制负面影响的仪式化活动。例如，宣布星期四为"投诉日"，并在这一周剩下的时间里进行自警自省，让自己保持积极的态度。

● 在进入最后冲刺阶段前，先安排好项目完成后的"庆祝会"。一旦目标达成，你的工作就只剩下适时出现在聚会现场了，否则你的团队成员很有可能在完成项目交付后已经精疲力尽，无暇再去计划庆祝活动了。

● 为了持续开展仪式化的活动，你不能总等到所有人都有空时才举行，特别是当大家都比较忙碌的时候。你越是坚持定期、持续开展活动，员工就越有可能尽力参加。你自己要清楚谁是活动协调人。如果你读到任何吸引你的新活动，可以在下次团队会议上提出来，并邀请大家志愿参与进来一起尝试，把活动日期及负责人记入你的记事本中。

特别提示

★ 不要让效果不佳的仪式化活动成为公司文化中又一个根深蒂固的坏习惯。如果活动毫无用处，那就直接放弃。可以继续试验一些新活动。

★ 如果你在家族企业工作，一定要确保你的个人庆祝活动不会被企业中的紧张关系和各种要求所左右。在参加非常重要的活动时，应按活动要求暂停讨论工作。

案例分析

把意外变成惯例

在我们《职业女性》电台广播节目早期的一次直播中，经验丰富的嘉宾莎莉·克劳切克将我和另一位主持人劳拉·扎罗的焦虑看在了眼里。制片人正在倒数："三……二……"——莎莉突然插话说："别搞砸了！"——"一"。我们是在直播啊！当时，她这句话会带来什么后果，我们都无从知晓。但正如劳拉所说："一旦我们战胜了自己内心的两大恶魔——违心的批评和对失败的恐惧，我们就能看到莎莉的指导是多么有趣。"后来劳拉和我主持这档节目时，经常会在节目开播前30秒相互说一句"别搞砸了"，这是我们把自我怀疑踢出房间的一种方式，这样我们就可以自由地享受共处的快乐时光。我们的这个惯例做法也起到了值得信赖的效果，工作室的嘉宾会在听到这句意外插入的语句后哈哈大笑（放松下来）。然后，我们会迅速解释这句话的由来，平复大家在节目开始前都会抱有的紧张情绪，而且……我们正在做直播！

你的昨天很精彩，今天你有机会更精彩

里奇开着餐饮车穿梭在城市各处。他的员工是一队人员经常发生变动的小时工。就在大家打开车厢门的前一刻，里奇会让每个人回想他们在这辆餐饮车上的最近一次经历，分享一件自己认为最精彩的事情，并就如何复制或者改进这种精彩程度提出建议。里奇的做法为大家提供了一个机会，可以分享欢笑，也可以庆祝激动人心的时刻。通过这个仪式化的活动，员工还能发现在创造这些难忘的互动经历时，自己扮演着怎样的角色。有时候，想获得这种体验其实很简单，只要和顾客聊聊天，就能完成一次愉快的交易，大可不必过于专注备餐和送餐。

30

营造快乐与欢笑

让你的工作场所充满活力

你想争取更多奖金、提升创造性思维、增强信誉、获得更多机会吗？那就开始展现笑容吧。工作中的幽默感是一项重要的商业优势。请看下方的资料和数据：

- 《财富》100 强企业的工作环境被公认为是"极好"的，在这些企业工作的员工中，有 82% 的人认为"我在一个有趣的集体中工作"。
- 面对同等条件的竞聘者，89% 的 CEO 倾向于雇用一位有幽默感的人。
- 相比某些自视甚高的管理者，充满幽默感的管理者能够在组织中获得更多的机会。
- 能够注入轻松情绪的人，特别是处于压力之下还能如此行事的人，会被认为已经胸有成竹、能够掌控局势，不管他是否真的如此。
- 管理人员越是"搞笑"，他的奖金就越高。
- 若主管领导幽默感运用得当，可以提升下属的工作表现和团队的凝聚力。

别慌。你不必急着放下本书，改去参加喜剧培训班。在办公室里营造快乐与欢笑并不需要怀揣各式幽默段子，也不需要一口气抖出连串的笑话包袱。这样做只是为了抛弃没完没了的紧迫感。不必要求别人把你所做的每一项工作都认定为非常重要，你也不必总把自己太当回事儿！就像负责尼克国际儿童频道的项目团队曾经说过的那样："我们卖的是海绵宝宝，又不是癌症的治愈方法。为什么大家都这么紧张？"

乐观的氛围可以提高生产效率和创造力。你的团队文化越有趣，就越容易促成头脑风暴，想出有创意的点子，完全不用担忧被困难击倒。

丹尼尔·戈尔曼曾写道："笑可能是两个大脑之间最短的距离。"通过笑可以建立起合作关系。谈判若是在欢声笑语中开场，往往可以达成互利的结果。笑也是一种有效的减压方法。如果你正在欢笑或者过得很快乐，就不会感觉到沉重的压力，也不会觉得自己心力交瘁。这就如同给了自己一个迷你假期。

沃顿商学院的西格尔·巴尔萨德教授经过广泛调查研究，得出了员工并非情感孤岛这一结论。我们不断向外传播自己的情绪，同时也在接收着身边人的情感状态，并被他们的情感状态所影响。坐在旁边隔间的同事发出的咯咯笑声，能让你一整天都心情愉悦。神经科学家已经证明了，当我们听到别人的笑声时，镜像神经元会在我们的大脑中感受刺激。我们可以体验到愉悦的感觉，就仿佛是自己在笑一样。那些主张"工作不是闹着玩"的人都错了。你的心情影响着我的心情；而我的心情同样影响着你的心情。我们都有责任向其中加入一点欢快的颜色。身心的轻松愉悦具有感染力，它是成功的关键要素。

本章适用对象

◆对你而言，是时候将英文单词"job"（工作）的最后一个字母 b 换成 y 了——"joy"（快乐）。

◆你非常重要。

◆你的大脑已经宕机，缺乏创造力了。

◆大家各有各的担忧，工作氛围很紧张。你身处其中感觉不到一丝一毫的乐趣。

行为建议

●大多数的情感交流都是通过肢体语言、面部表情和声调语气进行的。把你的面部表情转变成高兴时的样子，即便你当时并不感到高兴。这样做可以让你的心情好起来。

● 较强的自我认知能力可以帮助你在职业生涯中取得成功。你要做第一个拿自己习性、嗜好开玩笑的人。成为办公室里轻松愉快的根源，不要制造紧张气氛。

● 如果条件允许，可以考虑在工作中引入欢笑瑜伽。

● 在咖啡机旁放置一个公告板，邀请同事在上面张贴与本职行业相关的各类漫画。律师行业的幽默段子，自然是律师看了以后笑得最开怀。你得让雪球滚起来。因此，可以贴上几张你自己的卡通画。

● 幽默无法强求，但可以模仿。从小处开始。分享一则笑话，或者一段有趣的文章，玩一次成语接龙，或者为近期的项目设计一个出人意料的首字母缩略词。你今天只要能让一个人笑起来，就算是成功了。

● 如果你确实不会逗笑，该怎么办呢？或者，你很难被别人逗笑，又该怎么办呢？没关系，不必勉强。但是，请不要冲着正哈哈大笑的队友们皱眉头，这样会很扫兴。和他们一起欢笑，或者默默接收他们的积极情绪。

特别提示

★ 不要拿团队成员开玩笑，也不要嘲笑别人的开支状况。

★ 要想建立一支包容性较强的团队，就需要给予每位团队成员成为（适当的）幽默主体的机会。

★ 不要过度依赖幽默手段来处理冲突或者紧张局势，有时也应该认真地采取干预措施。

★ 在短评后面加上一个笑脸符号并不能制造出趣味感。

★ 并非所有形式的幽默都适用于职场。有关更衣室和浴室的幽默段子，或者带有政治、性别歧视、恶意、宗教、同性恋和仇外等色彩的笑话，就不宜用在工作中。

案例分析

带上你的橡皮鸡

未来研究所选择小丑惠灵顿·诺格拉进入其未来医疗保健顾问团，这是有道理的。扮小丑是最古老的颠覆性技术之一。1991年，惠灵顿在巴西创立了欢乐医生，为的就是提升快乐在医疗行业（及其他行业）的重要性。"不要低估小丑的重要性，"惠灵顿说。这是一个古老的职业。大多数强大政权都是依赖宫廷小丑来约束统治者，打破紧张局势，提醒人们关注其试图忽视的不当行为，并提供一种领会眼前事物的新方法。

我与惠灵顿一起去中国农村寻找小丑。与小丑同行是交朋友的好方法。惠灵顿被邀请到一位党员干部的家中做客。为了表示感谢，惠灵顿留下了一份特别的礼物——橡皮鸡。它的新主人立即将它放在了书架上，与他在政治服务活动中收到的各类礼品摆放在一起，这种不同礼物类型的强烈反差让我们都乐得大笑起来。此时看来，我们的行程倒成了一次外交活动。

放轻松，来跳一段滑稽舞吧

当佩里的朋友问她："你的新同事喜欢你的假摔和滑稽舞吗？"她突然痛苦地大喊道："天哪，我干这工作六个月了，从来没有真正放松过！"难怪她每天回家都筋疲力尽，至今难以适应自己的工作岗位。

第二天，佩里找到了一个冒险机会。就在与下属开会前，她刻意让自己表现出"温柔可亲"，这让所有人都哈哈大笑起来。"您还能给我们带来什么惊喜呢？"他们问。在他们的印象中，佩里一直是个沉默寡言、不太容易接近的人。"嗯，我还有几个舞蹈动作，"她承认。会议室里笑声四溢，问题解决了。佩里让自己——和其他与会人员——抽出一点精力与时间做几个滑稽动作。然后，他们又继续工作了。

第五部分　化解冲突

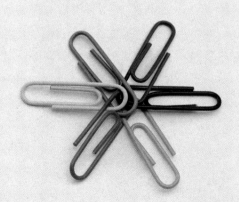

深度连接

新商业时代的 52 种有效沟通方式

遇到麻烦时，你的心会痛，你的身体会反抗，甚至你最好的朋友也会厌倦你喋喋不休的抱怨。工作总是驻留在你的头脑中，挥之不去。是时候化解冲突了。

逆境是由计划外事件构成的。即使是最富使命感的组织，也会有大量的意见不合。你越是在意，争执就会越激烈。你势必非常生气。但这种情况并非只出现在你身上。

尊重、信任和大度是促使每个人怀揣善意的三个基本要素。但在现实生活中，只具备这些要素往往还是不够的。若逢群情激愤，事情就会变得愈发复杂。为了帮助你寻得解决方案，本部分将介绍两种相关方法：一是保持好奇心，二是勇敢说出自己的错误与不足。分享你的观点并为之负责，可以找到你与同事之间的共同点，并且有助于消除具有破坏性的假设观点——人们会因此选择支持你，不会过早做出对抗准备。

冲突可以铸就深厚情谊，但若要说尽管存在冲突，深厚情谊也能建立起来，这是不成立的。你若具备处理分歧的能力，就能与更广泛的合作者共事，并通过尝试新观点，学到更多的东西。在增长知识的同时扩展人际关系，如此便可增进你的工作意义，并为成功奠定基础。

本部分的适用对象

· 你渴望坦诚及它所带来的平静感。

· 你处在成熟的团队中，并且正在启动新项目。

· 你现在需要申请加薪，或者得到新的发展机会。

· 有人告诉你，你就是别人眼中的问题所在。

· 你制定的工作流程没能发挥作用。

· 你的会议及备忘事项太多。

· 你正面临群情激动的局势。

· 人们不敢说出自己的真实想法。

· 团队内部正在形成各种派系；流言蜚语日渐增多。

31

换位思考

体会别人的思路

> 无论你做的煎饼多么平整，它还是会有正反两面。
>
> ——菲尔博士

为了感动（move）其他人，我知道有时候必须……让他们动起来（move），真的。把他们从座位上拉起来，到大街上去，到彼此的社区、办公室、住宅和花园里去。有人称之为体验式教育，也有人称之为行为学习法。我很确定的一点就是，行动、分享和共处胜过阅读任何理论。我们每个人都习惯从自己的主观角度出发去审视世界，遇到利害攸关的问题时，这种偏见会愈发明显。

化解任何冲突，都需要弄清一个问题：什么才是真正重要的？答案基本上不太可能由你一个人说了算。当你站在别人的立场上，从别人的角度考虑问题时，曾经清晰明确的思路又会失去焦点，变得模糊了。你不能总是坐在办公桌前，靠推理得出结论。有时候，你得去坐坐电梯、长途汽车，或者飞机（如果你的经济状况允许的话）。记得带上这本工具书《深度连接》，书中的知识可以帮助你打好基础；运用前面章节中的建议和提示，可以激发出高质量的对话，而设身处地站在他人的角度去思考问题，能够深化你们之间的友好关系。总之，换位思考可以帮助你解决对方的问题，为你应对挑战提供全新的视角，并赢得持久的信誉。

本章适用对象

◆ 你希望形成广泛而积极的影响。

◆ 你的行为后果偏离了预期，你为此付出了沉重的代价，而且你也想拓展自己的视野。

◆ 这是一个互联互通的世界，你想更深入地了解自己的地位。

行为建议

● 召开电话会议时，可以先询问每位参会人窗外的景色，这会令他们清楚意识到你的现实存在。要求每人只回答一句话，这不会占用很长时间，而且它实际上也是在"安顿"你的远程团队。快速开放的问题能使接下来的对话更加人性化。

● Skype、Google Hangouts、Zoom、FaceTime——此类视频技术并不能取代拜访别人办公室的经历。如果你有能力负担差旅费，就去波斯尼亚见见那里的工程团队。他们是如何记录总部的指示的？什么？他们不发布项目计划，但你一直是拿流程图做参考的，而且还以为你们所看到的、挂在各自墙上的是同一幅图像。既然你已经清楚现实状况了，那就与他们商量商量，寻找一个有利于相互沟通并有效推进项目的方法吧。

● 有时候，负责为你的新产品做编码的工程师，他们的办公室会在城市的另一头。他们不但工作速度慢得惊人，还超出了你要求的最后期限。你最好去一趟他们的办公室（即使是建在车库里的）。办公室里很吵吗？很冷吗？那里的环境会影响你的思考能力吗？在那里办公的同事有相同的感受吗？他们知道可以向公司申请消除噪声的耳机吗？若是改善办公环境能够帮助他们提高工作效率，你会马上采取哪些行动？

● 拜访产品的使用者。你生产的是护目镜吗？那就参观一下使用它的工厂。与最终用户保持联系会令你拥有使命感。多看看周围，进入产品使用环境中还可以促进创新。在此之前你其实并未意识到，你的包装材料会被工厂里的工人进行再利用，成为儿童玩具的填充材料。你能帮助他们推销泰迪熊吗？你会主动给团队里的同事买一些吗？你可以把这个开发成合作项目。

● 你知不知道自己制定的最新版建筑平面图会对环境造成怎样的影响？政府官员乐呵呵地说，他们可以"把那里的水都抽走"。这话是什么意思？当地的房屋会受到影响吗？树木呢？交通线路呢？在进行实地考察前，整个项目听上去相当容易。然而，就在你到达社区的那一刻，附近居民的抱怨之声便清晰地钻入了你的耳朵里。

● 在与对方进行了五次火药味越来越浓的电子邮件沟通后，你刚刚是否又在接到的第二通电话里与对方激烈争吵起来了？那就不要只坐在那里，应该想想办法了。问问那个正与你争吵着的人，你们能否找一个他很看重的地方见上一面。会面地点可能是对方的办公室，也可能是会让人血压升高的建筑工地，或者给对方带来快乐的音乐商店。无论选择哪里，你都能了解到很多信息，并与对方加深联系。

● 若是打算登门拜访，就应事先了解对方的兴趣爱好，做好相关的交谈准备。提前展开调查能够帮助你提出一些内行的问题。你可以查看当地的报纸或者相关的博客，及时发现适当的问题。

● 多提开放式问题，并且要准备好应对意外的答案。碰上你不懂的行话、缩写或单词，应大胆要求对方进行解释。

● 积极思考问题。不要急着下结论；反而应该细心体会。要把别人的言语听明白。不要迫于压力，把你们双方的故事牵强附会起来。

● 你已经投入时间和资源对社团成员、合作者及同事进行了拜访。现在又该做什么呢？应该花时间认真思考。如果你正在行程中，那就商量一个集合地点，完成每一次拜访后，所有人都聚在那里思考几个问题："所以我们该怎么做？这对我个人、对公司、对更广袤的世界意味着什么？"

特别提示

★ 踏入别人领地的兴奋感，以及所到之处带给你的新奇感，可能会让你感觉似乎进入了 Instagram 时刻（图片分享时刻）。但请不要急着拍照，先开会吧。与对方建立起互信关系，然后问问对方，你能否拍张照片。相机能够捕捉到你们之间的友好关系（如果你已经建立起来了），这样的照片才会更有价值，不至于成为未经许可擅自拍摄的旅行照。

★ 充分发挥你的灵活性和冒险精神。这是你意想不到，但能教你最多（也最让你高兴）的特质。

案例分析

你的细菌也是我的细菌！

林赛·莱文于2001年创立了聚贤社，希望建立一种沉浸式体验（这是机构的任务），让各行各业的人都能见识到他们平时不太可能接触到的其他人的生活状态。林赛在其著作《看不见的巨人》中，记录了一次辛酸的经历。一个由商界、社团及文化界领袖组成的国际访问团，参观了坐落在德里一条主干道旁的一间拥挤的男子宿舍。当被问到"你有工作吗？"住在里面的人都回答说："我们从事餐饮服务。""你们在卫生方面做得如何？""凑合。""有洗手间吗？""没有。"

我们在印度待了一周，期间访问团里的很多成员都忍受着"德里肚子"（剧烈腹泻）的折磨。突然之间，大家的关注点都集中到了引起他们极度不适的卫生状况上。"这些人是我们的厨师，但他们没有地方清洗自己。"在那一刻，农民、厨房、食品服务商和餐桌之间的关系被赋予了全新的意义。我们共享着同样的水和空气，面对着同样的污染物。不管我们喜不喜欢。

待我们结束访问返回后，团队成员们都急切地想要知道，自己的员工下班后能否拥有必要的卫生设施。他们还会像以前一样极不公平地认为供应链中的每个人都能用上自来水吗？也有人问："在我管理的组织中，是否大部分劳动者都没有享受到社会服务？"通过现场观察与倾听，以及与当地人交谈，这些参团人士对自己在这个互联互通的世界中承担的个体责任和企业责任有了深入的思考。

办公桌上的计算公式并不能帮你解决问题

你不必为了理解别人的观点，就去环游半个地球。有时候，你只需沿着办公室的过道走一趟。卡拉是一家正在经历重大转型的保险公司新任命的精算师，她花了很长时间制定出调整后的精算模型，并自豪地将它们公之于众。公司最赚钱的推销员埃文就是新模型的听众之一。在得知卡拉（他从未抽时间与卡拉见面）重新计算了自己负责的业务部门的风险状况，而且在新标准下，自己领导的顶级团队现如今将无法完成目标任务后，这位有名的"超级巨星"感到非常气愤，奖金没有了；收入也会减少。埃文曾在六个月前删除了宣布卡拉履新的电子邮件，如今他再次行动，扔出各种问题并拿出了许多不同的计算方法。CEO认为埃文的攻击破坏了新的制度体系。"转变你的行为，否则就去重新找工作吧。"

埃文组织了一次倾听之旅（倾听对象包括其办公室所在楼层的本部门全体人员），他耐心听取了团队成员关于如何支持新流程的详细说明。而大多数时候，埃文是和卡拉待在一起的，向她学习并与她一起学习，通过这种方式来表达他对卡拉能力的尊重。埃文向卡拉道了歉。最终，两人共同撰写了一份面向公司全体员工的报告，从公司长远利益的角度，阐述了采用新的精算模型的必要性。

32

破译同事的情感线索

这是建立相互联系并取得成功的关键

团队发展的可选道路有两条。一条是连接办公室的过道，它类似于城市街道——有很多停车标志、干扰因素，并且还有可能造成延误。我们就把它称为认知通道吧。这条路你可能最熟悉，你可以利用认识的路标来引导自己——包括备忘录与会议、正式演讲及休息室里的聊天信息。除此之外，还有一条替代路线，虽然速度更快，却令人望而生畏。你必须深入情况复杂的泥潭中，不断变换挡位，边走边投资；但是，一旦你踏上这条路，就能得到充足的燃料用于新项目，不但交通顺畅，还突然生出多条到达目的地的连接路线，这条路就叫情感快车道。

所以，我在过去 30 年里学到了一个道理：坚持能轻易发现和标记出来的东西是一种轻松愉快的工作方式，但往往效率低下。能否在倾听别人谈话内容的同时，抽空关注（自己和他人的）情绪，这是一般人员与优秀人才之间的差别。把手头的工作放一放，感受一下房间里的紧张气氛、愁苦面容、狂热期待或者同事冷漠的眼神，并采取适当的应对措施。这些都是重要的数据点。许多业内专家能够感觉到这些表象之下隐藏的深意，但做出了于己不利的选择——不予理会。在大多数办公室里，员工都不愿说出是什么在激励他们，或者把简单地工作变复杂，又或者在恫吓他们。若能破译（和应对）同事（没有深埋心底）的情感线索，你就能够赢得竞争优势。

为了增强你的人际交往能力，试试我推荐的这个心理学方法——它是一个简便可靠的小秘密。本方法要求你用自己的心灵作为调查工具，我称之为

情感之镜检验法。我们首先要进行一个假设，就是：**如果你感觉到了，很可能别人也感觉到了**。当遇到新的机遇、棘手的冲突或者不熟悉的合作者时：

1. 花一分钟（也有可能需要 180 秒）深呼吸，感知一下你的个人感受。你感到不适（或兴奋）吗？你会害怕失败吗？为什么成功对你如此重要？接着继续深入下去。你的一些核心价值观是否正受到来自环境的挑战？你的敏感神经或者不安感是否被触动到了？有什么"不对劲"吗？办公室里的空气"难闻"吗？进一步深入下去。看看你能否在工作表象之下采取一些冒险行为，找到合适的词汇准确表达头脑中冒出来的真实感受。请记住，我们的肠道中布满了神经受体。有时候，虽然我们的大脑没有讲真话，但我们的身体不会说假话。你的胃部感觉如何？你的牙齿咬紧了吗？你的背疼吗？试着说出你的感觉。

2. 观察你所处的环境，还有谁与你有着同样的感觉（积极的还是消极的）？

3. 策略性地展示你脆弱的一面：主动与同事交谈，只谈工作对你的**影响**，不要提及**必做**的事情。把你的担忧或兴奋都描述出来，同时给他们留下足够的空间来回应你，并分享他们的经验。工作对他们有什么影响？如果他们问你为什么要问这个问题，就实话实说。你的情绪雷达被激活了，你认为这个问题可能流露出了他们的些许不安（或者快乐的期待）。通过这种人与人之间的交流方式，你向自己的同伴、直接下属或者伙伴伸出了橄榄枝，邀请他们与你一起向高速公路转换。

若你与对方关系紧张

如果你感到愤怒，也许你的同事也正像一头见到红色的公牛。他表面上平静，但又一次在你需要他及时提供信息时保持了沉默。是的，我理解，你无法想象为什么这个自大的家伙会不高兴。毕竟，他能接触到所有信息，而他缓慢的反应速度也正在激怒着你。但是，如果你希望继续保持你们之间必要的合作关系，并不想向这位同事提出一系列避免逾期的建议并要求其改进，那就问问他的感受。对话也许有助于释放双方的痛苦，并将相互理解推向新高度。很可能，你们的合作速度也会加快。

如果你觉得你的直属下级损害了你的利益，那就放下你的防御，看看能否发现自己身上存在的让对方产生自卑感的不当之处。你感觉自己不受尊重？你确定别人感受到你对他们的尊重了吗？去问问吧。

若你需要激励团队

与其用电子表格和最后期限来启动新项目，不如试着分享一下你对成功的定义及你认为它很重要的原因。然后，请其他人也讲一讲。例如，一家泛非银行的领导在召开管理层异地会议时，首先说了这样一段话：作为一名南非白人，她致力于培训黑人经理成为公司领导，以此来弥补她在后种族隔离时代感受到的羞愧感。与会者也紧跟其后讲述了自己的故事。一位男士说，他是家里第一个大学毕业的人，大家都在关注他能否做好这份工作。另一位经理也说，他母亲从小就被排斥在体制之外，她存钱的方法是把钱缝在裙子的下摆里。他希望母亲不必害怕去银行开立储蓄账户。表面上看，这次会议是为了完善销售策略以应对银行业的下一代需求，但实际上令每个人产生了由个人的决心和恐惧失败的心理所推动的使命感。

女儿给了我一个非励志类的日历，上面有一句话是这样说的："你是独一无二的，就像其他人一样。"我们都是独一无二的。我们有符合自己口味的咖啡订单，吃无麸质、无乳制品的膳食，文身，有自己的宗教习俗等。然而剥开这些表象后，我们又惊人地相似。停下来想想，如果我感觉到了，他们是否也感觉到了：这是一个很好的方式，可以认识我们共同的人性、清除障碍、完成工作，并克服工作中（及工作之外）的孤独感。

本章适用对象

◆ 一想到与同事相关的话题及你与同事间的交谈，你胡思乱想的时间就会比你们之间任何一次现实讨论的时间都长。

◆ 你不知道他（或她）一定会想什么，你几乎不再关心他（或她）的想法。

◆ 气氛极度紧张，你已经做好准备要尝试新策略了。

◆你的团队变化非常大，却没人停下来喘口气或者问一句："你还好吗？"

行为建议

●做一个情感方面的身体扫描。是什么让你的脚步更加轻快？为什么这个项目如此拖沓？你为什么突然害怕走进办公室？看看你是否能把这种感受讲清楚，并与你旁边隔间里的同事分享。你在大型活动开始前会感到"不舒服"？不要害怕在会议伊始就表达自己内心的不安，可以问问大家有没有与你类似的感觉。勇敢展示你自己的"人格"，即使是最令人望而生畏的管理者，也会因此变得平易近人一些。你看起来越像"自己人"，员工在分享不完美的更新信息时就越不会害怕——这就是你获取所需信息的方式！

●你在指控同事前，先考虑一下自己对他们的影响。慢下来，让自己有足够的时间想清楚，或许你和对手正在经历着相同的事情。深呼吸，问问你的"对手"是否与你有同样的感觉。

●在绩效评估和项目启动过程中，问问你的同事，你唤起了他们怎样的感觉（还要请他们说说原因）——尤其是当你处于最佳状态时。利用这些宝贵的数据来促进你的个人发展。

●在正式切入会议主题前先问问大家的感受。询问与会者在研讨会或战略会议上的感受，这似乎与许多企业文化背道而驰，但确实能温暖整个会议室。如果你是会议的主导者，想向大家展示以情感为中心的重要性，那这确实是个好机会。可以分享故事，也可以简单说说你内心的真实想法或者肺腑之言（在就头脑中的观点进行慷慨陈词前）。通常，会议的目标是收集不同的观点，但把会议的起始点定在与众不同的地方，往往会阻碍讨论。从本质上讲，这需要抛开你的职务和地位。

●问问自己："我对这个人的感觉如何？"这是个认同的过程，它可以消除批评、产生共鸣，是形成真正的情感纽带的好方法——特别是与背景不同的人开展合作时。若下次你想帮助初次合作的团队成员们尽快建立相互联系，就可以请他们结对交谈。然后变换交谈对象，直至与每个人都进行了交谈。指导其中一人分享一个对其职业生涯有决定性影响的故事，并且让听故事的人评论一下，对方所讲故事揭示了怎样的个人品质。通过指出这些品质值得钦佩的原因，表达对故事讲述人的赞誉之意。然后让听故事的人思考一下，他如何能够具备与对方相同的品质。然后，双方角色互换。建议你试试看。这个方法很有效。

特别提示

★ 不要总认为自己与别人的反应不会有差别，尽管这种假设可能很诱人。你必须对该假设进行检验！

★ 要有一双全面审视的眼睛。在评估你周围的人是否与你有相同情绪时，一定要考虑到企业各个层面的人。

★ 虽然你的目标是更加透明地展现个人感受，但这并不意味着你要放弃全部审查程序。不要让你的情感武器毫无节制地释放出来。

★ 读懂你的听众。当对方急匆匆出门时，不要强迫他倾听你热情洋溢的论述，可与他商量一个双方都觉得方便的日期。

案例分析

领导也会感到不受尊重

"她没有看到我为公司所做的一切，她并不在意我，我却一直忠心耿耿。"在日本工作的人力资源主管妮卡惊呼道。两个月前，妮卡在成功招聘到继任人选并将其培训为合格接班人后，正式提出了调岗申请。在申请审批过程中，妮卡收到了上司露丝的邮件，询问她："你对新职位的忠诚度有多高？"这个问题激怒了妮卡，让她深感不安、胡思乱想：露丝怎么能把我看作一个非100% 忠诚的人呢？公司是不是想把我赶出去？随着我们的谈话继续深入，妮卡非常愤怒地说，她没有回应露丝的要求。露丝要求妮卡为此次调岗撰写一份业务案例，包括明确表达她对公司的忠诚，以及未来三年在亚洲生活的意愿等。露丝需要这些信息来代表妮卡游说各级审批领导。

而地球的另一边，坐在公司总部办公室里的露丝心里也在想着：我为妮卡做了这么多，她却并不在意吗？为什么妮卡不把需要的信息提供给我呢？露丝觉得妮卡不尊重她。她不知道我有多么尽心尽力吗？

我给妮卡出了一个挑战题，让她换位思考一下，露丝要求她做出承诺，会不会有什么积极原因——为了努力帮助她，并不是质疑她。妮卡的态度从怀疑变成了同情，因为她意识到，自己似乎从来没有注意到这位上司为支持自己成长所做的一切，这使得露丝可能会有不受尊重的感觉。妮卡打电话给露丝，对她的大力支持表示感谢，并郑重申明她愿意竭尽所能为实现公司目标贡献力量。露丝感激妮卡承认了她的努力，同时，因为妮卡做出了必要的保证，这也令她松了一口气。紧张状态解除了，调岗计划也得以顺利推进。

由内而外搭建起沟通的桥梁

维汉在印度经营着一家报纸，虽然上面经常会刊登有关贫困工人生活的报道，但他鲜少与这些生活在不同世界的人直接交谈。把不同阶层的人连接起来，培养他们对共同面临的社会问题的认识，这正是我如今所承担项目的目标。维汉很紧张，因为他将要见到的是一位家政女佣，她每天花在上班路上的时间就得有两小时，并且带着女儿租住在孟买郊外凯特瓦迪区一家妓院楼上的房间角落里。他说："我很好奇，同时也为自己对她的处境一无所知而感到羞愧。"几天前，在我们为这次拜访做准备时，我们的女主人亚迪亚也表达了几乎完全相同的情绪："我要对这些商人说什么？我对自己的处境感到很尴尬。"

为了在他们各自的世界之间搭建一座沟通之桥，我鼓励维汉先分享一些他自己做过的、回想起来感到羞愧的事情，通过分享他的痛苦让亚迪亚感觉轻松自在一些。而这反过来又减轻了维汉心中的忧虑。维汉和亚迪亚的互信关系完全是在他们自身感受的基础上建立起来的，大家都没有去关注自己在社会中的不同地位。因此，他们的交流自然而然地进入了一个更深的层面——讨论子女的抚养问题。亚迪亚表示，她担心女儿可能会受到不良影响的诱惑；而维汉这位媒体大亨也有着同样的担心。他们的话题不受谈话地点的影响，与我们是否正坐在一家妓院的楼上毫无关系；双方相谈甚欢，维汉在对话结束时，向这位为保证孩子过上更好的生活而努力工作的女性表达了由衷的敬意。

33

道歉

不要辩解，也不要找理由

坚持愤怒就像自己喝下毒药，却期待对方死去一样。

——佛陀

你最近道过歉吗？没有？有点不对劲。快去把把脉吧！是的，一定会有一些你很在意的事情，你为了完成它们，在推行自己观点时有些太过强硬，或者走了一条事与愿违的捷径，又或者激怒了你的同事。如果你没有时不时地突破底线，那你很可能会对工作感到厌倦，会阻碍创新，并且会变得非常迟钝。如果你因为自己是老板、出资人或者深受大家爱戴的员工而随意行事，虽然你可能**认为**这是在逃避自己讨厌的组织事务，但舆论法庭最终会对你做出惩罚（可能会在某个不恰当的时刻）。犯错不是问题。当你的行为对他人产生负面影响时，你若不道歉——从那一刻起麻烦就真的开始了。有时我们会无意中伤害到别人，或者损害别人的利益。等到发现时，我们会倍感尴尬，而且，这一刻真想吃颗隐身丸躲起来。如果没有人注意到或者提到这些不当行为，也许我们就可以假装什么都没有发生过。但是，你若选择如此行事就错了。如果我有充分的理由实施不当行为呢？不行，这样也不能免于道歉。

工作中会有生气的时候，在所难免。我认为愤怒是各种情绪的基础，它处在其他许多工作感受的下游。羞愧、背叛、排斥（和钟爱等）都会引起愤怒。没有我们肚子里的一团怒火，行动效果就会减弱。一项采用 fMRI（功能性磁共振成像）技术进行的研究帮助我们通过绘制基于面部肌肉、皮肤温度和肢体活动的生理感受图，从而达到观察情绪的目的。幸福、爱和愤怒情绪所产生的微光非常类似。它们被称为"相近情绪"；当我们非常喜欢某人或某事时，如果他们使我们快乐，我们就会朝他们靠近……或者如果因为我们神经错乱，才要去抓住他们。从生理学角度看，发怒近似于一种积极情绪。如果你不在乎，那就不要参与，也就不会点燃怒火。如果我们想让大家对自己的工作充满热情，那就要期待找到它暴脾气的孪生兄弟——大发雷霆。发怒被认为是一种恶习，如果它导致了虐待或者没完没了的消极情绪就应该被视为恶习，但我们也需要给予它一些尊重。如果我们激怒了同事，或者我们的懊恼情绪令他们寝食难安，请不要假装一切安好。

若考虑到人为错误发生的频率，你可能会认为，我们更擅长请求别人原谅和鼓励别人承认错误。要是我们能在自己出错后，如此轻而易举地承担起应负的责任，那就非常好了。尽管提醒他人注意自己的过失可能会在短期内损害我们的声誉，但从长远的角度看，团队的信任感和业绩表现往往会不降反升。《好老板，坏老板》一书的作者，斯坦福大学管理学教授罗伯特·萨顿说过：首先要做的不是掩饰你的错误，而是承担起全部的责任。承认自己的责任也是一种掌控行为。你若是先道歉再展开对话，往往能够加强双方的友好关系。

公开承认自己的错误，可以为其他人分享他们的错误奠定基础。有些问题若说出来便可以得到解决，但一些员工因为害怕承认错误，会将其刻意隐瞒下来。如果你能开诚布公地谈论自己的失败，你就有更多机会让重要的真相传入自己的耳中。

在此介绍一个广受道歉大师认可的有效致歉方法：态度要谦逊，在条件允许的情况下应当面致歉。虽然电子邮件可能是诱人的选项，但请不要选择，即使不能看着别人的眼睛道歉，也至少应该拿起电话。一定要说出"我很抱歉"或者"我道歉"几个字，而且一定要简单明了地说清楚自己道歉的原因，这点很重要。要忍受住尴尬的场面。未尽全力或者缺乏诚意都可能适得其反。就如何避免以后出现类似错误提出自己的建议，告诉对方你的弥补方法，然后坐下来让对方发泄。不要为自己找借口。不要打断对方的发言，不要与其争论，不要进行反驳，也不要提出纠正意见。不要批评和抱怨对方。即使被冒犯的一方在很大程度上也有过错，你也要为自己在事件中所扮演的角色道歉，不管它有多么不值一提。在某些情况下，你的示弱可能会为其他人提供平台，用来探索他们的做法中有哪些可能导致了问题的激化——但请不要依赖此平台。应该做好深入倾听的准备，通过这种方式学习一些意想不到的东西。例如，你可能会发现，与正在道歉的错误相比，你的另一个错误其实更严重！

本章适用对象

◆你是真真正正的人。即便是机器人，你也应该学会说"对不起"。

◆空气中弥漫着火药味，无处可躲，但你想假装什么事情都没有发生过。

◆你发现自己为了避开某些人，需要绕很长的一段路才能回到办公桌前。

◆也许，只是也许，你做错了什么。

行为建议

●向被你冷落的同事发出单独会面的邀请。不要找借口说："这人本就是为我工作的。"

●从承认错误中找到乐趣。不等别人嘲笑你，先自嘲一番。

●只说必要的内容。不要过分道歉。最好的道歉应该是言简意赅的，不必多做无益的解释。

●给别人留下回应的空间，记得倾听对方的言语。

●一旦表达完歉意，就将它抛诸脑后，继续前进。我们都会犯错——不必为难自己。

●不要像送花那样，把"对不起"当礼物送，否则可能会被误解，或者被视为太过私人的一种姿态。最好的做法是真诚地表达你对错误的歉意和责任感。

●把关注点集中在你所做的事情及你的行为对别人造成的影响上。不要说

"我很抱歉你会觉得……"。责怪别人的反应是把问题的责任推到别人身上，把"我很抱歉"变成"我一点也不觉得抱歉"。

● 只要是真诚道歉，就永不嫌晚。但是，若能迅速而肯定地承认错误，那就最好不过了。

特别提示

★ 对自己的愤怒和对别人的懊恼常常是如影随形的。当我们用不切实际的标准来评判自己时，就会造成内心的伤痛："我本该预见到这个结果的。""我绝不该信任她。"查找一下你愤怒的根源。平息你内心的恶魔是为了保护你，不让你去攻击邻座那位无辜的同事。

★ 虽然承认错误很难，但有时接受道歉会更难。若变换角色，你成为接受道歉的一方，那就给对方一个表达悔恨之意的机会，而你则要仔细倾听，并对他们努力弥补过错的行为表示感谢。

案例分析

他只想要一个道歉

朱和安德烈既是密友，又在同一家地区办事处担任领导职务，但他们的升职请求被律师事务所总部否决了。管理层表示，总部希望他们二人同时成为合伙人，而从经济角度考虑，再等一年会比较合适。朱辩称办公室的大部分收入都是他赚来的，并威胁要辞职，随后总部同意了他的升职要求。而安德烈，据他自己描述，气"疯了"。看到安德烈如此盛怒，朱改变了态度，告诉总部领导他可以再等一年。但经此一事后，安德烈拒绝再与朱合作。办事处若要成功经营下去，需要朱和安德烈重修旧好，因为现实情况不允许有两个敌对的领导在下属中搞分化。

两位当事人都认为，承担造成这场冲突的责任会显得软弱，都等待对方说"对不起"。直到安德烈承认，尽管他觉得朱背叛了他，但他自己的行为也是非常错误的，这场僵局才算结束了。紧张的气氛令人感到疲惫不堪，安德烈想念朱，他朝着和解迈出了第一步。安德烈的道歉释放了压力。两人急需更多交流，和解不是结束，而是一个良好的开端。

迈出第一步

庆阳负责一家大型房地产公司的人才招聘。阿黛尔是一家著名的猎头公司的负责人，经常为庆阳的公司寻找人才。这两位同行虽然背景迥异，但她们对彼此严谨的工作态度都大加赞赏，多年来，她们分享了许多观点和资源，还经常共进午餐。后来，庆阳雇用了一位新的建筑主管，但拒绝向阿黛尔支付佣金。阿黛尔被激怒了。毕竟，多年前，是她把这位候选人介绍给庆阳的。然而，从庆阳的角度看，与候选人的联系是很久以前建立的，没有签订猎头合同。最近几个月，这位候选人都是直接与她接洽的。阿黛尔当着外人的面，高声表达了她的不满，并坚决认定——她被人抢走了应得的猎头费。庆阳说，她再也不会和阿黛尔合作了。

六个月后，阿黛尔听说庆阳的现实处境有些艰难，便给她打去电话说："对不起。我不想我们疏远。我的反应不该如此激烈或者公开。虽然我们不能就付款达成一致意见，这让我深感失望，但我们的关系对我来说太重要了。我想到了一些可以帮助你的办法。"庆阳欣然接受了阿黛尔的道歉，同时也表达了自己的歉意："我当时也承受着压力，需要证明我正在采取措施降低成本。我还是应该付给你一部分猎头费的。"她们相约共进午饭，笑称她们两人都是嘴硬（其实心很软）。庆阳和阿黛尔随后自豪地在各自团队中讲述了关于她们两人的故事。其中的寓意是什么呢？就是要在努力推进工作的同时，知道何时应适可而止，何时应负荆请罪。

34

直面现实社会的不理解

现有体制有时无法支持你的创新观点

遵纪守法的活人和惹是生非的死人在任何社会都将受到尊重。

——米格农·麦克劳林

当今社会，无论是初创企业还是跨国公司，都在试图颠覆和创新各自的行业，但其中的大多数企业不善此道。现有数据显示，最成功的行业解决方案都来自外部人士。为什么？因为内部人员多少会带着职业病（*déformation professionnelle*）眼光，或者说倾向于通过专业视角来评估信息。如果你是因为具备行业外的精明认知才被聘用为"内部人"的，那又会是什么情况呢？开香槟庆祝以后，就该清醒清醒了。研究表明，有 70% ～ 90% 的内部创业最终都失败了，主要是因为这些尝试只被视为企业必要的经营活动之外的附加内容，并没有作为企业未来的关键创新受到重视。企业免疫系统努力抵制对现状的挑战。有关人员、时间和资金的合理要求往往会被否决。即使内部创业者取得了成功，也难以在企业架构中找到一席之地，而且由于企业高管们可能觉得还没有能力做出明智的抉择，内部创业者们也不得不追着他们对已经延迟的提案尽快做出决策。

以我的客户为例，其中一位是有线电视销售主管（我们称他为何塞吧），他加入了一家电话通信公司，并推出一个广告收入流，创收了数百万美元。他从机顶盒（追踪你观看的电视频道）中挖掘数据，创造出"定址广告（addressable advertising）"——这种广告收取的费用更低，而且因为营销人员可以直接锁定广告的接收家庭，所以可以出售给更多的客户企业。何塞创造的收入很可观，他组建的团队也广受尊重，但该项目的汇报线在不断发生着变化。项目应属于产品部还是市场部？何塞的销售佣金应该如何计算？这些都没有先例可循。关于如何给自己定薪，何塞还必须为他的上司提供指导意见。何塞去华盛顿特区是为了讨论相关政策法规，因为隐私保护方面的法律跟不上他开发的创新模式。

我的另一位客户（我们称他为保罗吧）是银行家，他加入了一家跨国保险公司，受命建立一个投资基金，支持该行业的"颠覆性技术"。但公司高管只熟悉保险，对技术或早期投资并不了解。保罗告诉我，因为保险公司的企业文化跟不上此类投资需要的决策速度，眼睁睁错过了大量投资项目，他想写一本书叫作《我早就告诉过你》，把这些情况都反映出来。

何塞和保罗对可能实现的创新都有着很强的洞察力，并且都需要大企业提供平台帮助其实现目标。由于没能从企业中获取到资源，两人都不得不利用自己的人际关系技巧从其他现成的团队中招募人才为他们工作。因此，其他管理者会将他们视为威胁。他们很难弄清楚自己应该参加哪些会议，才能与企业更高层次的目标保持一致，而利用媒体报道推动创新活动的努力也失败了。

我为很多像何塞和保罗这样的客户提供过咨询服务。他们在别人意识到需要改变之前，就预见了未来的情况并积极推动变革，这是他们的能力，是他们最为关键的资产，但这也是他们最大的痛点。因为他们遇到的情况几乎都一样，就是企业不会完全理解或充分重视内部创业者。有时候，现有体制还无法为你的创新提供必要的支持。若想取得成功，就需要尽一切努力让人们沿着你的旅程前进，让他们意识到很多时候你都非常孤独。为了保持活力和信念，你务必记住创新不是一个人的事情——它是进程的一部分，这个认识至关重要。我告诉我的客户，他们应该为没人理解自己（或管理不当）而感到高兴，因为这意味着你可以利用灰色地带（现有组织架构未做规定，无人承担相应工作职能的空白地带）来赢得优势。

本章适用对象

◆为了启动你的金点子，你需要大企业提供相应支持及各种基础设施平台，而对方虽然想要支持你，却不知道该如何提供支持。

◆你出现类似"不安腿综合症"的症状。事情并未按照你认为应该或可能的方式发展。

◆你正在解决的问题可能是大多数人尚未意识到的问题。

◆还没有能够用来为你做评估的绩效指标或薪酬公式。

◆你的直管领导还没有明确下来，甚至你应该归入哪个部门也都不清楚。

行为建议

●让大家提供支持而不是阻力。安抚好潜在批评者的自尊心。让同事了解你的工作进展，并邀请他们提供专业知识。拿出你的望远镜，让大家共同观察未来，还可以展示一些运用他们现有技能的新方法，帮助其缓解恐惧心理。如果你需要进行多次尝试，对方才可能接受，也不必气馁。你可能需要多尝试几种不同的实例，说明同事的才能可以为你的项目提供怎样的帮助。

●把推广你的观点所需的要点和行业热词提供给潜在支持者，让他们显得更高明睿智（更具前瞻性思维）。

●建立平台，帮助同事了解你的项目价值。语言要简洁，选用案例应与工作密切相关。

●对别人要有耐心。帮助你的听众会以他们感到舒服的方式去了解你的概念。说慢一点，避免使用行话，提前对复杂或新颖的观点进行综合整理，以便把信息尽可能清晰地呈现出来。在家里做练习。如果你十几岁的孩子还无法理解你的信息，那就继续改进和完善。

●愉快地避开公众视线。若你的观点在形成阶段就得到了大家的认可，那它很可能会被高估。大肆宣传会引来大家的集体抵制。

●寻求来自团队外的支持。参加有其他创新者参与的会议，即使你们的专业领域并不相同。

● 接受自己不被理解的现状并不意味着放弃。它应该意味着与自己分享一个微笑（因为你知道，一旦你的项目成为公司的核心业务，你很可能会开始下一项探索）。

特别提示

★ 有时候，在"自己人"中推动变革，是整个集体共同前进的必要条件。

★ 有时候，你会发现与你互动最频繁的是团队之外的人。

案例分析

先在外部完成孵化

"我们可以在周四晚上向非会员开放俱乐部，并邀请他们加入我们提前策划的主题讨论，我们可以从忠实客户群中选出轮值司仪来主持这个活动。如此一来，这支精选出来的团队便可以为俱乐部带来好处，我们能为现有会员提供新节目，而我们的机构也可以仍旧保持一定程度的神秘感。"对于塞拉斯来说，这似乎很简单，但当他第一次提出这个想法时，他的领导们退缩了。他们害怕削弱排他性，这是他们在市场上占据优势的原因。塞拉斯感到很沮丧，但对自己提出的这个概念仍然兴奋不已，所以他决定与朋友们一起测试一下。他开始在家里举办沙龙。一些新闻界人士受邀前来参加，他们与塞拉斯的想法产生了共鸣，于是在社会版上刊登了一些宣传文章。一年后，塞拉斯的领导们主动为他提供机会，把这个项目带进了俱乐部。有关该项目的各类评论颇具吸引力，在俱乐部的利润随着缴费会员选择在更具现代感的场所消磨时间而日益减少之时，此项目的宣传报道又使得利润实现了一定程度的回升。

打造内部品牌

2005 年，丽莎·谢尔曼和克莉丝汀·弗兰克共同领导的维亚康姆集团 Logo 频道正式开播，这是美国第一家由广告商支持的面向 LGBT（性少数群体）用户的商业电视频道。她们不仅是在创造娱乐，还在创建团队，在以一种包容的、很有可能盈利的方式推动社会变革。然而，想要成功并不容易。

那时，在计算机上追剧还是一个新兴概念。刚开始，这种状况像是给她们设置的限制（剧集不是由电视节目供应商提供的），后来却成为 Logo 频道独特的定位。她们在开发和推销节目时，会将在线收看节目的观众考虑在内。Logo 团队改变了传统的优先顺序，首先考虑通过计算机收看的观众，然后才是开发对传统电视的需求。作为他们的顾问，我建议 Logo 团队在集团内部可自称为"维亚康姆集团研发中心"，开创了从电视分销到多平台交付战略的行业转变。

在三年时间里，Logo 团队播出了 40 多个原创剧集，其广告销售收入也实现了增长，成为 LGBT 用户访问量最多的网站。几年前，随着其他媒体将业务拓展至同性恋群体，Logo 团队改变了自己的节目策略，把重点放在更大众化的文化权益上。曾经处于边缘地位的初创企业现在已成长为行业主流。丽莎和克莉丝汀的事业也有了新发展。丽莎现任公益广告协会（美国主要的公益事业通信提供商）负责人，克莉丝汀则是一家提供市场信息的新兴科技公司 AdPredictive 的总裁。

35

协商心理契约

承诺以诚相待

你有没有想过用手指捂住耳朵说"现在不行"？当然，你致力于个人发展，希望成为团队中敏锐、专业、有感召力的成员，但是，今天可能不太适合听你讲如何发展职业生涯。孩子们凌晨 3 点爬到你的床上，这个季节很容易过敏，信用卡账单逾期未还，你的会议日程能贴满整整一面墙。你没法酝酿出适合的情绪，来进行有意义的讨论。

你要不要鼓起勇气告诉你的同事凯尔，他在一遍又一遍地重复同样的故事？他的故事并没有那么吸引人，而你的同事们开始感到尴尬，因为"真实情况"并非全如凯尔所讲，但他必定是故事的主角。凯尔人品不错，工作也做得好，但他太爱自夸，搞得大家心烦意乱。你这样做的目的是什么？把凯尔从大家不太友好的窘境或批评中解救出来。你的经验或教训是什么？凯尔觉得你很唐突，现在他对你冷淡了。

本书旨在介绍如何建立良好关系，帮助你在工作中取得成功并增强幸福感。

若想保持良好沟通，你自己必须要"真实"，懂得为人之道，对自己的情感表达负责，并且有勇气讨论艰难的问题。诚实是一种美德。在我的人生经历中，除了诚实，还有**坦诚**——它是朴实无华的真理，但履行该承诺需要小心谨慎、相互协商。为了避免得罪别人，也为了让你的同事不必担心得罪你，双方可以协商一份心理契约。它不是书面文件。它是一个关于界限设定（你想知道多少信息，想什么时候知道）的口头协议。你希望他们和你在一起有多坦诚？在好意起反作用前，你能把一段有关（你的或者他们的）情感的讨论推进到何种程度？

心理契约可以分为两类：即时型心理契约和持续型心理契约。两类心理契约都与提供反馈和接受反馈的敏感性有关。

即时型心理契约："我真的很在意这次报告。你能在会后告诉我哪些地方做得好，哪些地方需要改进吗？"当你事先提出要求时，你会将同事或顾问代入你的角度，邀请他们积极倾听，并坦诚评价你的表现，如此便不会收到"挺好的"这一放之四海而皆准的评语。或者，如果你想做出评价，你可以说："你刚才的发言非常不错。如果／当你想聊聊我在休息时听到的听众反应，就请告诉我。"此时你发出的是邀请，不要以为正在接受赞美的演讲者只想听到正面评价。

持续型心理契约：你找同事、潜在的导师、领导或者下属说："我知道我需要在这个团队中建立自己的信誉。若我达到了预期目标，你能方便告诉我一声吗？如果我不够大胆或方向不够明确，也请给我发个信号。"你给自己设定了发展挑战，并表达了接受潜在的尖锐意见的意愿。或者调换角色，你是提建议的一方，你可以这样对上司说："公司正在考虑让您承担更大的责任，但有时您的选择也存在一些问题。我相信，您可以通过一些额外的训练提升这方面的能力。如果我等事情发生以后再为您指出来，您接受吗？"

你可能在想，提供反馈意见不是领导的工作吗？在理想情况下，的确如此，但在实际工作中并非总能如此简单。本章通过设置评价的时间和数量限制，对此做出了进一步的讲解。此外，对于工作场合中太过私人的话题，心理契约也为其设定了界限。

本章适用对象

◆ 你需要实时、坦诚的反馈意见。

◆ 授权就像做蛋卷！现在你必须打破鸡蛋。你想知道，当你和你的团队在试探可接受行为的极限时，哪种程度应认定为超出底限。

◆ 你不清楚哪些是可以说的，底限在哪里。不是每个人都喜欢听你坦率的评论。

◆ 错误就摆在你面前，但没人想要征求你的意见——可你很想帮忙。

◆ 在你的团队中，有些成员喜欢公开讨论情感问题，但其他人不喜欢。

行为建议

▼个人层面

● 不要以为每个人都会喜欢你珍珠般的智慧。如果你的同事是你的下属或者与你平级，你提问的方式就应该是："我能与你分享一些感想吗？什么时候比较合适？"看看此人面对批评意见时能有多镇定自如（人力资源称之为**发展反馈**，但我们要学会面对，因为它并非全是表扬）。问问你自己，能否做到百分百的坦诚，将你的想法作为供参考的假设提供给对方。准备好听别人对你说："不，谢谢。"如果你认为自己的观察是同事获取成功至关重要的条件，但他们对你的这份大礼并不感兴趣，那就对他说："我愿意帮忙，你若做好了沟通准备，就请告诉我。"俗话说，你可以把马儿牵到河边，但你不能强迫它喝水。

● 思考一下你未来六个月的目标。关于你的行为，什么样的反馈意见能帮助你取得成功？哪些人会经常看到你在工作？你不确定自己在会议上的发言有多机智？你怕自己太唠叨？那就请经常与你一起开会的同僚帮忙，在你讲话时间过长时拉拉耳朵，在你发表了高见时摸摸鼻子。这是建立互信关系的好方法，大家相处愉快，还能收到实时反馈。若你要求对方给予即时评论，便是自动站在了易受伤害的位置，但同时也表明你自己非常重视朋友的意见。

▼团队层面

● 如果你正在领导一个革新项目，或者预期到自己团队的工作会遭遇困难和阻力，那就要将实际情况明确告诉团队成员，并说："我们正在进入艰难时期。我们可能会引得一些人不高兴。大家是否愿意把内部会议打造成一个安全空间，分享我们在过道上、大街上听到的消息？如果我们还需要扩大信息的分享范围，或者必须维护一些声誉，那就每周三抽出一个小时，共同决定行动方案。这需要我们尽可能坦诚相待、互帮互助。如果大家有保留意见，我们现在就可以讨论，或者欢迎在会议结束后私下来找我。"

● 有时候，团队成员之间的关系会很紧张，或者他们的合作会别扭、僵硬。把这些情绪表达出来可能会减轻压力。你在提出真诚相待的要求并让团队成员参与讨论之前，请务必事先征得大家的同意。看看大家的感觉有多轻松。他们准备好坦诚交谈了吗？他们担心的后果是什么（例如，承认错误后遭到报复）？如何解决这些问题？不是你说某个工作场所很安全，大家内心就会觉得它安全。我们需要共同努力，将自己评判之言坦诚地说出来，不要私下交头接耳。

● 让团队成员围坐成一圈讨论协调价值观、消除冲突或解决困难的话题，往往能事半功倍。这种安排能让每个人都看到对方。大家可能会因此认为，参与者需要轮流根据提示回答问题。如果由你负责组织此类团队讨论，最好能让大家自愿反映他们的想法。如果你希望每个人都发言，请在提问前把要求明确下来，并留出几分钟时间让参与者集中思考。激情会刺激你的右脑；清晰的文字则形成于左脑。要做到在热切关注问题的同时，将观察结果整理得井井有条并不容易，应该允许各种思路混乱的回答存在。

● 我们应承认一个事实：不是每个人都可以按自己的想法表达情感（也不应该如此）。如果房间里的气氛过于激烈，就停止争论，并征得对方同意将讨论继续下去。检查或者重新协商你们的心理契约。正在进行的讨论是否超出了安全底线？如果是，请按下暂停键。你所参与的讨论是否让你觉得窘迫不安？那就勇敢点。问问你的团队，讨论是否朝着预定的方向在进行，如果不是，就改变一下讨论方向，或者可以直接停止讨论。

特别提示

★ 如果你善意的反馈引得对方情绪激动，令你无法轻松应对，或者如果你怀疑同事与你分享的信息中有过多不适宜工作的内容（例如，告诉你很多非常隐私的家庭纷争的细节，这些信息有可能会影响到工作中的业绩或感受），建议你及时中断此类谈话。当你的同事冷静下来后，你们可以重新讨论这个话题，或者建议对方咨询专业人士。心理契约并不意味着你必须扮演心理专家。

★ 心理契约并不具有永久的约束力。应记得适时重启协商，并重新做出承诺。

案例分析

我可以做个调查吗

艾克喜欢进行深入思考。他的绰号叫"大师"，他比团队里的许多同事都稍稍年长一点，对于人员配置方面的问题，他能提出非常专业的意见和建议。大师每月会发出一到两次的阅读资料推荐清单。部门里很多人都觉得他很有魅力，跟他聊天也很有意思。但还有一些人每当看到他走过来就会赶紧换地方。为什么？因为艾克喜欢做调查。他提出的挑衅性问题最初很有意思，但后来有些人就受不了了。艾克的做法就像是无证经营，他直接越过了"契约"的合理范畴。艾克不会问你是否有兴趣让他解读你的行为，他会直接走到你面前，告诉你他要做什么。忽视艾克是一种损失，但接受指导后他也明白了，在自以为已经获准进入前，最好先敲开人际关系的大门。

勇气加许可等于改变

琪琪MBA课程刚毕业，就被一家生意不错但经营管理较差的三明治店聘请去为其增加一倍收入，这家店刚刚获得了一笔小微企业补贴。琪琪劲头十足地向店员下达着指令。"少说话。""快去切火鸡。"小店的利润增加了，店员们的脾气却也见长了。出纳员斯特芙鼓起勇气问琪琪，能否向她提一些建议。琪琪表示很感兴趣。斯特夫说，店员们有一些拓展业务的好点子（比如，音乐之夜、促销活动、把营业时间提前等），但他们不敢开口。琪琪不但说话大声，而且对大家呼来喝去。冰箱门上贴满了各种指令。琪琪的很多想法对于小店所在的社区而言，往往并不现实。琪琪向斯特芙寻求帮助，并保证为上司提供指导意见不存在风险。于是，两人就此达成了共识。当琪琪的声音太大时，斯特芙会给她发信号；当需要提醒琪琪开会，让大家集思广益时，斯特芙也会给她发信号。若有店员过生日，斯特芙会凑在琪琪耳边小声告诉她；若新规定可能会激起在厨房工作的店员不必要的怒火，斯特芙也会指出来。店里的气氛出现好转。一个月后，琪琪透露了她取得成功的秘密武器——斯特芙。琪琪邀请其他团队成员也效仿斯特芙的做法，及时向她提出建议，而其他人也确有信心按她的要求去做，因为他们看到，斯特芙就是凭借坦诚使得琪琪如此尊重她。

36

捍卫自我价值

即使有不安感，也是值得的

"**我**告诉薪酬委员会：'请将我的薪酬定到你们目前能够提供的最高标准上。然后努努力，再提高哪怕是一点点。如果这已经是你们所能支付的最高薪酬了，也请再深入挖掘一下。'毕竟，我为我们的客户维权时就是这样做的。我为什么就不能为自己争取争取呢？"律师布拉德说。

你能和布拉德一样直接吗？如果你点头说可以的话，也许我应该建议你和布拉德一起开个研讨会，问问你的价值定位。至于其他人，还请继续阅读本章的内容。

不断有客户打电话给我，说因为在讨论涨薪或升职时失利而备受打击，或者因为自己接受了不公正的薪酬待遇而（对他自己和他的领导）感到愤怒，那样的薪酬水平令人失望、有辱人格，甚至缺乏尊重。你对这种状况熟悉吗？当你接受绩效考核时，你的上司满怀信心，认为你很有希望大幅涨薪，他对你过去一年取得的成绩感到非常满意。然后……有人告诉你，你并没有想象中那么出色；或者他们说，你的表现很棒，但公司正在限制加薪；又或者告诉你"这是一笔丰厚的奖金"（但其实并没有他们形容的那么多或者那么好）。事情原本不应该这样。你绷紧了胸膛，无力打开装满今年工作成果的心理档案，你开始感到难受。让我离开这里！为了让紧张状况尽快消散，你选择了默认。这种做法很成功。局面马上就缓和了。但好景不长，你刚离开会议现场，已经压制下去的怨恨情绪就回来了。若不采取进一步的行动，你与上司（及其他人）的关系将恶化。为自己争取良好的工作环境，不但能够恢复与上司和同事的良好关系，还可以进一步深化你们的关系，增强你的自尊。

诚然，在某些情况下最好的处理方法就是简单说声"谢谢"，但就通常情况而言，如果你只想着离开，便无法进行必要的交谈。所以，不要跑开。把你的连线转换到超级英雄才有的自信上，并且保持这种自信。说出你的不安感，表达你的失望，问问你的领导是否愿意克服这种尴尬局面，与你**共同**探讨一个双方都更为满意的解决方案。把紧张状况说出来，能释放（你们双方）一部分情绪压力。你若想弄清楚自己认定的自身价值为什么会被管理层否定掉，现在不正是一个好机会吗？在你离开前，应约好日期继续你们的谈话。你要承认你的领导做此决定并不容易，还应强调自己会一如既往地干好本职工作。记住，这次讨论归根结底应是讨论你能为领导做些什么——这才是你获得报酬的原因。问一些开放性的问题——谁、做什么、什么时候、为什么——要多了解公司未来一年的重点工作，同时让你的领导意识到你会帮助他实现这些目标，并因此而激动不已。交谈中多使用"我们"一词。

对于在工作中取得最大成功所需的各种特质——坚毅、顽强与倔强，或者称为"坚忍不拔"——安吉拉·达克沃斯曾就此做过一个全面的研究。在西点军校中，相较 GPA 学分、军事成绩和学校自己的全员总评分，坚忍不拔这项特质能更准确地预测出新学员能否完成首个夏季基础训练。该特质还可以用在大型律师事务所中，预测女律师能否取得成功。达克沃斯说，光有天赋是不够的。你需要勤奋努力、重整旗鼓、坚持不懈。下次别发脾气，让自己坚韧一些，克服窘迫不安的感觉。

本章适用对象

◆此时此刻，你选择了缓解紧张气氛，而不是将艰难的对话进行下去。

◆如果感到自己的价值被低估了，你就很难保持工作热情。

◆你觉得养活别人比照顾自己容易。

行为建议

● 要有明确的目标。你是希望加薪还是发奖金？在你开始谈判前记下自己的选择。

● 根据自己的价值提出薪酬要求。不必道歉，也不要贬低自己。

● 如果你的雇主在你提出要求前就"给出"了一些你"应该"表示感激的条件，那就把它们看作谈判的起点，不要认为你们已经达成了交易。与其（撒谎）说"你太慷慨了"，不如试着说"这是一个好的开始，但它不能完全弥合我个人的市场价值与当前工资水平之间的差距"。

● 不要努力让与你谈判之人感觉轻松，否则你会落入陷阱。一有气氛趋紧的迹象，就保持原地不动，不要向后退。不要主动打破沉默。

● 努力实现双赢。对方或企业若要取得成功，需要哪些条件，而你如何才能做出独特的贡献？多谈论他们，不要只关心你自己和你的失望情绪，又或者未交的房租。

● 主动向你的领导提供支持，帮助他为你争取权益。什么信息可以帮助你的上司影响他们的领导？先把这些材料准备好。

● 创建可视化工具。在图表中列出你需要立即提供帮助或支持的内容。把它标为红色，表示紧急。将提醒听众关注潜在问题的内容标为棕色。标绿的内容则用来说明你所掌控的资源，绿色内容非常重要，因为它在提醒大家你所做的贡献，并证明了为什么你值得所要求的待遇水平。你在面谈时，应把注意力集中在红色内容上，以此确保你的要求能够得到满足，但是请放下图表——把它留在纸上（然后写一封感谢信，并附上一份电子文档，方便别人为你宣传时使用）。

● 想要找到正确的解决方案，往往非常困难。如果你的薪酬已经达到上限，就需要发挥创造力。你可以寻求其他的补偿形式，如新闻报道、免费工作餐、报销停车费或差旅费等。或许，把办公桌换个位置，改变一下工作时间，可以让工作变得更愉快（这是实际价值）。

● 如果谈判没有按照你所希望的方式结束，问问对方是否可以在三到六个月内重新进行讨论。

特别提示

★ 滚石乐队 1969 年发行了歌曲《你不可能一直得到你想要的》，这个歌名说得很好，而且他们进一步暗示说，你所得到的可能只是真正必要的东西。

★ 当我们的要求得到满足时，我们的头脑会跳出来捉弄我们；突然之间，我们发现自己又不满意了。

案例分析

保持头脑清醒

凯蒂曾是一名大学生运动员，她因为在篮球场上能无所畏惧的发起进攻而小有名气。她在一家广告公司一干就是 16 年，是位非常忠诚的员工；凯蒂不断承担新的工作职责，但她的薪酬增长水平常常赶不上其职责范围的增速。我们认为，现在是时候重设这种状况了。我们确定出能够反映她个人价值的"薪酬数字"，并设置了几种实现路径（通过基本工资、奖金、股票期权和额外津贴等）。在与强硬的人力资源主管乔希会面前，凯蒂已经准备好了她近期所取得重要成果的典型实例，也想好了如何充满活力地传递出她未来的愿景。

进入乔希办公室时，凯蒂的五脏六腑都揪在了一起。然而，乔希热情地与她打招呼，称赞凯蒂的成就，并告诉她公司有多么重视她。凯蒂的紧张感消失了。乔希说，他也期待凯蒂在来年能获得更大的权力，这时凯蒂笑了。她最初的焦虑消失了，她感到很开心！乔希随后告诉凯蒂，她的工资将比去年多出 2%，而她几乎没听到这一点。她感到有一团火游遍全身，唯一的想法就是逃离。她想立刻缓解这种感受。当她沐浴在乔希的赞美中时，其急需的决心（和实际行动）已经被融化了。

由于凯蒂喜欢和同事愉快相处的感觉，为了换取这种暖意，她很快放弃了战斗。那天晚上凯蒂打电话给我时，她的情绪非常失控，既沮丧又失望。我们回顾电影《挑情劫》，回忆她信心满满地冲向对手时的情景。我们唤起了一名运动员在没有任何挥手、尖叫或花哨步法阻碍进球时的肌肉记忆。凯蒂要求与乔希再次会面。这一次，她做好了应对紧张气氛的准备，并坚决要求加薪。她的做法奏效了。虽然乔希没能满足她全部的要求，但谈判结果已经很接近了。我们非常肯定，乔希的确感觉到了凯蒂身上的变化，而凯蒂将继续享受这场为实现理想的薪酬数字而战的赛事。

我们实现了双赢

弗兰科展现了人类最优秀的品质，对于一位专业摄影师而言，这是笔巨大的财富。在跟着业内一些知名人士当了多年学徒后，他最近开了一家小公司。我与他开展合作，力求清晰阐述他的品牌内涵。我们制作了产品手册，将服务内容和对应价格都列在了上面。潜在客户打来电话时，弗兰科并没有屈服于迅速达成交易的诱惑。弗兰科手中的资料足够他信心十足地说："这是我们工作室的指导原则。"这听上去更加官方，个人色彩较少。当顾客对报价有异议时，弗兰科会站出来捍卫企业的品牌形象。

这些做法在签约阶段起到了很好的作用。然而，一旦客户收到拍摄好的视频，并要求进行无休止的润色，就很难设定限制条件了。弗兰科想建立自己的信誉，所以常常默许客户的要求。结果，他在制作室里无休止地加着班，却拿不到任何额外的报酬。对此，我们想出了一个应对方案。弗兰科在开始谈项目的时候就要求收取额外费用，但如果对方不同意，他就要求以非货币的形式支付，比如，保留照片版权，受邀参加企业赞助的大型活动——他以客人的身份参加，拍下现场照片后发布在个人的社交媒体平台上。弗兰科事先向客户提出满足自己需求的替代方法，既能减少自己的不满情绪，又能促成双方的互利合作。

37

指出"大象"的名字

它占据了太多空间

如果房间里有"大象"，就要把它指出来。

——兰道夫·波许

作为一名顾问，我经常去旅行，但我不需要吉普车或者护林员。因为，我去的不是禁猎区。我是在你的办公室里，找一只超大型的哺乳动物。"房间里的大象"是指没有明确指出来的问题。作为专门的术语，它被用来描述大多数或者所有相关人员都知道，但由于担心潜在后果而不愿讨论的状况、疑问、难题或争议。人们宁愿忽略它，希望它就此消失。如果大家都感觉到大象的存在，但每个人都否认它的存在，就不可能找出解决办法。所以，你要学会接受它，并接受由它带来的后果，虽然此类后果通常都会造成损害。

"房间里的大象"能够令事业和企业双双脱离正轨，现实中有许多备受关注的灾难性案例——比如，安然公司事件、航天飞机失事案、兰斯·阿姆斯特朗事件、伯尼·马多夫事件等。当时没有考虑到某些情况，而随后的调查显示，那些最初提出质疑（即看到了房间里的大象）的人都被忽视掉了。

"大象"会践踏高质量对话，抑制有效决策。将不当行为说出来，确保棘手（但未说出口）的问题（也就是房间里的大象）浮出水面并得到处理，这需要勇气和强有力的领导才能。虽然我们不能阻止"大象"进入企业，但我们也要设定自己的目标，就是创建有效的企业文化和管理机制，将这种大耳朵动物快速扫地出门。

如果这个对企业和团队有着巨大威胁的存在就藏在眼前，你怎么找到它的藏身之处？这类谈话不会发生在正确的地点。你召集会议解决重大问题，会上大家都保持沉默。你邀请大家发表意见，但是没有人主动反馈给你一个有用的答复。你的同事并非沉默寡言之人，但他们只愿意在更有安全感的非正式聚会上交谈。只在角落里说长道短？那就得找"大象"了。然后，将过道里的秘密谈话转变成相关方之间安全、公开/明确的讨论。

本章适用对象

◆ 未解决的问题会阻碍你的团队充分发挥自身潜力。

◆ 变革正在进行，但缺乏相关的官方信息。因此，流言蜚语越来越多。

◆ 你不能完全说清问题所在，但确实感觉出了问题。

◆ 会谈毫无进展。虽然会议上大家都点头同意了，但并未付诸实施。

行为建议

● 勇敢面对。可以提问说："我们为什么不讨论×呢？"理想情况下，你的询问将促成更加开放的讨论。或者，把这个问题用语言明确表达出来后，可能会促成即时状态之外的调查，并且（理想情况下）可以在调查完成后收到相关报告。

● 对于"大象"，应尽可能多加了解。切不可妄加猜测。如果你是领导，就创造一个安全的环境供你的同事分享他们的看法。可以与他们单独会面、秘密交流。你可以考虑聘请一位外部顾问与他们交谈，并以一种不让任何人感到尴尬的客观方式，将调查结果呈现出来。

● 做好准备，接受对方释放出来的激烈情绪。如果大家不愿公开谈论的话题并不怎么刺激人的情绪，它就不会被隐藏起来。随着讨论的展开，有些人的内心可能会受到伤害。鼓励所有人总结经验和教训，并积极提供支持，切不可妄下结论。"大象"不会毫无缘故地突然出现。所以，你可以提问说："按照我们的理解，这到底发生了什么？"

- 如果你正在着手解决一个酝酿已久的问题，请考虑一下它的最佳解决时机。你选择的这个时间应确保当事人疲惫不堪的可能性最小，需要分心处理的事情最少，而且在你们附近不会有局外人存在。

- 小心，不要让你自己成为"大象"！不要以为你可以不断地偷溜出工作岗位，即使是因为你必须去看医生，或者其他情有可原的理由。让同事假装你没有失踪，会给每个人造成不必要的工作压力。请记住：你不是隐形人。

- 提问题应对事不对人。问题没有感情，但人有感情。很多时候，当你们开始微妙的谈话时，所涉及的不愿谈论的话题都与在座的人有关。谈话的目的不应是让人难堪或羞辱对方。

- 一旦将问题提出来公开讨论，就应该就如何尽可能广泛地（如果适当的话）传达调查结果达成一致意见，而且调查结果中一定要陈述后续行动计划。制订行动计划可以修复信任，帮助制定解决方案的人也会因为自己有幸参与而感到骄傲。

特别提示

★ 如果你的上司就是位"大象"，那么在面对此类问题前，你可能需要向人力资源部门寻求指导意见。

★ 如果你发现自己和同事们围在饮水机旁，兴高采烈地聊着办公室丑闻，那就去把事实真相调查出来。这个大秘密也许根本就是子虚乌有。

案例分析

若你自己成了"大象"，就一定要知道

在某专业服务公司的管理层召开异地会议前，我与公司的15位高管人员分别进行了面谈。在所有谈话内容中，大家一致认同的只有一点，就是他们之间的信任处于历史最低点。一些人呼吁更换领导层，甚至要求更换自己。企业的现任CEO是位极富个人魅力、精力充沛的领导者，他正在推动企业与精品供应商建立新的战略联盟。他制定了非常有挑战性的财务目标。他还将个人资金投资于公

司的客户企业。好几位领导层成员都质疑说，CEO的做法是否会造成利益冲突。

好几个人都说："房间里有一头大象。"这让我觉得特别有趣，因为：（1）我正在撰写本章的内容；（2）英语本不是他们的母语（表明这个概念在应用上的广泛性）。我让他们给大象取名字。他们说的都是CEO的名字，但对于问题到底出在哪里，他们的说法并不一致。所以……我决定在会议开始时把大象指出来。我分享了我的面谈数据，讲述了大家的忧虑，然后把麦克风递给CEO，由他对大家的问题一一作答。当他开始回答问题时，他身后的屏幕上出现了一张大象的幻灯片。我们聊了很久，直到大家都诉说完自己的不满，并就周末的会议议程达成了一致意见，这次沟通才算圆满结束。"大象"被赶走了，但CEO留了下来——重新获得了整个管理层对其领导工作的支持。

站在框架内思考

如果需要接受严酷讨论的热门八卦主角是你的上司，要想赶走"大象"就更具挑战性。25名技术人员聚在一起参加异地会议，会上团队领导批评他们没有进行战略思考。公司的基础设施有可能过时了。于是，他们成立了一个工作小组，负责审查项目管理、技能改进等，然而这个小组的工作氛围并不好，成员们缺乏活力。

我决定让团队成员匿名提交问题，然后在会议上将这些问题大声宣读出来，参加此次会议的还包括公司高管人员。"大象"从箱子里跳出来了。我收集到的信息都指向同一个问题：团队领导及他的上司急于取悦内部客户，基本上没有拒绝过他们的要求。因此，技术团队不停地处理即时需求，几乎没有时间进行战略规划。此外，公司高管们在对优先事项的规定上也不一致。公司最近在裁员，进一步裁员的传闻正甚嚣尘上。团队成员不敢直接向他们的上司提出这些担忧，因为担心领导会把他们放上裁员名单。

虽然直接对话是首选的交流方式，但有时只有保护好消息来源，讨论才能得以开始。把"大象"指出来以后，会议获得了新生。讨论重点转移到了如何建立流程来确定优先事项并对其进行有效沟通，以及采取怎样的策略对计划外需求说不（或者目前暂时说不）。

38

力求简化，避免复杂

让事情容易精确执行

复杂化是你的敌人。任何傻瓜都能把事情搞复杂。

想把事情简单化其实很难。

——理查德·布兰森

在我们这个联系错综复杂的世界里，由于可以即时获取一系列信息和专业意见，人们很容易设计出过于复杂的流程，而且行事、说辞也容易趋于复杂。你是否提供过行话连篇，但十分多余的细节内容，就为了让别人相信你有处理复杂情况的独特能力？然而，对方可能并没有觉得你超级聪明，你自己反而感到有些格格不入和身心疲惫。正如达芬奇所说："简单才是终极的复杂。"

喜欢把事情复杂化的人会放大形势中困难的一面，由此暴露出他们的不安全感。他们的举动为自己做了一则广告："我不相信你会重视我，除非我把自己做的事情弄复杂一些，让它看起来很困难。"然而，他们的同事不但感到困惑，还会觉得他们不胜任工作。喜欢复杂化的人会引用流行语和充斥着繁文缛节的各种政策，他们往往思维僵化，不愿承担任何风险。他们会在自己与同事之间保持距离，不愿先与他们建立友好关系。

喜欢把事情简单化的人会直面复杂的情况，明确选择行动方案。他们沉着冷静，语言表述清晰易懂，而且重点明确。与喜欢简单化的人一起工作，人们通常会感到精力充沛、自信乐观。你只需几秒钟就能判断某人属于哪种类型。喜欢复杂化的人只看得到等式中有问题的一边。他们喜欢戏剧，沉迷于琐碎的细节，当有人提出解决方案时，他们会感到失望或者有点生气。喜欢简单化的人则恰恰相反。他们会优先采取行动。他们快速评估状况，仔细研究客观环境，而且更愿意把资源投入解决方案上。简单地说，前者喜欢困境，而后者喜欢答案。

把复杂的想法翻译成听众能听懂并做出明智决定的语言是一门艺术。掌握这门艺术需要时间。

本章适用对象

◆ 你的备忘录有很多首字母缩略词，看起来像是写满随机字母的视力检查表。

◆ 同事要求你说慢一点，把你说过的话再重复一遍，然后第二天又继续来找你，要求澄清一些说法。

◆ 当同事外出度假时，他们会留下冗长的操作指南，帮助你应对相关工作，而你无法判断这些指南到底是非常珍贵，还是令人恼火。

◆ 误会的发生是因为使用了并非所有人都能理解的复杂术语。

行为建议

▼若是与喜欢复杂化的人共事

● 不要感到不好意思。在深入讨论细节之前，先要求用三行字对问题做简要描述，用一行字说明解决方案。如果你是团队领导，就鼓励所有写备忘录的团队成员先写执行大纲。尽量减少正文页数，并在结尾处添加脚注。这样既可以快速理解问题，又能为那些想得到更多信息的人提供详尽的信息。

● 建议电子邮件的长度不应超过一个手机版面。否则，就直接打电话吧。

▼若想成为喜欢简单化的人

● 应明确意图。在你开始做某件事之前，应该百分百确定你到底想做什么。在执行之初，先问问其他人是否还有疑问，以免同事们在执行过程中感到困惑。

● 不要把你计划解决的问题复杂化。

● 杀死汝爱。这是大作家威廉·福克纳的绝妙建议。如果你在处理某个项目时，写下了一句绝妙之言，或者创建了一张完美的图表，但它对项目的其他部分并无助益，那就坚决舍弃掉。此时需要冷酷无情。

● 审视你掌握的材料：哪些必须有，哪些应该有，哪些可以有。如果是必须有的材料，就全部留下。应该有的材料可以有选择地保留，可以有的材料应考虑舍去（因为后者可能不太重要）。

● 自己多花时间思考和准备——这样可以节省听众的时间。

● 工作中的多样性可以有各种形式，包括信息处理方式的多样性。为你的听众找到相关信息，并准备好用图片、数字的形式进行表述，当然也可以直接引用原话。尝试采用类比法，在熟悉领域和陌生领域之间搭建起桥梁。

● 避免使用复杂的语言。杜绝行话！如果你确实无法规避，也要对缩写、可拼读的首字母缩略词（如关于 NASA 火箭的 NATO 协议）及不可拼读的首字母缩略词（如 FBI 打电话给 CIA，希望找出是谁去了 MIA）进行定义。

特别提示

★ 所谓简单的解决方案实则并不简单；它们只是易于理解和执行。

★ 如果你可以帮助同事更好地消化信息，你的价值就能得到肯定。

案例分析

别让我为缴税大伤脑筋

拉塞尔·马考斯基曾任职高盛公司税务部联席负责人多年。他办公室的书架被一整套三环活页夹塞得满满的，里面全是相关的法律法规，包括《国内税收法》《财政部条例》和最新的税务裁决等。除了他的团队，基本上不会再有人愿意耗费精力做这些事，然而税法对商业决策有着重大的影响。我问他是如何提供税务合规服务的，他的经验之谈是什么呢？"对于企业要用到的各种税法，你必须时时刻刻面对它们的复杂性，但你在沟通时要做到简单易懂，确保你的受众都能听得懂。"我请他举个例子。例如：2017 年废止的旧税法规定，个税缴纳共有 7 个等级，从 10% 到 39.6% 不等，其中最高一级的税率适用于收入超过 41.84 万美元的单身人士，以及家庭申报收入合计超过 47.07 万美元的已婚人士。而 2018 年的新税法规定，个税缴纳仍有 7 个等级，但最高税率现在是 37%，适用于收入超过 50 万美元的单身人士，以及家庭申报收入合计超过 60 万美元的已婚人士。或者，可以简单地说，新税法将大多数人的个税税率降低了大约 3 个百分点。

我想知道怎么获利

某家投资银行的管理委员会否决了申请投资数百万美元升级交易平台的提案。尽管技术部负责人加里详细介绍了当前系统存在的问题，他也提供了关于系统处理速度、客服电话数量，以及团队加班时间的数据。高层决策者却并没有被打动。

公司聘请我帮助加里。我们采用了完全不同的方法。加里换了一个角度，首先谈解决方案及它对业务的影响。加里说："如果你投入 X 美元建设新平台，你的投资将在一年内得到回报，因为交易处理速度将提高 Y 倍，产生 Z 倍的利润。"那些对细节感兴趣的人可以在会后继续交流或者阅读脚注。最终，加里得到了他需要的资金。

第六部分　克服恐慌情绪

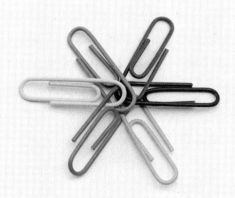

深度连接

新商业时代的 52 种有效沟通方式

恐慌感，无处不在。我看见你汗流浃背，听见你痛哭流涕。企业面临创新的压力，而你害怕落于人后。裁员？你可能会失业。企业或许将面临合并，或者新一轮的收购。机器人被引入进来。企业的计算平台缺乏竞争力。你跟不上现有体制的步伐。

面对不确定性，我们很有可能会变得内向，在最需要积极接受新观点、尝试新想法的时候，会不自觉地感到害怕并限制住自己的视野。

如果你一直与同一个人说话，那么你以前不知道的，现在也还是不知道。高处不胜寒。其实，基层亦然。中层也是如此。只有在变化无常、晦暗不明的环境中生存，才需要敏锐和智慧。现在，我们需要为（来自组织内外的）新声音争取一席之地，并通过分享经验建立真正的伙伴关系。不管你坐在办公室的什么位置，只有你不再感到害怕了，工作才会变得更加有趣。

现在，让我们迈出第一步。走出你的舒适区，同时将其他人请进来，建立起互动的桥梁。找出你们的共同点，首先以个人身份（并非项目代表或公司员工）进行沟通，这样你就不会感到紧张。不要低估了闲聊的重要性，对于可以成功促进交流的细节，一定要多加留意，否则你很可能是在一个尴尬的聚会上浪费大家的时间。做一位机智灵巧的主人，这是一种个人外交手段，不要把决定事情成败的主导权交给机会。

本部分的适用对象

- 你已经准备好将自己的好奇心勇敢地展现出来。

- 公司要求你承担市场颠覆者的重任。董事会、你的上司或者分析师轻而易举地把话说了出来。但是，该怎么做呢？唯一被打乱的只有你的睡眠。

- 你感到江郎才尽了。

- 不仅仅是工程师，你所有的同事似乎都在用代码说话。他们在说什么？！缩写、设备名称和应用程序的名字太多了。

- "他们"很神速，但你的速度非常慢。

- 你以前不知道的，现在还是不知道，但有一点你很清楚，就是你不知道答案——问题越来越难，你的心跳不断加速，而你就站在聚光灯下。你无处可躲，你无法呼吸。

- 大家接受了你的邀请。举办聚会的钱也花出去了。聚会场所里充斥着各种各样的声音，但你的客人们都不敢说话。没有人和你眼神交流。大家太安静了，气氛很尴尬，你（在众人面前）也很尴尬。

- 竞争就要开始了！竞争就在眼前！但他们看到的（或想到的）与你不同。

- 从理论上讲，这个相互联系的小天地听起来挺不错的，但你感觉透不过气、受到过度监控，并且有些避无可避。

39

离开舒适区

保持适度恐慌有利无害

恐慌是需要调整心态的兴奋。

——来自幸运签饼

我儿子 5 岁时，我把他绑在腰间，沿着巴厘岛的海滩奔跑，直到滑翔伞将我们带上天空。我们飞起来了。真是太激动人心了。这个新位置非常适合俯瞰风景。我曾经强迫自己（背着降落伞）去高山滑雪，乘坐木筏闯过五级湍流，还利用速降绳从 65 层建筑的顶部速降下来。由于肾上腺素的刺激，我并未感到紧张。我关注的只是当下。与运动时一样，我在工作中也会将自己投入潜在的焦虑状态（周期性的轻度危险状态）中。这能让我时刻保持警觉，当然也希望能让我接触到更多的趣闻和渊博的知识。我相信，保持适度的恐惧感是有好处的。

找一个压力最小的位置停下来，预判接下来将要发生的事情并制订应对计划，这种做法在初始阶段可能看起来非常不错，但其负面影响会逐渐将你侵蚀。你没有报名参加公司提供的编码课程，因为你认识的人都没有参加；你选择了创业者支持团队，因为你更喜欢和兄弟们在网上玩电子游戏；你没有花时间去了解那些职位已经超越你的新员工。当每个人都在前进的时候，你却停滞不前。现实世界不确定性越来越大、发展速度越来越快，那些愿意跳入未知世界，不断进行各种尝试，让自己陷入难堪，打击自己的自尊心，然后再度从零开始的人，都将自己放在了回报最大的位置。稍微有点紧张感能把各项身体机能充分调动起来。

你有没有注意到，当你觉得有些紧张时，你的表现会更好？在某场体育赛事中，与自己最强有力的竞赛对手交换眼神之后，你的临场发挥是不是会更好一些呢？当你因为想要取得好成绩而感到有些压力时，考分有没有比平时更高一些呢？1908年，心理学家罗伯特·M.叶克斯和约翰·D.道森对上述情况做出了解释：当我们感受到的压力略高于一般水平时，发挥个体能力的效率将最高。这一点叫作最佳压力水平，它恰恰是在我们的舒适区之外，见图6.1。

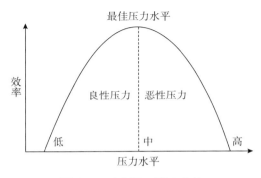

图 6.1　叶克斯－道森定律

不适感会促使我们实现自己从未想过能够实现的目标。

本章适用对象

◆ 你每天都吃同样的午餐（经常还是和同一群朋友共进午餐）。

◆ 麻烦一来，你就感到焦虑。

◆ 你喜欢完美。

◆ 你希望完美无瑕，而且要永远完美。

行为建议

● 试着对你通常说"不"的三件事说"好的"，然后对你通常说"好的"的三件事说"不"。

● 改变一些小习惯，比如，开辟一条新的上班路线，或者把办公桌的朝向变一变，你还可以看看从未探究过的主题杂志、换个座位、尝试离线一整天，等等。

● 就离开舒适区的原因制定个人的使命宣言，例如，"为了树立勇气"或者"变得更有创造力"。在电话里、记事本里或者办公室的墙上，列出你所计划的自我挑战方法。试着在每个目标旁边标上日期。如果你已经在办公室公布了自我挑战的清单，可以邀请其他人提供建议或者与你一起行动。

● 一定要拜访你的组织正在提供服务的社区。试着在你不太熟悉的市镇中心（你可能会感到有些不适）举行公司会议，不要安排在平时开会的地方。

特别提示

★ 不必让自己**一直**处在压力之下。

★ 不要自认为自己忧心忡忡。

案例分析

把你的鞋弄脏

"我们要向梅兰妮收取康复所需的所有心理治疗费用。"参加由我组织的南非亚历山德拉镇社区访问活动的养老基金专业人士惊呼道。在此之前，该团队都是根据电子表格和PPT来评估私募股权投资的潜力。以前去约翰内斯堡出差时，他们都待在装有空调的会议室里。这次，我们将要面对的是新兴市场。

"我们该说些什么呢？"他们在踏入社区时问道，这里街道狭窄、基础设施维护不善，挤满了正在进行社交和商业活动的人。我们了解了居民的生活状况、购买习惯，以及他们日常水电的获取方式。我们先向大家问好，然后跪在孩子们旁边，征得他们同意后拍下数码照片并展示给他们看。我们还一起自拍，因为他们虽然还没用上自来水，但大多数人都已经有手机了。我们把家人的照片拿给他们看，并相互交流自己做选择时的故事。然后，我们比较了各自使用电子设备的方式、费用情况、付款方式，以及对电子设备的保护措施等。

我们与当地妇女就安全问题进行了开诚布公的讨论，当时有人注意到我不自觉地把订婚戒指调转了方向，将镶有钻石的一面藏了起来。他们猜测天黑后我可能会遇到危险。我们还了解到，有许多公共服务尚未覆盖到这个社区。在回酒店的路上，我的旅伴们都很自豪，因为他们克服了恐惧，忍受了当地人好几次盯视的目光，最重要的是目睹了与他们完全不同的生活状态。他们也意识到此前的财务分析过于简单化，仅仅依靠第二（和第三）手资料，就做出了不切实际，但有重大影响的决策。这次与社区人员进行面对面沟通的机会，不仅影响了他们愿意投入基础设施建设的资金数额，还影响了他们为保证资金使用符合预定目标所要提出的问题。

40

把对方请进来

迈出第一步

归属感是一条纽带，可以将我们从孤独中拯救出来，

帮助我们合力共建礼貌大度的社会秩序。

——乔纳森·萨克斯，英联邦联合希伯来圣公会前首席拉比

监管者、抗议者、竞争对手、新员工、旧体制。有一位同事长得像我，但想法与我天差地别；另一个家伙英语说得结结巴巴；还有一位认同自己是女人的男性。我相信，自己可以从他们身上学到东西。又或许，他们只是想从我这里得到什么。我并不想了解他们。我很忙，不方便。我的压力很大，需要服从、回应、实现自动化、促进多样化，还要与他人合作。啊啊啊！

我们神经系统的报警功能被激活了。我们的身体做出了回应，就好像自己遭受了人身攻击。我们关上门，与人数越来越少，但自己完全信任的同事待在一起。这是我们很熟悉的一种本能。但是，这种反应并不正确。与其退缩，不如直面这些忧虑，实实在在地加以关注，把不认识的人请进来。如果你们素未谋面，又何谈沟通呢。

在我们生活的世界里，如果再谈我赢／你输就过时了。成功和生存是相辅相成的。

不认识的人若来自组织之外

可以创建论坛与组织之外的专家进行对话。比如，讨论不要抗拒机器人。若发现其他企业想要搞垮你，就让它们展示出实力。与其轻视你所在街区正在酝酿的绿色运动，不如让环保人士下周二与你的团队共进午餐。

向监管者灌输你所关注的行业焦点，并从他们的经验中学习如何分析和监控你自己的市场行为。通过把立法者组织起来，到公司总部参观访问，在业界同行中树立起企业的诚信形象。

邀请竞争对手共同探索可能的合作伙伴关系，以此向对方传达你的自信。要敢于与竞争对手召开头脑风暴会议，解决你们正共同面临的一些局限性，然后找出获得和执行创新方案的方法（通过利用各自的优势条件）。

邀请社区人员与你的员工会面、参观企业的设施、了解潜在的就业机会，以及听你讲解企业在当地寻找资源的方法（如果你还没有这样做过，为什么不寻求他们的帮助呢，可以先思考一下他们能提供哪些帮助）。

不认识的人若来自组织内部打开心门，让我们的思想更加包容，如此便有了良好的开端，但远远没有结束。为了充分发挥拥有不同思想（和心灵）之人的才能，我们需要建立归属感，并毅然邀请他们参与我们的讨论，无论他们的职级是低还是高，又或者来自其他的部门。让那些游离在边缘的人很容易加入谈话。不要拿团队内部成员开玩笑，把行话讲得深入浅出，要敢于用路线图的方式说明决策制定过程。

贝恩咨询公司的报告显示，在职业生涯的头两年，渴望成为高管的女性多于男性。然而，随着时间的推移，仍然有此意愿的女性下降了60%以上，而男性则保持不变。该分析表示，数据变化与婚姻和父母状况无关。女性不再争夺领导权，是因为她们没有归属感。她们没有得到主管领导的支持（比如，男性高管不愿与年轻女性进行一对一的面谈），也没有看到其他女性担任高管职务。

新员工或者背景不同的员工，即便表面看起来外向而积极，也会化解潜在的冲突，呈现更高质量的工作，而且如果他们能在安全的环境下放松下来，就会坚持工作下去。若归属感很高，每个人都能成为赢家（包括你）。

本章适用对象

◆ 虽然你办公室的门开着，但没有人走进来。

◆ 你正在自欺欺人。虽然电梯里张贴着鼓励"开放文化"的海报，但如此单薄的措施，未必能让员工有勇气与当权者展开对话。

◆ 外面有很多你不知道的思想观念，你想去学习。

◆ 面对不确定性时，你很有可能变得内向。

行为建议

● 创造一个用于交谈的"空间"，一个属于情感的舞台。不要一味地按照既定要求召开会议。如果会议人数不太多，请亲自迎接每位与会者，并说明你期待他们参与进来的原因。请详细介绍一下邀请大家的原因。在你们开始正式讨论前，先确保每个人都有发言机会（哪怕只说一句话）。

● 确保每位与会者都安排有座位。邀请外表（或行为）最与众不同的人坐在你身边。如果你邀请了企业外的专业人士，就应予以密切关注，不能把他们等同于和你一起坐公车上下班的同事。在会议开始前，通过一个非正式的简短介绍把第一次参会的新人引荐给你认识的其他人，如此，会议开始后，大家就能以友好的姿态进行交流。会议结束后，一定要对初次与会者的评论表示感谢，若此人对本次沟通有其个人看法，一定要表现出倾听的兴趣。获取完整答案需要较长时间的耐心等待，因为有时候将答案清楚表述出来是非常费时的（特别是，如果回答你问题的是团队中的新人，还不习惯被问到）。

● 如果你在发言前先了解一下听众，包括有哪些参会人员，为什么来参会等，听你发言的与会者就可以从被动的听众，转变成能量和洞察力的提供者。站上讲台后，若立即与听众互动，可以减少"你 VS 他们"的现象，为后续的共同讨论做好准备。

● 在会议结束时，可以向同事提一个问题："无论公司内外，我们能找到哪些有助于提高讨论质量的人？"如果你对被推荐人毫不了解，就请询问一些相关背景，若条件允许可以请推荐人做一个更为详细的介绍。问问你能否在某个特定时间与被推荐人进行沟通，把时间记在日历上，然后给自己下达任务，要与这个不认识的人建立沟通和联系。

● 为新员工留下一张手写的欢迎辞。在鼓励新员工向你提问时，可以表现得很幽默：比如，可以考虑在新同事的办公桌上放三颗小石子，告诉他（她）一颗石子可以交换一个问题的答案，哪怕所提问题愚蠢至极也无妨。

● 亲自邀请对方"进来"。若只是宣布你愿意接待临时来访者，可能并不足以让所有人跨过门槛进入你的办公室——尤其是你若身处高位。从你的办公桌前站起来，问问有另类思维的年轻员工，他们是否愿意和你待上几分钟。你们的谈话可以与工作相关，也可以只是这样聊一聊："我想多了解你一些。跟我讲讲你最近在读些什么，或者你在网上都关注谁。"你现在还坐在办公室里吗？请把办公室的门打开，扫视一遍办公区的隔间。对于在那里工作的同事，你能逐个回忆起他们独有的现实故事吗？如果你连他们的名字都还不知道的话，最好赶快行动起来。尝试轮流邀请多名同事，在每周四下午4点（或任何你觉得合适的固定时段）与你闲谈。

● 提防"此处VS彼处"的互动方式。数据显示，近40%的劳动力将很快独立出去——成为自由职业者、承包商或临时雇员。保留一份成为承包商的员工的名单，邀请他们参加你的战略会议。他们在你的企业及其他类似组织中的工作经验，可以为你提供宝贵的观点。

● 一位从事竞技体育的运动员告诉我，他能够非常准确地预测对手行为，比预测女友的喜好还要精准。你的思想可以被比作住满各种策略的大厦，如果这些策略都是为了征服、挫败或者防御某个人或某个组织而生，那么这就是对你的提示，你应该拿起电话约对方聊聊天了。我没有打错字，我的意思是"用电话联系"。当电子邮件这道障碍被打破后，电话能起到非常大的作用。

● 最近有没有碰到与其他机构合并，或者被收购的情况？不要等着老板指示与你共享公司标志的同级别团队去"了解你"。你可以主动询问，能否为相关团队举行一次非正式的咖啡会（并邀请领导们参加）。

● 建立情感联系。通过鼓励大家分享难忘的经历，可以增强归属感。今天吃午餐时可以看看，有没有不认识的人愿意与你共进午餐。与对方面对面进行沟通，寻找适当方法促进大家分享感兴趣的及时信息。

● 搭建一个大帐篷。将众人聚在一起解决他们关心的问题，与其他志同道合的人开展合作，都可以取得非凡的成果。你面临的问题是什么？你能邀请到谁？为了找到潜在的解决方案，请不要害怕举办论坛。

特别提示

★ 应留意与会人员名单及通讯录中包括了哪些人员。如果你要专程花时间邀请某人参加讨论，就应明确此行为的持续时间／预期目标。若要把某人从以前参与的交流活动中剔除出去，也应解释清楚原因。

★ 不要以为你邀请了"适当"人选参加会议、晚餐或者招待会，你们的谈话就可以滔滔不绝。一定要跟上对方的思路。

案例分析

他唯一想要的是归属感

澳大利亚一家对冲基金聘请中国籍的张伟负责筹资工作，对该基金而言这是一次成功之举。张伟很聪明，会说多种语言，他的家庭与大陆多位亿万富翁有着密切的关系。他的到来让人力资源主管松了一口气。张伟没有令大家失望，他找到的投资者向该基金投入了数百万美元。他也因为达成了财务目标而受到奖励和表彰。然而对张伟而言，这些远远不够。在被公司视为"一位为企业成功做出贡献的战友"前他还不能停下来，他希望能受邀参加管理层会议，就投资质量和投资重点发表个人看法。没有他筹集的资金，该基金就没有未来。他不想只是做个推销员。他经常和创始人一起出差，他们分享自己在职业方面的忧虑和弱点。为什么高管层不能让张伟的顾问角色（不仅仅是筹款人）正式化呢？

张伟两次申请参会，但没有任何效果。他的工资还在继续上涨，但他没能收到参加管理层会议的邀请，张伟选择了离开。合伙人们很沮丧，他们认为奖金够高了，荣誉也够多了。但他们并不理解，张伟有多想获得归属感，通过成为管理团队中的一员，以最真实、最值得信任、最具协作精神的方式来验证这种感觉。作为临别的"礼物"，张伟明确表示，自己找新工作的理由不是因为钱。尽管创始人团队对他的离开非常自责，但张伟认为，他最大的影响将体现在新角色上，届时建设包容性文化将成为其商业模式的核心。

拥有再生能力的生态系统

乘车前往瓦迪阿提尔需要跨过以色列和约旦河西岸的分界线。天气炎热，尘土飞扬，而且色彩单一。到达游客中心就像进入了教育与合作领域的绿洲。雄心勃勃想要"重新设计世界"的建筑师迈克尔·本－埃利博士和拥有化学博士学位的胡拉市市长穆罕默德·纳巴里在内盖夫沙漠创建了一个承担着重要使命的可持续农业模式，它展示了贝都因人的传统价值观与尖端技术相互结合后，能如何推动当地的经济发展，以及该模式如何推广至其他干旱地区。

在一个冲突不断的地区，有这样一处欢迎所有人的地方。这里的科学家和高校学生有着不同的社会背景。贝都因牧羊人、以色列学者和阿拉伯企业家合作开展生态旅游、废物减排、药用植物种植、乳品生产等活动。如此新颖的合作项目吸引了来自世界各地的研究人员和资金，也吸引了周边贝多因人社区的关注，在得到他们理解的同时，也为他们带去了经济收入。明确一个中立地带并积极招募和邀请邻居加入，这种模式已经帮助内盖夫沙漠（及其部落社区）走向了繁荣。

41

树立谦和有礼的东道主形象

让大家感到舒适愉快，棘手的事情就更容易解决

我能听到你的想法，既然本部分叫作"克服恐慌情绪"，怎么会出现讲述待客之道的章节？要想实现办公室互访并不容易。引入本章是为了帮助你谈论重要话题、建立良好关系或者弄清楚冲突的来龙去脉。一旦有人进入你的领地，就会有求职者被聘用进来，潜在的合作伙伴关系也常常会得到巩固。学会如何表示欢迎，是建立高品质关系的关键。无论你的客人是急于给人留下好印象，还是准备就相关项目与人说理，都可以通过消除干扰因素和不必要的权力游戏，帮助减轻焦虑，为成功的交流创造条件。

以谦和有礼的东道主形象接待办公室访客并不需要花钱，但应具备这种意识及一点点实力。回顾我所接触的企业，它们中有许多都把钱花在了室内装饰和艺术品陈设上，却忘记了用行为细节（比如，在自己家中大摆筵席的企业高管，却没有为参会的外聘同事提供饮用水）向对方表示尊重——而此类行为实际上非常重要。通过关注有利于客人基本福祉的细节，可以营造良好气氛并彰显组织特质。尤其是在远程办公和远程协作时代，一时的（通常是罕见的）社交互动会留下持久的印象。如果你会从一整天的工作时间中抽出一部分用于迎接来访者，那就要通过你所做之事，更重要的是通过你的处事之道，让这些时间花得有价值。

曾有一家营销机构聘请我去促成相互敌对的两个部门之间的和谈。同一家公司的两位部门负责人，却有着两种截然不同的领导风格。我进行的第一项工作是向一些关键人员收集数据，为即将到来的共同协商做准备。第一天，我通过安检后来到一间会议室，在那里进行了连续 7 小时的团队成员访谈。幸好我把水杯和蛋白棒都带上了。我感觉自己进入了无人区。没有任何的办公环境介绍，没有进入厕所的密码，也没有能为我答疑解惑的人。

第二天则截然不同，另一个部门的负责人在我到达后，与我进行了短暂的会面（只有 5 分钟时间），把我介绍给他的助手，而这位助手会在我逗留期间随时待命，为我提供帮助。部门秘书为我打印了一份日程表，并问我午餐想吃什么。这一天她来过两次，了解我是否有什么需要。她在会议间隙会送来零食和饮料。8 小时的背靠背会议结束后，有人过来将我护送到大门口。这种关心超出了我的预期。两位东道主在待客之道上的差异是否会影响我对这两天实地调研数据的分析？不会。但当我的采访记录显示，大家对第一天那位领导的管理方法——一心求胜，行为受稀缺心态影响，对团队成员漠不关心——有诸多抱怨时，我却并不感到意外。

本章适用对象

◆ 你希望人们从踏入你办公室的那一刻起，就感受到你的热情欢迎。

◆ 你有过这样的经历：需要去洗手间，想要连接 Wi-Fi，赶到会场时极度口渴（似乎没人注意到）。

◆ 你的工作表现与你在家里的行事风格完全不同。客人就是客人，应该受到尊重。你想让来访者感觉到你的办公室非常值得拜访。

行为建议

● 来访者到达后，为其提供饮用水，并告知洗手间的方向和挂外套的地方。在可以上网的地方提供 Wi-Fi 密码。

● 不要让客人等你。提前做好准备，准时迎接客人。整理好桌面物品。当来访者走进来时，请不要流露出惊讶的表情。

● 如果你的客人还带来了几位下属，请不要忽视他们。询问他们的名字和职务；一定要让他们也同样感到舒适愉快。我原本不必把这一点说得如此清楚，但有些高层领导的确会假装"不重要"的人不存在。

● 请起身迎接来访者。邀请你的客人坐下；若有多个座位，请用手势示意对方正确的位置。尽量避免让某一个人的座位高出其他人，也不要强迫他们坐到沙发上。

● 把计算机屏幕最小化。不要使用花哨的屏幕保护程序。关闭手机，或者至少关掉通知铃音。可以为办公室的座机电话开通语音留言信箱，以便自动应答你的来电。

● 额外准备一些笔和便笺。有了便笺，大家就不会一直紧盯着屏幕，而且有了纸笔，通常可以快速画出图表、说明要点。

● 如果议题需要保密，就请关好房门。如果你在小隔间办公，就把会议安排在会议室进行。

● 如果在预定时间内无法完成全部会议议程，应在距离结束时间还差 10 分钟时暂停一下，询问大家是否可以延长开会时间。如果不能，就另行商定时间，继续未完的议程。如果会议持续时间过长，请中途休息一下。

● 如果多场会议之间留有自由行动时间，应告知来访者如何离开和重新进入大楼，在哪里可以充电，以及哪里可以提供临时的办公场所，方便他们能够充分利用这些空闲时段。

● 当你与客人一同经过办公区时，抽出一分钟时间将他介绍给你的员工。如果你的办公室刚好可以俯瞰美景，就邀请来访者驻足一秒钟稍作观赏（你的办公室位于高楼层，可以俯瞰城市、码头或起伏的田野，对于这一切请不要装出一副"没什么大不了"的样子）。

特别提示

★ 把人们迎进来固然重要，但我们还需要送他们优雅地离开。我在中国接待前来出差的同事时，了解到了欢送会的重要性，它既表达了感谢，又表示我们乐意（并允许）您离开。先前还在全神贯注就餐的客人们突然就散去了。毕竟，这个城市很拥堵，而且夜已经深了。

★ 做好东道主并不意味着要在人前炫耀。

案例分析

包容的东道主

活动现场布置得非常庄重，无声竞卖会吸引了数千人参加，葡萄酒源源不断地供应着，潜在的捐助人都穿着正式的晚礼服，颁奖晚会即将开始。然而，那些获奖者——在贫困社区工作的教师们，他们用自己的辛勤付出创造了高中毕业率的新纪录——却都站在走廊上等待召唤。他们就这样一直等着。活动策划者没有考虑到教师们的晚餐问题，所以并未提供膳食和饮品。主办方把自己的关注重点放在了安排教育者的发言时间，以及让他们弄清楚拍照时的站位上。喜悦变成了责备。"我们"与"他们"所受的差别对待，令场面十分尴尬。"我们"正在为有钱人举办活动。"他们"是受邀嘉宾，是活动的支柱。老师们的骄傲变成了愤怒。怎样才能让事情重回正轨？学校的使命是消除人与人之间的差异，于是学校管理者抓住了这个施教的机会。

老师们邀请捐助人参观学校，分享他们的日常生活与工作——包括他们的食物、教案、喜悦和挫折。教育工作者们早有预料，这些富有的来访者可能会出现不适感，于是特意在此次访问的最后一个环节，邀请他们就课程及学习机会提供意见和建议。老师们是非常包容的东道主，能够欢迎别人进入他们的世界，这为我们树立了良好的榜样。

无关财富

我们一行人正在与巴西的社区工作人员会面，讨论附近的商业发展给社区造成的影响。这片棚户区（贫民窟）可以俯瞰累西腓市推动颠覆性创新和创业的高科技中心波尔图数码，但它还没有用上自来水。勤劳的妇女们将抽水机中的水一桶桶拖回她们简陋（但一尘不染）的家中。我们到达时，她们把桶竖起来，掸去灰尘，为我们提供临时的座位，并从她们徒手搬来的酒桶里倒出几杯饮品递给我们。东道主通过这种方式向我们表达了好感及他们的肯定与认可，这远远不是靠语言就能表述清楚的。

42

首先进行友好交谈！

帮助陌生人减少陌生感

你不必才华横溢，做到友好善良就可以了。

——伯纳多·卡杜奇，博士，害羞心理研究所前所长

你在闲聊时说过的话，别人可能会遗忘，但你带给别人的感觉能被记住。喋喋不休的唠叨看似庸俗老套，但正是这种闲聊可以引出重要的谈话。研究表明，在办公室里参与同事间的一些闲聊，可以与他们形成良好的沟通，产生一种幸福感，并让你在休息时间受到大家的欢迎。我们的目标并非是成为对方最好的朋友，只是希望通过分享共同关注的话题来感受快乐——只需短短几分钟。一些非常害羞的人承认，他们为了逃避谈话会躲进洗手间或假装打电话，但请不要让这些人成为你提供人际交流机会的阻碍。

安永会计师事务所的一份研究报告显示，工作场所击败社区和宗教场所，成为建立伙伴关系的最佳地点。与受到公众认可或受邀参加办公室活动相比，被问及个人及职业生活会更有助于培养归属感。不要低估闲聊的力量。

Chinwag（英国一项消除孤独感的运动，意思是聊天）的报告显示，有40%的英国工人在工作中感到孤独。如果能够有人和他们简单地聊一聊，其中61%的人会表露出积极情绪，但是……如果他们对同事不够了解，是不会主动与其攀谈的。迈出第一步很艰难——也最值得称赞。

走动式管理（或简称MBWA）是以非结构化方式在工作场所随意走动，

与员工进行无准备、无计划交谈的一种做法。它是由托马斯·彼得斯和罗伯特·沃德曼在 1982 年提出的，如今这种技术对及时性的要求变得愈发明显，因为公司同事都是借助电子设备进行沟通和管理，即使他们处在同一座大楼中也是如此。审慎明智的暗访不是在分散注意力，而是为了建立融洽的关系，促进各种优质高效想法间的交流。

本章适用对象

◆你属于目标驱动型，但足够聪明，知道不可能每次都认准目标、直奔主题。

◆你有时会感到孤独——与人交流的时候。

◆你想更顺利地处理当前事务，但只投入三分钟似乎并不够用。

行为建议

●我的以色列同事向我保证，只要在路过时点点头（再咕哝一声，这是非强制性的）就算是向同事致意了。而肯尼亚的合作伙伴向我提供的在他们家乡应如何打招呼的建议则恰好相反，当你路过熟人身边时，必须停下来询问他们的家人、生病的动物如何了，还要问问他们晚餐都吃了什么。若出现这种差异，那些由不同社会背景的团队成员组成的工作团队应该如何处理呢？假设当有人不感兴趣时你可以"解读"出来，并且如果有人发起，大多数人都会乐于配合，那么我们可以认为，花两分钟时间相互沟通是可行的，除非证明有其他更行之有效的方法。

●你的谈话内容应该有利于社会。应该传播积极正面的消息。

●初次见面前，应该先研究一下双方可能感兴趣的领域。你可能会发现某个共同的爱好或事业。可以准备好这方面的问题供会面时询问。在开始正式的业务讨论前，可以花一分钟时间找出联系双方的纽带。

●你自己觉得不好意思吗？不知道该说什么吗？那就提问！大多数人都喜欢谈论自己。谈谈他们的孩子，他们的周末计划或者宠物。你可以寻找线索。比如，同事的办公桌或隔间里装饰的是什么图片或小饰品？如果所有尝试都失败了，那就评论一下天气或者环境（这是你们共有的东西）。

● 要表示恭维，无论谈及的是什么话题。

● 考虑为你的团队增设闲聊环节。在与只能定期听到声音的远程团队合作时，这一点尤为重要。会议正式开始前，可以来个简短的热身。让与会者每人说一个最能反映今天情绪的动物，或者问问他们感兴趣的新闻。这个环节要保持简短。你只是想轻松进入正式讨论，并非要喧宾夺主。

● 你与对方刚刚才介绍认识？握完手后，请不要保持沉默——主动聊一聊你自己的事情。虽然分享一些自己脑子里想着的个人小道趣闻也没什么坏处，但也并非一定要有什么特别的启示。比如，你种植郁金香吗，喜欢意大利葡萄吗，或者收集老式的乙烯基唱片吗？很难说，你也许可以把这次闲聊转化成一场对话。

● 研读新闻，评论时事不要带有政治色彩。订阅每天的新闻摘要，随时了解天下大事。

特别提示

★ 有些人愿意花时间热身，但也有一些人对聊天没什么兴趣。如果你不能确定对方属于哪一类，就请事先征得同意。可以用幽默的口吻说："我能给你讲个小故事吗？"看看你能否从他们身上得到微笑。如果不能，该怎么办？那就直接言归正传。

★ 闲聊不是散播流言蜚语的借口。如果你这样做，就会被视为不值得信任的人。你的团队成员无法通力合作，相互间缺少真诚。

案例分析

投资

埃弗与人谈话都是为了达成交易（当他需要得到什么时），这让他陷入了困境。他开始一天的工作比其他任何人都早，因为要去另一个楼层参加销售会议。当埃弗返回自己的办公桌时，已经感到工作进度落后了。他从下属身边冲了过去。此举让他的团队成员们感觉不受尊重，并对他这个上司抱有怨言。埃弗最初对这类反馈非常生气，但他也高兴地发现，只要花几分钟时间打个招呼，分享上午会议的精彩内容，并询问其他人关于他们的家庭、晚上的活动安排或者宠物的情况，就能迅速改善自己的形象。

帮助医疗保健团队保持健康

美国一家大型医疗保险公司的政府事务专家团队，在奥巴马医改投票前集合到了华盛顿特区。公司的应对方案需要经过精心策划。对于很多事情而言，成败都在此一举。我负责帮助他们顺利举行会议。这个专家团队的成员平时并不在一起工作，他们分别为各家子公司提供服务，此前从未见过面，也几乎不认识对方。会议结束后，他们将通过电话和电子邮件两种方式继续交流。接连几日的相处为后续工作打下了良好的基础，但他们要如何保持这种集体归属感呢？专家团队决定，此后每次电话会议开始时，他们会简短地问上一句："你上班路上有什么新鲜事？"此类闲聊的时间不会超过两分钟，但可以将他们置身到对方的现实环境中。在接下来的几个月里，一些团队成员不得不穿过聚集在他们市区办公室外面的抗议者队伍，而另一些成员则不得不等待奶牛穿过他们面前的乡村马路。闲聊将这个（远程）团队紧密联系在了一起，并提醒他们每个人所面对的压力和选民有多么的不同。

43

关注促进作用

通过关注细节提高交谈质量

通常，注意到没有发生的事情是具备专业性的标志。

——马尔科姆·格拉德威尔

我差一点就把本章命名为"失之毫厘，谬以千里"了。我参加过一些公司的闭关会议，大家在瑞士山区安营扎寨，吃着美味的食物，被公鸡的报晓声惊醒，留下一堆公司信息、一点灵感，以及从口不择言的泡吧者那里收集到的一些趣闻。同样，我也看到过一些资金不足的医院团队，乘坐几个小时的公交车，付出巨大的代价，最终能够聚在一起共同学习。然而，会议由始至终只有几位主导者的声音，其他与会者都只是强忍着不打瞌睡。对于上述两类活动，我只会给出 B– 的评分，也许还会是更低的 C。大企业斥巨资举办各类峰会和大型会议。小企业却很难为培训活动筹集到足够的资金。商业企业和社区组织召集同事参加战略会议（同事从世界各地赶过来，或者从街道对面走过来）。无论是上述哪种类型的会议，其目的都是发挥教育和激励作用，当然还要有助于取得成功。应将更多的精力用在把"合适的人"带到"合适的地方"，并且为会议安排适时的议题。要让与会者感觉到：无论是活动本身，还是讲话人，都是**为我们量身定制的**。

在制定议程时，组织者出于自身的焦虑，往往没有为其他环节留出充足的时间。他们会把一整天都排满各种发言，只安排几分钟进行自由讨论，而且通常低估了会议的转场时间，以及休息时与同事沟通所需的时间。他们的指导方针似乎是**发言应多多益善**。发言的团队成员越多（或者如果主办方资金充足，那就是发言的知名人士越多），与会者的收获就越大。在议程中塞满各种讲话内容，然后挤出一点提问时间。反思时间则完全没有被纳入议程。若参与者变成了被动的听众，会议室里承载的大量知识将无法得到释放。

相反地，在促进社交互动时，发言之外的其他环节才应该多多益善。仅仅是将所有人送进同一个房间，并不意味着人们会相互攀谈！内向的人会选择退却；说同一种母语的员工在听了一天外语后，会聚在一起避难；同一派系的人会相互留座；害羞的人希望偷偷从餐桌旁溜走。

为了最大限度地利用好所投入的时间、金钱和人文精神，我建议多注意细节，将重点放在细节的促进作用上。这并不意味着活动期间会疲于应付。如果你在安排活动时已经深思熟虑过了，那就大可相信，心存感激的与会者们会做好自己分内的事情。

你如果在大企业工作，那就常常会碰到这样的情况：活动日期一经确定，领导就把活动计划委派给支持部门，让其承担组织开展活动的重任，但这类部门既未得到解决细微差别的授权，也不具备这方面的相关知识，最终导致与计划要求之间存在巨大差异。管理层可以决定一个主题（如环境、授权、工作前景等），该主题又会转变成服装上的徽标和欢迎横幅。然而，其中真正缺少的却是为确保实现战略目标、社会目标和实际目标而进行的，对整个过程的精心安排。无论你召集的是 5 人还是 500 人，都请花时间思考一下：我们希望通过什么方法改变思维模式？哪些人需要相互见面？我们如何确保他们见面？我们希望与会者在参加本次会议后立刻产生什么样的改观？

思考一下：这个活动将如何反映组织的价值观（例如，只使用回收材料、雇用移民厨师、提供省油的交通工具等）？哪些人得到了平台，哪些人的声音被忽略了？如果麻木不仁的行为显露出了潜在的偏见，那么意在创造团结氛围的各种大型或小型活动就都有可能遭到破坏。其中包括：谁的声音有特色，谁的名字不断被念错，或者谁坐在会场边缘——或者根本没有座位。当你千方百计把大家聚在一起时，请不要错失良机，要积极进行有意义的交流，并展示你（和组织）的价值。

本章适用对象

◆ 你不太关注同事独具魅力的特质，投去的目光还没有你打开的电脑窗口多。

◆ 你已经实现了多元化招聘目标，但你的文件只反映了大多数人长期以来固有的一些观点。

◆ "隐藏"的偏见被充分暴露出来了，你需要采取一些应对措施。

◆ 你已经要求相关同事挤出一部分周末时间共同制定战略规划，你不想错过这个激励团队、让大家愉快共处的机会。

行为建议

● 以一到两个发人深省的问题作为开场白，它们将在后续讨论中发挥如缔组织般的促进和支持作用。会议结束前，就上述一到两个问题再次进行讨论。留出足够的时间，让每位与会者都能在会上分享自己的答案。如果参会人数太多，就让与会者两人一组，然后四人一组，接着八人一桌进行发言，最后每一桌指定一名代表，向全体与会者提供反馈意见。该流程可以控制在 45 分钟内完成。

● 允许与会者相互学习各自的专业知识。每位发言人的 PPT 长度应控制在 5 页以内，这样他们就不用全神贯注地阅读事先准备好的发言材料，可以多与听众进行沟通交流。请给听众留出一些提问时间，如果房间太大，可以为听众准备一只麦克风。准备一些空白卡片，供听众提交匿名问题。有些人缺乏安全感，或者喜欢胡思乱想，尤其是在人多的时候。即使主持人会向专家们提问，也要确保听众的发言权。一句"我们已经没有时间提问了"，常常能为发言人提供保护，他们不必为自己的观点辩论，但这会减少相互学习的机会。

● 你还需要清楚一点，就是每个人的发言时间都会比你想象的长。不要害怕在议程中留出一些空档。

● 如果你正在制订会议计划，那你打算邀请的发言人是否都是些老朋友和常客，是否忽略了女性和非主流群体呢？这样就有可能遗漏掉知名度不高的人士。如果你有疑虑，可以请经验不足的发言人（或者来自外部门的人）先在某次小型的团队会议上进行演练，这样你就能在必要时提供反馈意见并补充发言内容。

● 非主流群体的成员往往不愿自称"专家"，而且有可能会自行选择退出活动。无论是内部培训课程还是行业会议，当你邀请有色人种的女性和／或同事时，需要详细说明你为什么尊重她（他）们的贡献，你希望从她（他）们身上学到什么，要努力让她（他）们轻松接受你的邀请。

● 留意一些不易察觉的偏见。如果你从听众那里得到一个与性别有关的问题，不要只邀请现场或团队里的女性作答，也可以请男士回答该问题。

● 当专家组全是男性或白人时，请不要邀请女性或其他肤色的人员担任主持人。

● 注意，如果你在称呼男性专家时用的是头衔，那称呼女性专家时就不要直呼姓名，尤其是两人职位相当时。称呼应保持一致：如果你决定称呼对方"医生"或"教授"，那就应该以这种方式称呼所有的医生和教授。

● 有哪些与会者？请做个快速的口头介绍。这是个大型会议吗？那就可以先提几个问题，通过请大家举手示意的方式，让人们认识到其他与会者的存在。如果条件允许，请在每位客人的座位前放上他们的名签，这样其他人就可以称呼他们的名字，而且这也有助于把人和名字对应起来。即使是小型会议，如果与会者彼此不认识，也可以使用上述方法。最好先向对方索要名片，等到熟悉后再放到一旁，这总好过指手画脚地鼓励对方回应吧。

● 如果是大型集会，应在会议开始时分发带有联系方式的客人名单，这样人们就可以相互寻找对方（他们可能会找到了名字，但找不到人）。这也会令后期的各项行动更加容易。

● 通过分配座位，可以缓解社会压力、增添惊喜元素，并确保平时不可能见面的人有机会相互接触。即使是只有六个人的公司会议，也会因为变换了邻座之人而收到更好的效果。

● 如果你的听众可以不必坐在会议桌前，那就考虑把椅子摆放成更有利于谈话的队形，比如圆形或马蹄形。

● 别忘了就餐时的座位安排。每桌指定一位协调人，其职责是确保将在座之人逐一介绍给大家，并引出适当的话题。可以试着问大家一些有趣的问题，以此作为讨论开始的提示。大家的眼睛可能在来回转动，但即使是最外向的人，也会因为有了一艘破冰船而暗自松了一口气。

特别提示

★ 有些会议可能会附加一些社交活动，应将该情况通知所有相关人员，并说明是否必须出席。这是为了方便员工提前安排自己孩子或者老人的看护工作。

★ 选择的员工联谊活动应适合所有年龄段和各种规模的群体。若有人认为匹特博（又称彩弹射击游戏）是一项颇具包容性的娱乐活动，我过去的客户们都将会怒不可遏（在这一天的剩余时间里，它会毁掉你的头发）。被人抬着、触碰着或者蒙上眼睛，这些行为不是每个人都能接受的。请多加注意。

案例分析

如何提供高标准服务

托梅卡在为某团队安排一次外地会议时，给自己定下了非常高的服务标准。当你到达会议举办地时，能看到一个翘首以待的礼品包。其中包括一份个性化的欢迎辞（通常写在印有当地风情的明信片上）、一张带注释的地图、活动正式开始前的参观建议，以及一个装有当地货币的小信封，你可以用这些钱买杯茶，或者感受一下新环境。

托梅卡事先提供了全部参会人员的照片链接、联系方式和电脑的 bios 接口。之后，她又把座位表发给了与会者，方便他们跟进"我左边那个迷人的交谈对象"。由于活动承办团队事先知道了"谁可能想见谁"，他们会主动找到与会者，向其做自我介绍。托梅卡不断扫视房间，寻找低头玩手机、假装不感兴趣的人，并主动提出愿意陪同他（她）到可能有共同兴趣的客人那里。通过展示这种专注行为，同时通过创造条件实现最大程度的互动，托梅卡将能量和快乐注入了原本可能枯燥乏味且具有强制性的企业活动中。

分享舞台，感受快乐

安驹可能经营着一家化工企业，但他天生与舞台投缘。他喜欢聚光灯，还经常入戏很深。走廊里的抱怨声传到了他的豪华办公室。安驹和高管团队其他五位成员计划召开为期一天的业务发展会议，几位高管都已经预见到了会议当天的情形，包括海量的PPT、具体细致的分析，以及桌旁百无聊赖的表情。如果他们假装做笔记，或许可以赶上一些网购活动。这将是一场安驹个人秀，大家现在就可以预料到结果。安驹在审查了会议议程后，决定反其道而行之。他给每位高管分配了一部分会议讨论内容。他要求每个人，包括他自己都严格控制时间，确保不占用其他同事的时间。他还要求每位发言人的PPT不超过五页。这样，他们至少可以留出30%的时间相互交谈。

安驹三言两语定出了会议的基调，然后便坐下来倾听其他人的发言。然后，他总结并证实了每位发言人传递的信息，过去大家都批评他公开地厚此薄彼的行为，但现在批评声减少了。与会者都把手机收了起来，尽管各场会议之间留有足够的休息时间，供大家与办公室（或家人）沟通。安驹为午餐注入了一些调节剂。他事先要求每个人带上（真实的或想象出来的）宠物照片，当大家试着将团队成员与假想的龙、真实的拉布拉多犬和毛茸茸的兔子对应起来时，整个团队爆发出了好几次笑声。安驹觉得这样一来，自己更像是团队中的一员了，而且由于承担发言任务的不止他一人，会议召开前他的压力也变小了。安驹休息得很好，也更放松了，他为团队成员所做的工作感到骄傲，并从这种新形式中找到了乐趣。他的团队也是如此。

44

架设沟通的桥梁

利用工作之外的兴趣和经历建立相互连接

你是位会计、幼儿园老师或者胸外科医生，大家很容易用"你的工作"来定义你。我们若是常常孤身奋战在自己的专业领域，那领域外的其他事情所带来的成效则往往会被忽视，但是经验、技能和兴趣（通常是工作之外的追求）实际上可以成为人际关系黏合剂的来源。你是拥有地质学学位的保险公司高管吗？你如何与同事分享你的智力资本？你是否更愿意在山上或者火山附近举行一次室外活动，让人们体验大自然，而不是在会议室的二维图像中观看大自然？你周末骑马吗？如果参观马厩可以放松心情，那它能否代替业务发展晚餐或者公司的年度高尔夫郊游？厨师在工作时需要承受压力。既然如此，在写技术咨询简历时，为什么不强调自己有两年的厨房工作经验，反而试图加以掩盖。"我是 X，也是 Y"传递出了一个更加全面、充满活力的身份。"我是摄影师，也是公司诉讼律师。""我是大屠杀幸存者的孩子，也是一名普拉提教练。"认识到自己的丰富经验，并邀请其他人效仿你的做法，可获得以下几点好处。

克服明显的差异。体现并重视多元化的经历，可以揭示出在同一企业工作的人员之间潜在的联系点，尽管他们的外在表现似乎并无共同点。若你与你的团队成员毕业于不同的院校，家庭背景也相去甚远，那就聊聊所热爱的舞蹈、孩子们的教练团队或者手表收集能力等，这有助于培养一种归属感——它是职场成功的基础。

形成对未来的支持。亚利桑那州立大学社会心理学教授罗伯特·夏尔迪尼建议，应尽早发现工作之外的共同点，因为这些共同点在以后的每一次接触中都会引导对方认为你善意、可信。进而，你需要说服的对象将会采取对你有利的行为。

创造新机遇。当你试图提高组织的盈利能力或增强其影响力时，应认识到你能影响的不同领域可以用来……扩大你的影响力！假设你是一位亚洲女性，来自农民家庭，生活在秘鲁，对水彩画充满热情，工作……在银行。你的银行正在向你施压，要求你发展新业务，面对这种状况，你能否将自己变成所供职银行与寻求扩大市场的奎奴亚藜麦生产商之间的桥梁？可以从你的办公室选出几位代表，邀请他们与来自某家出口公司的三位人士会面。你还有从家乡来的朋友？那就把他们也带去，他们可以提供一些如何改变家乡饮食习惯的个人意见。会面地点就选在银行行长参与开办的一家本地画廊。再邀请两位在画廊展出作品的艺术家。突然之间，你就成了一个充满活力的晚间聚会的中心人物，你的兴趣激发了你的灵感，也丰富了你的生活，而且，很有可能建立起新的人际关系。

迅速深化讨论。有时候，不太光彩的过去能够成为建立意想不到的新关系的基础。企业界推出的服务日或其他社区服务项目越来越多。其初衷是高尚的，但给人的感觉往往是"我来这里就是帮你做点事儿"。这些来访者的过去被完全封锁了起来。当然，你现在的确穿着西服，但你小时候是靠粮票才吃上饭的。你在仁人家园为他人提供帮助，和你的团队一起敲着钉子，却没有与正在受你帮助重建家园的家庭进行交谈。重新回忆起你父母的房子被收回，你住在避难所里时的感觉，它可以成为你的动力，促成你与服务对象之间充满活力的交谈。如果你只是与不了解别人现实情况的团队出去了一天，请不要就此感到满足。应及时回到过去，找出丰富当前谈话的有效办法。

与来自不同部门的合作伙伴更有效地开展合作。人们日益认识到，解决相互关联的复杂问题需要政治家、社区领袖和企业领导人共同合作。从理论上讲，这样做非常理想，但若想促成合作，你在居中协调时愈发需要讲究谋略和技巧。一旦你把桥梁架设起来了，就更容易找到翻译彼此表达习惯的方法，更容易就衡量成功的标准达成一致，并且更容易知道哪些信息需要传达给哪些成员，以获取你所需要的支持。

本章适用对象

◆ 找到一个相似点——若有两个就更好——能为开展新型合作提供基础。

◆ 关注的重点落在了差异性上。现在是时候发掘你的经验宝箱，找出惊人的共同点了。

◆ 分享你过去曾有过的脆弱，可能会让你在未来获得巨大成功。

◆ "我是 X，也是 Y" 比任何带有限定词的自我定义更具吸引力。

行为建议

● 把思路扩展到办公室以外。允许你自己仔细考虑你的各种角色和兴趣。在与他人会面时，确定一个你以前可能没有考虑过的共同点。

● 不要急于将自己和他人进行分类。思考时多运用 "和" 字思维。

● 不要害怕展示弱点。有时候，我们难以启齿的过去才是最有潜力的部分，可以利用它来架设桥梁。

● 要不断问自己："我还能把谁加入本次谈话中？"处于常规工作环境之外的各种人际关系将如何为新联盟发挥桥梁作用？

● 创建促进协作的工具，以此增强联盟的影响力。制作的情况说明书应确保共享数据清晰易懂。对行业术语做出解释。如果你曾在政府部门工作（但现在就职于企业），可以就二者在文化上的差异提供指导意见。

特别提示

★ 有时候，发挥桥梁作用最有效的方法是介绍有共同兴趣的人或组织相互认识，即使你与他们并没有共同兴趣。

★ 为了在人与人之间架设起沟通的桥梁，你应该避免透露同事认为涉及隐私的信息。

案例分析

协商气候变化问题需要借助共同语言

当奈杰尔·托平（《联合国气候变化框架公约》第二十六次缔约方大会气候行动高级别倡导者）接到电话，问他是否有兴趣担任全球商业气候联盟的CEO（由7家国际性的非营利机构组成的联盟，正与世界上数千家最具影响力的公司合作，加速向零碳经济转型）时，我们正待在斋浦尔城外的阿拉瓦利山上。我们刚刚组织完一次领导人峰会，进一步激发了与会各方参与碳减排的积极性。2014年秋天，打给奈杰尔的这通电话成为一个契机。

2015年，全球范围内的几乎所有国家都派出谈判小组前往巴黎，在仔细研究了长达数页、细致微妙的行话后，最终共同宣布要限制全球气候变暖。让一群朋友就周六晚上的活动安排达成一致意见都非常困难；你能想象让195个国家达成共识会有多么来之不易吗？尽管气候变化倡导者能够理解政府与企业合作减少温室气体排放的重要性，但在过去的成员国大会上，企业负责可持续发展事务的官员虽然出席了会议，却很难接触到拥有最终投票权的决策者们。

当全球商业气候联盟将企业代表召集在一起，形成统一的声音、汇总分散的信息，并战略性地利用企业独有和共有的人际关系网时，情况就大不一样了。全球商业气候联盟每天以信函形式向企业发送信息，让所有参与者都能了解最新动态。他们制作了一种"Z"形小册子（可折叠指南），用于解释需要获得企业支持的八点内容，这样就可以在企业和政策制定者之间承担起翻译的角色。新闻界的代表收到了专为用户准备的信息，这些信息用比较容易理解的语言向大家传达了相关的科学发现。结果如何呢？本次讨论的八点内容被全部写入了《巴黎协议》之中，在批准这项具有历史意义的国际性条约时，奈杰尔·托平与美国前副总统戈尔并肩坐到了前排位置。

难以启齿的往事让我们更亲近

查理是一家企业公益基金会的负责人，他在位于印度海得拉巴的一处被虐待妇女庇护所里，组织了一场社区与企业领导的对话。在做自我介绍时，查理没有使用他的正式头衔。相反，他分享了一段在此之前从未告知旁人的过去。在他小时候，他的父亲曾入狱多年。查理谈到了深感耻辱的往事，以及这件事对其当时和现在的家庭所产生的影响。一位被因妒生恨的丈夫泼硫酸毁容的女性将手伸向查理，向他表示安慰和欢迎。她的脸和他的心都伤痕累累，然而他们却在这里继续着各自的生活。在查理这一冒险行为的鼓舞下，大家开始了一场有着情感共鸣的深入交谈。

缓冲区的蝴蝶

乔·诺特中校在整个职业生涯期间，一直致力于协调战备任务和土地资源保护问题。从生物学角度看，许多军事基地都是有着百年历史的时光存储器，在森林、海滩和大草原因社会发展而被大片大片吞噬掉之前便已经伫立在那里了。五角大楼和环保组织已经悄然合作，想要建立一个庞大的自然环境保护网络，既能保护完整的稀有生态系统，又能保障本国的国家安全。

诺特的服役时间已经超过了33年，期间除了待在五角大楼，还被派往过伊拉克。退役后，他成了兼容土地基金会军事合作方的负责人，其职责是在居民区和军事基地之间建立缓冲区。这些空旷的空间可以确保军事训练时，低空飞行的喷气式飞机制造出来的噪声不会将你的窗户震得剧烈摇晃，并保护像帝王蝶这样的濒危物种，它们迁徙时会经过得克萨斯州的胡德堡军事基地。诺特正与专家学者、自然资源保护主义者及军方合作，监测这些缓冲区内的蝴蝶，并适时为它们提供帮助。他既维护"军队"的利益，又为"学术界"说话，并不断在他的专业领域和他深爱的人民及事业之间搭建起沟通的桥梁。当诺特向平民百姓们讲述身穿迷彩服的士兵如何为拯救珍稀的有翼昆虫提供帮助时，大家对军队先入为主的负面印象消失了。

45

组建自己的团队

你能获得无穷的能量与力量

团队的力量来自每个成员，成员的力量汇集成整个团队。

——菲尔·杰克逊

请系好安全带，本章将给你带来超能力、理智、变革、可持续性。重要概念需要强势推出。在个人与团队之间的缝隙里，（适用于个人、组织和社会的）最基本的涅槃之汤正在酝酿。你的行为影响并定义着团队，团队也会对你的信仰和行为施加影响，但促使（你自己和你所处体制）真正发生转变的关键因素来自你们共同创造的影响深远、互惠互利的竞技场中由衷的欣赏和力量的释放。你想变强，我想变强。我们组成团队共同发声，让我们的声音更响亮，但这还不是全部。（在理想情况下）我们的联合还能激发个体的洞察力、勇气和喜悦感。

这就是最激动人心的地方。一个不断更新、相互依存的循环已经开始运行了，见图6.2。当你的个人经历融入团队中时，团队的状态将开始发生变化。作为一个集体，我们获得了信任。我们互相挑战——建立新的行为标准。我们一起学习，大家愈发睿智了。为了实现促使大家走到一起的最初目标，我们将更加努力。我们充满了勇气和力量。而且，当你感受到激励，愿意付出更多、变得更强时，就会对这种活力进行代谢。你正在改变，改变你的内在自我，并通过你的行动，影响你周围的世界。你被自己看见的团队效果支撑着、激励着，你不再感到孤独。

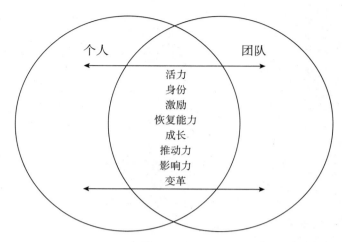

图 6.2　个人与团队互动的核心是你们共同创造的超能力

说到"权力"，你以前可能没听说过这个词，但我们都有可能需要**行使召集权**。召集权是指一个人或一个组织为了某一特定目的，成功地把人们召集在一起的能力。活动家会经常行使召集权。因为他们已经意识到，集体的力量更容易引起有影响的个人和机构的关注。

你若有能力制定有说服力的目标、动员他人参与进来并建立会议管理体系，就能为你、你的团队成员及你的事业创造价值。从个人角度看，你拥有了量身定制的团队，就可以减少孤独感并证实你的重要身份。团队成员可以接触到更深刻的见解，建立新的人际关系网并体验到高度的责任感，这些不仅仅停留在概念层面，团队成员们彼此之间都能真实地感受到。这群人互相联系——包括与你的联系。你们的声誉更高了。通过指出问题并建立联盟，你们已经断言了自己观念的真实性。你们的共同想法开始有了属于它的生命。它有生命、有呼吸、有自己的身份和价值——在推动组织或社会政策方面。你们创建的团队将成为你们的平台。平台可以继续扩大，用来帮助他人实现发展。组件具有工作意义的团队是胸襟广阔的壮举，也是发现富足心态的极好范例。

本章适用对象

◆承担先锋的重任令你感到筋疲力尽、孤独无助，你所寻求的活力和创造力只有通过组建团队才能获得。

◆ 你想有归属感，但现有团队并没有明显适合你的。

◆ 分享资源并从对方的错误中吸取经验教训，会更具成本效益，但谁是与你志同道合的人呢？现在是时候走出企业，去发现理想的合作伙伴了。

◆ 你想巩固一个新身份，并意识到成为团队一员可以强化你的自我意识，并进一步明确你的工作目标。

行为建议

● 组建你希望合作的团队。明确团队任务。你想实现什么目标？是企业内部目标吗——比如，少数族裔职位晋升计划？哪些问题或挑战会令你兴奋、恼怒或害怕？准备好与办公室周围的噪声污染做斗争了吗？当你承担新职责或者进入新社区时，是否会寻求广泛支持？你所在社区还有其他退休人员在教新来的移民学习英语吗？还有其他刚毕业的大学生正在准备推出新产品吗？或者你准备好为某个事业奋斗了吗？你是否曾担心自己的化工厂有安全问题？那就多多打听，试着找到与你想法类似的人。社交媒体可以帮助你建立广泛的人际网络。通过发出私人邀请，你可以锁定自己中意的团队成员。

● 你与对方所拥有的相似经历在身边大多数人中可能并不常见，共享你们的经历能形成更直接的联系。每年会有五千人从中国中西部地区的大学毕业，但其中有多少人会住在上海，在上海的人中又有多少会从事文化艺术交流方面的工作呢？发送一封私人电子邮件；大胆地给对方打个电话，讲述你的独特之处。告诉对方你组建团队的目的，比如，希望比较在中国的几段工作经历，测试艺术表现手法的局限性，并且若有可能还希望共享展览空间。如果对方拒绝了你的邀请，你可以问问他们能否推荐其他人选。一旦有两三个人接受了邀请（并且他们同意你使用他们的名字），你就可以邀请更多的人了。陈述你的目标，列出日益增加的团队成员名单，并提出启动大会的具体时间和地点。刚开始时，团队规模可以适当小一些。

● 并非所有团队都是规模越大越好。事实上，6 人到 8 人的规模是非常高效的。此处可以借鉴亚马逊 CEO 杰夫·贝佐斯提出的"两个比萨饼"原则。他建议所有会议都应以刚好吃完两个比萨饼的参会人数为限。这样，每位与会者都能拥有发言机会。

● 界定成功标准。目标制定要清晰、现实。建议设置完成时间。你可以根据实际情况酌情展期；但是一定要设定目标和时限，它们可以激发团队的行动力。"我们希望在 12 月前将音量的分贝数降低 ×%。"潜在参与者若知道自己需要承诺在多长时间内完成，他们会更愿意说"好的"（即使随着时间的推移，他们承诺的时限会延后）。

● 团队是你召集的，所以你在团队组建伊始就是团队长。但这并不意味着你要包揽所有工作，可以将布置会场、确认会议出席人数、计划会议日程等工作委派给其他团队成员。

● 明确相关要求。接受保密审查并做出保密承诺。就新成员的选择和定位达成一致意见。团队成员若要继续留在团队中，其缺席团队会议不得超过多少次？两次会议之间需要进行多少次会下交流，交流采用什么方式进行？

● 团队是由个人组成的。会议开始后，可以先问问大家聚在这里的原因。"你今天为什么这么兴奋？""上次一别，你又有什么新收获吗？""你是遇到了什么挫折，想告诉大家吗？"随着团队规模的不断扩大，你们需要不断陈述个人原因，并据此重新制定团队使命。

● 你们在一起是为了实现一个共同的目标。那么，每个人希望做些什么呢？这可能包括共享联系人或见诸新闻报道。此外，团队成员也可以发挥自己的求知精神，或者积极承担富有挑战性的职责和工作。

● 组建、风暴、标准、执行、休整——这是团队发展的不同阶段。组建：你把团队成员召集在一起。风暴：现在是时候争论一下，团队组建之初有哪些暂未提出或者亟待解决的问题。标准：明确相关要求。执行：随时准备行动。休整：知道完成时间。

● 效仿精英们的做法。托马斯·爱迪生、亨利·福特和亚历山大·格雷厄姆·贝尔都是提供反馈并监督执行的智囊团成员。这是一种点对点的指导方法。如果有必要，你们每周、每月，甚至每天都可以见面，一起应对挑战、解决问题。这是一个提供建议、共享人际关系的机会，若条件允许还可以相互交易。

- 对于处在转型过程中的组织而言，孵化并传播新模式、新观念的团队可以加速变革并令其持续下去。将能够影响公众观念的人召集起来，为他们提供工具和支持，让他们逐渐认识和熟悉需要实施的行为并最终成为典范。请记住，企业文化的承载者并非一定要有最大的办公室或者最尊贵的头衔。将不同层级的员工汇聚起来，能够同时为个人和企业带来活力与新思想。

- 你作为组织中的一员，可以成为进一步推动社区变革的平台，尤其是当你与其他机构联手时。当教育家、小店店主、警察及家长们齐聚一堂时，社区改革的步伐就能够加快了。想看看公司之外的变化吗？你能召集一个由不同选民代表组成的团队吗？你不必知道招募的团队成员是谁。只要能进行一次引人注目的宣传，把你的理念与他们的参与行为有机结合起来，你便成功了。

- 分享你的愿景。围绕一个共同的目标，召集利益相关者组成团队，这对你的员工、客户和你自己都有重要意义。

- 利用组织的力量开展活动。企业正在发挥它们的召集能力精心组织各种活动，这样既能够促进社会事业的发展，又可以树立自身的品牌形象。你的组织可以为社会变革做出怎样的贡献呢？

特别提示

★ 保持真实。纯粹以市场营销或品牌推广为目的举办活动，会有损你的声誉。

★ 广发邀请，但也要做好被拒绝的准备。

案例分析

对虚拟产品的理解与规范

贾斯汀想要得到的包括领导的认可、更多的刺激、一份新工作及一些建议。他是一家对冲基金的首席合规官，该基金在加密货币领域保持着领先地位。贾斯汀希望确保公司在这个新领域中仍能满足合规要求。对此，公司的内部律师无法给出他想要的答案。聘请的外部律师也提供不出任何建议，无章可循……目前，该行业的发展速度快过了立法的速度。贾斯汀很紧张。他的老板平时基本不与他沟通，哪怕是眼神交流都十分难得，但当他想要得到信息时，他就会"跟我过不去，"贾斯汀说，"我们目前从事的是高频交易，一种加密货币，而且是在德国境外运作。这种组合还没有任何先例啊。"

贾斯汀决定根据自己的需求组建一支团队，帮助他求得答案。他邀请了一些律师、合规官同行和交易员。他将邀请对象限制在 12 人，这样既可以最大限度地保证团队成员在 8 人以上，又能令对方更加重视他的邀请。团队建立起来后，他们立刻开始分享经验，邀请嘉宾授课并拜访监管机构。贾斯汀从刚开始的一无所知转变成了业内专家。他的公司获得了所需建议，并非常荣幸地与后来非常重要的行业委员会建立起了联系。贾斯汀的同行（和竞争对手）获得了共同学习并影响新兴领域政策的平台。这是一举三得。

贾斯汀在公司外的出色表现给他的老板留下了深刻印象，对方与他沟通的时间突然增多了。贾斯汀的知名度更高了，人脉也更广了，最终他得到了另一家公司的加盟邀请。他现在的工作令他更加振奋。贾斯汀的薪酬更高了，而他自己也心存感激。

大变革

2008 年金融危机后，英国央行副行长安德鲁·贝利观察发现："金融危机以一种痛苦的方式提醒人们，商业银行的运营应以公众、客户的利益为本。现在，我们必须明确回答一个问题：我们需要什么样的银行体系？"

为了探讨如何建立一个运行更健康、适应能力更强、具有包容性的银行业，Leaders' Quest 和 Meteos（英国一家智库与策略公司）两家企业联手，为英国的一批资深银行家和投资者举办了一场深入的对话，主题是"银行业的未来"。来自 Leaders' Quest 的安妮·韦德和来自 Meteos 的索菲亚·蒂克尔都是各自非营利组织的领导人，但她们从未合作过，在此之前也未与受邀参与者有任何关系。她们非业内人士的身份是其特有的优势，可以确保大家超脱党派束缚，开展坦诚对话。参与者来自相互竞争的各家机构。在为期 14 个月的时间里，通过访谈和举行公开圆桌会议，工作组听取了 200 名参与者（包括监管机构、客户和社区成员等）的意见。最终，为英国社会创造长期价值的具体建议诞生了。例如，银行和政府机构收到的一份清单就列出了为中小企业提供资金和建议的具体步骤，这类企业的就业人数占到了私营企业就业总人数的 60%。对于如何实现长期价值、交付更好的社会成果这一问题，银行领导人和投资者都得到了具体指导意见。这些建议还产生了更大的反响，因为它们是由关键组织中的精英人士联合制定的，这些人有能力将相关建议付诸实施。

46

保持务实的乐观

注入希望

> 真正的失败是放弃机会，因为你不想面对自己的恐慌情绪。
>
> ——蒂芙妮·范，著有《你就是大亨》

请与我一起参加展示世界观的游戏秀。作为一名参赛选手，你可以自行选择想推开的那扇门。一号门的背后是否认、避免冲突和固执己见，二号门的背后是尝试、抱负和机会。决定选择乐观的一面，将对你的情绪及身边的人产生积极影响，增强动力、提升参与度并促进创新。你想在做出选择前多花上几分钟进行思考吗？的确，如何做都取决于你自己。而且，这样做本身就是一种选择。即使你自然而然地默认了更可怕的假设，也可以训练自己的思维去发现机会。

以色列艺术家帕兹·帕尔曼向我解释说，希伯来语中"现实（reality）"一词是מְצִיאוּת（meh-tsee-OOT）——"发现之物"。它与להמציא（Lhamtzi）一词的词根相同，而后者的意思是"发明创造"。"发明创造"是一个动态的，不断变化的"发现之物"。相比之下，在西方白话文中，"现实"的词根"真实的（real）"是静态的、固定不变的。此话无可辩驳。当有人说："现实情况是……"他们便是在断言一种不可改变的事态。

我相信，无论形势多么严峻，你都可以做出清醒、理智的评估，并找到通向积极成果的道路。每天早上醒来时，我们知道很多东西已经坏掉了，还有更多的东西也快要坏了。有很多事情会让生活变得郁闷。比如，冰川正在融化，有些人正在挨饿，政客们正在争夺自己的利益，发生了火灾、地震、大规模枪击事件等。一连串的失望在工作中等待着你。然而，一个务实的乐观主义者知道，尽管周围的东西太过支离破碎，但如果你能在各种日常碎片中幸存下来，成长弧线就将弯向正确的方向。我们的目标是继续前进，对可能发生的事情保持信心。

我并不认为所有事情都是伟大的，但我相信民众和团体都有能力成就伟大的事情。我把本章命名为"保持务实的乐观"，是取了英文单词"practically"一词的两层含义："几乎"（无法完全做到，但大多数时候应保持乐观）和"务实"（不要对事实视而不见）。当你走进上述游戏秀中的二号门时，你看到了生活的现实状态和未来的可能性，你会选择希望，抛却恐慌心理。

许多管理者和员工都把关注重点放在了没用的事情上。斯特兹·特克尔为了撰写他的著作《美国人谈美国人》，全面采访了各行各业的工人。他以残酷的评论作为开篇："这本关于工作的书，本质上是关于暴力的——包括精神层面和身体层面。"一定要这样吗？最具生产力的专业人士会适当融入一些乐观情绪、培养员工乐观的信念，让他们相信工作会为自己带来好处。虽然这并不意味着你要一整天都光彩夺目、幸福快乐，但确实意味着在遭遇艰难困苦时，你不会向问题的神龛低头，也不会轻易退缩。

心理学教授加布里埃尔·奥廷根博士警告说："乐观远不止从积极的角度思考。"她讲了一则笑话，说的是一位梦想中彩票的男人。在经历了多年的绝望幻想后，他呼唤上帝，祈求帮助。上帝的忠告从天而降："你买过彩票吗？！"奥廷根博士否定了梦想会激励我们行动的观念。她的研究表明，独自许愿（盲目乐观）不会获得成功。相反，它会欺骗我们的头脑，使我们相信预期目标已经实现，并因此沾沾自喜。奥廷根博士与她的同事合作开发了一种被称作心理对照法，或称 WOOP 的技术（详见下方的"行为建议"部分）。与其简单地幻想成功，不如先想象你期望的结果，再想想你自己的行为方式会对成功造成怎样的阻碍。然后，制订一个克服阻碍的计划。很抱歉让你的泡泡破灭了，但"你能成功"的做派应该到此为止了。有远大的梦想非常好，但你也必须采取切实的步骤，让它一步步成为现实。想在工作中体验成功和快乐吗？那就先设定好宏伟的目标，然后鼓起勇气去考虑目标实现过程中的阻碍，当你战胜这些阻碍时，记得为自己感到高兴。

本章适用对象

◆比起被恐慌心理冷冻住，你更喜欢光的温暖。

◆比起发脾气、愤世嫉俗，你更愿意去开创新局面。

行为建议

●悲观主义只是一种解释风格，并不是由基因决定的健康状况。积极心理学领域的大量证据表明，当你把消极体验看作暂时的，只在某种特定情况下出现的，并非你的某些致命缺陷时，就会形成更乐观的心态。你的新产品没有通过安全测试吗？你可以进行必要的调整，争取下次通过。你没能升职吗？明年你会积累更多的经验，还有机会培养更多的忠诚支持者。在此，为你推荐马丁·E. P. 塞利格曼的著作《活出最乐观的自己》，它非常经典。

●应给予对方有建设性的积极回应。在同事分享好消息时，应采用适当的倾听方式，以鼓励他们品味积极情绪。当同事告诉你他们最近取得的成绩时，不要只说"非常好"，还应问问对方，"能说得详细一些吗，你是怎么做到的？"这是一种有传染力的机会注入方式。作为有建设性的积极回应的提供者，你与同事分享高涨的情绪，带来好消息的同事也会对你有更高的评价。

●把大目标分解成容易管理的实际行动，在每个行动完成后可适当庆祝。开餐馆是一个大目标。它的具体步骤有哪些呢？你选好店铺地址了吗？签订租约了吗？开始雇用员工了吗？一定要与朋友、同事一起"炫耀"你一步步取得的成功，邀请他们到你即将投入运营的餐馆喝上一杯。

● WOOP：愿望（Wish）、预期结果（Outcome）、可能障碍（Obstacle）和应对计划（Plan）。想想自己要完成的愿望。花几分钟想象一下，如果愿望实现了，会是怎样的结果。然后，转换思路，想象一下阻碍你实现愿望的各种障碍。这能帮助你确定自己要追求的目标，（暂时）放弃不切实际的目标，并根据你自己的决定制订相应计划。

- 重新想象你的目标。不要陷入手头的问题中。哪些目标是可以实现的？需要付出多少努力？你需要改变目标吗？将这个改变告诉你的同事。"我们没能在 X 项目上取得成功，所以我们现在要改变目标做 Y 项目。"失败会令你的团队士气低落。如果他们对项目方向的变化也一无所知，那就会与你进一步疏离。

- 实话实说。开诚布公地评价你所预期的阻力，并邀请他人提供建议。假装一切都会成功并不能取得真正的成功，而且还很可能有损你的声誉。不知道答案没关系，你可以寻求帮助。

- 提供外派任务。在《联盟》一书中，领英的联合创始人里德·霍夫曼对"外派任务"这个概念做出了解释："（他们）专注于光荣地完成一项有限定内容的具体任务。"员工分别去到企业的不同部门中，发挥自己的聪明才智，努力完成某个可量化的具体目标。这样既加深了他们对业务的理解，又可以展示他们的专业技能和个人优势。

- 展望未来。把梦想家、分析师、自诩的悲观主义者，以及介于这些类型之间的人都召集起来。向他们提一个问题："如果……，该怎么处理？"请不要冲动，不要急着寻找解决方案或制止古怪念头，让所有观点都充分展示出来，让各种引述都准确表达出来。然后，将这些内容发布到大家都看得见的地方，非常自然地在过道里展开讨论。几周后将这群人重新召集起来，看看通过接触貌似截然相反的现实状况能否引发新的思考。

- 从非线性的角度审视时间。非常优秀的未来学家比尔·夏普创造了一种新技术，称为"混合层位法（Three Horizons）"，用于帮助个人和组织在从熟悉走向陌生的过程中，建立共同愿望和彼此承诺。它的核心思想是时间并非一维的。例如，大学里的行政管理人员在努力确保每间教室都备有教授们需要的各种传统资源，他们使得这所大学能够正常运转（属于第一层位）。有一个工程师团队正在开发一款将知识植入大脑的芯片，他们与大学教授在为同一家实体工作（同属第三层位）。将第一、第三层位混合起来就是第二层位，即目前已经存在的面向未来的领域（大学建筑依然屹立不倒，但许多学生也在学习虚拟课程）。默认情况下，许多人所从事的工作都还停留在第一层位，他们对其他层位存在着误解或敌意。当人们能够体会到各层位的积极贡献时，就可以松开紧抓"自己"层位的手，共同走上一条能更好地适应新情况并产生共鸣的未来之路。

特别提示

★ 即使是超乐观的同事，如果缺乏信息或者忽略了重要数据，也会非常烦恼。不要取笑他们。相反，可以与他们分享你的信息，以及这些信息影响决策的原因。

★ 你不能强迫别人乐观，但你可以成为他们的榜样，发挥积极的作用。

案例分析

我们是临终关怀者

利奥为一位事业非常成功的女企业家及她支持的慈善事业管理内部活动团队。他报酬优厚、德高望重，却渴望独立。他想创办自己的公司，可能是一个自己的活动举办场所，也可能新开一家餐馆。利奥最近结婚了，他想领养一个孩子，但他的很多朋友都劝他不要这么快下决定。他对朋友们的关心表示了感谢，但仍旧继续着自己的计划。几位曾经的客户主动提出投资，他拒绝了。一位朋友在自己的办公室为他提供了一张桌子，他接受了。

利奥不知道自己的诸多想法中哪一个能成功，他选择发挥自己的核心才能——企业活动策划。他制定了一个务实的收入目标，并雇用了两名兼职员工。利奥还创建了一个私人董事会，董事会成员包括几位成功的企业家朋友、一位曾经的客户，以及一位有名的室内装饰师。他雇用了一些年轻的自由

职业者，为了积累工作经验，这些年轻人都是按照折扣价格收费。他得到了
LGBT（性少数群体）商会的认证。他雇用艾滋病毒／艾滋病感染者就业培训
计划培训出来的人员，让他们监督装饰材料的取送。利奥承诺在为期一年的
时间里，每月为他们安排一次培训。五年后，利奥建立了一家价值数百万美
元的企业，并雇用了九名全职员工。他还是一位自豪的父亲，有了一个属于
自己的四岁孩子。

利奥有自己的愿景，身边是一些能够支持和考验他的人。对于自己能否
成功，他始终秉持乐观态度，但他没有盲目自信，也没有冒太大的风险。

获胜不是成功的唯一形式

哈拉·托马斯多蒂尔在给孩子们的一封公开信中写道："在这个复杂的世
界里，很多事物都遭到了破坏，袖手旁观似乎更容易一些，但我请求你们不
要那样做，作壁上观的人已经太多了。愿你们踏上征程，积极参与创建自己
梦想中的社会。"哈拉在职业生涯中展示了自己的韧性，包括在消费品行业工
作、加入雷克雅未克大学的创始人团队，以及成为 Auður Capital 的联合创始
人，这是一家将女性价值观融入金融领域的投资公司（2008 年金融危机中，
冰岛唯一幸存的投资公司）。这些年来，我获得了一些机会，可以与哈拉一起
讨论策略，探究如何实现看上去不可能实现的目标。她的点子源源不断。哈
拉现在是 B Team（一家全球性非营利组织，致力于促成更好的经营模式）的
CEO。但这还不是全部，她在 2016 年参选了冰岛总统。

哈拉此前并没有政治经验，也不愿让自己和家人受到审查，而且在位居
高官后还会失去自由。尽管如此，她还是参加了竞选。总统竞选活动成为她
宣传自己对这个国家的愿景和价值观的平台。有 20 多位候选人报名参加总统
竞选，但选举当日只剩下了四位，除了哈拉，其他三位都是男性，能做到这
种程度实属不易。哈拉解释说："当我终于有机会接触主流媒体时，他们却一
再问我是否要退出竞选。在电视辩论环节，他们会减少播放我的辩论环节的
时间，而且有好多次，主持人都只问了其他几位候选人问题，却唯独没有问
我。在坚持到最后的四位候选人中，我是唯一一位从未接受过头版采访的。"

尽管如此，哈拉还是在大选中赢得了将近 30% 的选票，以前所未有的惊人优势超过民调，在所有候选人中得票数排名第二。"即便我没有赢得这次选举，我也可以说这是一次成功之旅。"哈拉收到了一张照片，上面是一位学龄前女孩正在亲吻她展示在公共汽车站上的海报照片。"光是这张照片就足以令我感到成功。别人能做到的，我们也能做到。所以，克服恐惧，迎接挑战吧！无论是 CEO 还是总统，女性参与竞争都具有重大的意义。"

第七部分　拥有强大的影响力

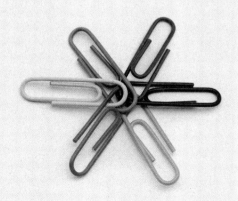

深度连接

新商业时代的 52 种有效沟通方式

你花时间去倾听、去赞美、去包容别人；你已经站在别人的立场上思考了。你已经知道，当你碰到困难停滞不前时，应首先建立人与人之间的联系，从中获取力量和智慧。你已经看到了既不让灵魂枯萎，又可以用心完成目标的方法。你的好奇心已经建立起来。现在又该怎么办呢？现在是时候表现出快乐和勇气了。

不要让你的资历或者你在组织中的职位限制了你。想办法有效利用你的平台。无论你处于什么位置，都有办法通过你的选择和你的广阔的思想来创造意义，并发挥积极影响。

我们大多数人都想有所作为，但若有重大问题出现在眼前、需要我们面对时，却又会感到不知所措。本部分为你提供了一些工具，有助于拓展你对成功的定义，团结不同年龄段的同事，思考留下印记的方式，并且拥有强大的影响力。

本部分的适用对象

· 你想让人记住你——而且钦佩你。

· 你已经确定了构思新颖，或者效果更佳，又或者别具一格的做事方式，你想领导一场革新。

· 你受够了一成不变。

· 无论是在家庭里还是工作中，你都想实现自己的价值观。

· 你的接班人计划已经或者应该受到关注。

· 你的员工正在力争承担更多的责任（并且让工作更有意义）。

· 你所在组织的根源并不为人所知，但它能鼓舞企业中的新员工。

· 招聘精英人才对你而言极富挑战性。

· 有经验的高管（包括你自己）缺少激情，都想通过另谋高就来寻求改变。

47

探索未知领域

未来尽在其中

给人启发的不是答案，而是问题。

——尤金·尤涅斯库

印度商学院前院长阿吉特·兰尼卡邀请我前往他位于海得拉巴（Hyderabad）的校园，他说："这是一个充满探究而非答案的地方，我对你带进这栋大楼的东西很感兴趣。"我从来没有忘记过那个邀请。

有机会去探索、辩论、提出想法并透彻分析是一种奢侈的需要，称之为奢侈，是因为这种积极思考无须承受即刻提供答案的压力，是企业中非常罕见的一种放纵行为，但也是一种必要行为，因为若匆忙行动，我们很容易落入以下几种陷阱：

- 我们忽然间就得出了显而易见（尽管可能并不正确）的结论。
- 我们不会停下来思考自己是否问对了问题。
- 我们还没有充分评估局势的复杂性。
- 我们只专注于自己知道的问题和答案，却让看似棘手的问题在表层之下逐渐酝酿成形。
- 我们提问只是为了确认自己的结论，并非想获取新信息。
- 我们让其他人误以为我们对别的观点感兴趣，其实我们所追求的只是为预先确定的想法提供支持。

- 当人们认为行动比关注更重要时，没有实际发生的紧急状况就会被掩盖。我们忽略了全局（或者错综复杂的细节）。

为什么会这样？因为说出"我不知道"或者"我们不知道"需要勇气。当员工依据自己的报酬提供劳动时，他们的能力往往等同于提供答案——而且是基于相关要求的答案。我们害怕不知道答案会让我们显得软弱。我们有时候还会不知道该如何表述问题，这就更容易产生焦虑感。我们只知道出了问题——或者我们预料到会出问题。而且，对于额外的紧张局势而言，应急而生的答案还可能威胁现状。遇到这些情况，你会有多难受？

勇敢点，别怕麻烦，尽情享受你的不知道。创新的根源就在于提出绝妙问题的勇气。有时候，问题可以很简单，比如，"为什么没有人这样做？"或者"如果我愿意尝试，又该如何去做呢？"

本章适用对象

◆ 你对自己的未来感到兴奋。

◆ 相比将各种未经证实的想法拒之门外，打开智慧之窗才更重要。

行为建议

● 在没有唾手可得的答案时，应直面问题，不要选择逃避。当你读到最新一版的备忘录，或者又去参加另一个会议时，可以停下来问一句："什么问题是我们因为不知道所以选择逃避的？"不必要求解决困境，让大家共同探索就可以了。你的聚会可以马上开始了：约上几位同事，请他们今天下午4点留出30分钟时间，分享"不知道"带来的乐趣（自带零食）。或者也可以提前计划，这样你自己和受邀者都会觉得更有乐趣。提出问题、发送邀请，并且明确表示这是一个无须做出判断、没有任何压力、单纯就某个主题交换看法的机会。这是头脑风暴吗？准备好充足的纸张（如果方便，还可以准备白板）、记号笔和便利贴，这样你就可以与各种想法尽情交流了。

● 若你还在玩弄概念，请不要迷失于执行过程中的各种细节。审视问题时，应站得远一些，看得全一些。你能认出那是什么模式吗？

● 承担起医生的角色；做好诊断。我们不知道病源在哪里，但患者（组织、产品）看起来的确不太好。应同时考虑多种可能性。若要检验你的假设，需要具备哪些条件？不要满足于提出三种可能性。不管涉及的想法有多古怪，你应该至少提出十种。然后该怎么办？如果你的同事已经有机会得到更多的数据，你还要重新开会吗？是当面通知？还是打电话通知？现在就约好日期吧。上述比喻中所谓的"患者"是否需要生命支持？如果不需要，也不必急着提交答案，但你要加大探索力度，不能拖延。可以约定一个最后期限，以便深思熟虑后得出结论。

● 不要被互联网限定了搜索范围。你的键盘并不总是一位可靠的导游。不要把解决问题这项工作全部外包给算法，你可能还得进行交流——与现实世界中的人。

● 反向看问题，把问题看作解决方案。人造珠宝市场正在崛起，而你的宝石生意却举步维艰。坐在头等舱的女士戴着人工合成的钻石。与其将顾客选择佩戴假货视作一大问题，不如问问他们这样做是想要解决什么问题？

● 在线新闻整合业务商 Flipboard 每周五都会从各层级的员工中邀请一部分人员，参加一个名为"mock o'clock"的一小时演示。受邀员工围坐在一张大桌子前，任何人都可以分享他们的最新项目，并从其他团队的同事那里得到一些想法和思路。

● 无论是召集临时的碰头会，还是计划在下个月召开正式会议，只要是以展望未来为目的，你就应该考虑邀请不同年龄段的人参加。从消费和分享信息的天性上看，千禧一代和 Z 世代员工的互联方式就可能会与婴儿潮一代员工大不相同。

● 在图书馆举行探讨会。这比租用会议室便宜，如今的图书馆比借书点还多。它们正在发展成为引发创意革新的创客空间。

● 可以访问斯坦福大学哈索普莱特纳设计学院的在线免费工具箱，它会鼓励你质疑一切。甚至（而且特别是）你认为已经明白了的事情。你将学到很多东西，包括如何写"我们将会怎样"一类的问题。

特别提示

★ 即使提出的问题都不错，也不能懒惰；挑战自己，寻找更好的问题。

★ 不要把对某个人或者某个概念的攻击伪装成探讨的问题。

案例分析

如何充实被掏空的头脑

若你是首席创新官，却感到江郎才尽了，你该怎么办？理查德率先将社交媒体应用到市场营销活动中。他在任职的公司中负责领导创新工作，来到我的办公室则是因为"大脑一片空白"，以及内心极度恐慌。理查德觉得与那些新出现的、思路灵活的初创公司相比，自己已经过时了，而且与以前的技术同事也失去了联系。他想向许多企业家学习，而这些人恰恰非常推崇并希望接触他所在的企业。于是，首席创新官成了月度创新午餐的首席主办人。他每次会邀请两位外部嘉宾和六位代表不同年代和不同观点的内部同事。理查德会事先提出了一个富有挑战性的问题，供大家提前做好准备。他那些没有答案的问题从需要阿司匹林诱导转变成了激活大脑的机会。这些会议为理查德带来了新思路，而接触更广泛的战略伙伴群体意味着他可以更快地交付创新产品，而且创新费用往往还更低。

无关礼貌

一家大型投资银行的黑人高管们邀请我为其第一届种族关系研讨会提供帮助。与会者包括 30 名黑人专业人士和 30 名白人经理。白人经理们预计谈话的重点将放在介绍职业技巧上，包括如何获得成功、如何选择导师、如何正确开展交易等。但事实并非如此。我们首先让与会者两人一组，轮流回答一个问题："我什么时候开始意识到我的种族，为什么这很重要？"两人谈话逐渐发展成四人讨论，然后是每桌八人的交流。

当我要求全体人员自由发言时，很明显，大家讨论的并不是"我如何能在公司取得进步"，与会者们想要说的是"我们怎样才能勇敢面对肤色问题，避免色盲现象"。白人与会者分享了他们在努力践行人人平等的过程中，是如何避开关注种族差异的谈话的。几位黑人高管表示，在听到另一起警方枪杀一名手无寸铁的黑人少年的新闻报道后，他们愿意听到大家问他们："你担心自己儿子的安全吗？"一位头戴醒目头饰的尼日利亚裔女性哀叹说，从来没有人称赞过她的服饰风格。白人管理者礼貌、谨慎的行为增强了一种差异感。该投资银行已经在多元化员工招聘方面投入了大量资金，而且已经制定了职位晋升目标，但在本次研讨会前，他们还没有组织过任何研讨会讨论"我们如何在努力促进日后团结的同时，认识到日常存在的差异"这个难题。此问题没有简单的答案，但我们已经开始将问题展现出来了。

发现是人类的根本

美国宇航局的一位科学家林迪·艾尔金斯－坦顿博士正在指导我们所有人成为探险家，寻找目前及未来的新颖解决方案——包括地球的和太空的。亚利桑那州立大学地球与空间探索系的艾尔金斯·坦顿博士和她的团队正在回答许多我们甚至不知道去问的问题，比如：

- 我们将如何从月球极地沉积物中提取饮用水？
- 我们该如何培训美国宇航局的管理人员去与外星生命交流？
- 对于未来的星际移民，应制定怎样的管理政策？

她的团队还就我们尚未想象到的各种情况向学生提供应对流程，最大限度地发挥学生的工作潜力。她们的重点是学习如何学习和如何合作学习。她们的教育不会只停留在教室里。艾尔金斯－坦顿博士和她的团队证明了，思考天体是反思人类意义的好机会。创新试点项目是让公众讨论诸如"你会为火星准备什么"之类的问题。她们要求参与者想象有100人将前往太阳系中另外一颗行星时的场景。他们随身带着的盒子里装有建设充满活力的可持续发展型社区所需的所有知识——他们是"盒内社区"的启动者。你会向那个盒子里放入哪三样东西？为什么？

艾尔金斯－坦顿博士对知识的无畏追求是显而易见的，她面对合作承诺也是如此。我们经人介绍认识后没多久，她就邀请我参加会议并提供课程理念。包容是她的第一反应。

48

尊重历史

让过去推动你前行

> 过去是一面屏幕，我们在上面投射关于未来的憧憬。
>
> ——卡尔·贝克

我们去过哪里？我们要去哪里？我在哪里？谷歌地图并不能解决存在困境，但企业历史可以为你提供帮助。共同的过去可以把个人汇聚到群体之中，并赋予该群体一个独特的身份。自豪感可以帮助你将各种事件以及你本人视为正在发生的某个更大型故事的一部分，而组织的历史可以成为自豪感的源泉。历史把你和意义联系在了一起。

无论你是在重新构思自己的品牌，还是在想"我们为什么要这样做"，过去都可以提供丰富而深刻的理念。你的企业是在动荡的经济中生存下来的，还是已经持续了好几个世纪？找到活力（和信心）之所在，如此就可以通过挖掘组织的根基在未来重现活力。

向前辈学习。为明天而创新，并不意味着要忘记过往岁月中积累起来的所有智慧。随着公司合并、领导层更迭和员工离职，企业的知识沉淀可以为你提供实用的理念。

我们都希望能在离开时（以及共事时）被他人记住。作为一名员工，若在规模达 200 人的公司大会上听到自己的名字被大声讲出来，就应该认识到你需要承担信任风险，直到拿出值得大家信赖的工作成绩。你可以提醒新员工借鉴你这方面的经验。

回忆一下在千里之外出差的员工（搭乘经常延误的航班，而且挤在最中间的座椅上）和雨夜里将货物搬上卡车的团队，这能让你的企业变得更有人情味儿，并且提醒你的员工，他们也有机会在企业历史上赢得一席之地。

本章适用对象

◆ 企业所拥有的能够鼓舞人心的"为什么"已经被遗忘了。

◆ 你想被人记住，也想那些用肩膀支撑起你的同事同样被人记住。

◆ 不在公众场合露面但极具影响力的员工承担起了没有多少光环的工作。你想通过讲述他们的故事来激励你的团队。

◆ 虽然你是刚刚从事某项工作的新手，但已经意识到，了解团队历史可能会帮助你更好地融入团队文化。

行为建议

● 思考和谈论过去时，应赋予它们当代的意义。你的故事应该多讲讲独具魅力的领导者、长期默默无闻工作的员工、突破性的创新、参与重大社会活动的经历等——还有它们对企业现状及未来发展的意义。

● 为自己的团队创建"博物馆"并展出相关文物，如购买第一张桌子的收据，制作队标的各种创意等。从陈列架的一角开始摆放吧：从未获得过市场份额的新款滑雪靴原型，启发你制作系列卡通剧的厨房海绵等。这样，你就会尊重过去，现今也会有许多可以谈论的话题。

● 创始人之间应形成共识。在缺乏资金的情况下，热衷于吸引人才的企业家可能会提供联合创始人的头衔。随着企业的扩张或者声名鹊起，初始创始人可能不太愿意分享这些名誉，因为他认为联合创始人并没有推动增长、承担风险、筹集资金或者像他一样努力工作。因此，怨恨便会涌上心头。然而，联合创始人考虑到自己所做的牺牲，认为自己获得头衔是实至名归的。情况就变得更糟了。最好从一开始就能非常清楚地认识到，你想如何在未来写下自己团队的历史。

- 将员工照片悬挂在办公室的墙壁上。以产科医生为例，他们经常在海报宣传板上张贴由其接生的所有婴儿的照片。你的团队带给世界什么样的新生活？动手拼贴属于你的产品广告吧——并让所有为产品面世做出过贡献的工作人员在广告图片上签名。

- 将企业历史写入员工手册，这能让新员工与公司的 DNA 紧密联系起来。罗列出所有在企业工作过的员工的名字，即使他们如今已经离职。若新员工从中发现自己的某位亲戚，而他们的关系又是其他人所不知道的，你可能会感到惊讶，或者为他们会感到自豪。通过这种方式，你也可以证明你的团队不会忘记任何一位员工。

- 创建内部数据库，记录过去曾出现过的错误，以及它的产生条件和解决方法。只记录这几项，不超过三行字。尽量保持简单。在召开头脑风暴会议时，应鼓励冒险。阅读数据库中的错误案例是要提醒我们，团队正是从过去的错误中幸存下来的。

- 邀请曾经的同事。这些同事了解你的企业制度，如今又接受了其他企业的培训。她能很好地挑战你的一些假设和想法。在组织战略会议时，不要忘记邀请这些曾经在企业内部工作过的外部专家。

- 设立年度奖励。公开展示获奖者信息。在会议室的侧墙上悬挂一块纪念牌匾，并将每年的获奖者名单刻上去。如果你变换了办公地点，别忘了将它带上，继续挂在新地点！

- 让历史自己开口说话。真人英语语音故事网 StoryCorps 和巴西博物馆 Museu da Pessoa 在捕捉个人和机构的口述历史方面有一套自己的方法。

特别提示

★ 历史也有可能是主观的，所以请谨慎看待。

★ 不要因为在过去的某些事情上存在意见分歧就不去记录历史，可以把一些不同观点分享出来。

案例分析

巨幅感谢信

2016 年 2 月，德尔塔航空的员工收到了公司利润分享计划历史上最大的一笔支出（15 亿美元利润）中属于自己的部分，此外公司还制作了一张 50 英尺的贺卡向员工表示感谢，创下巨幅感谢信的吉尼斯世界纪录。感谢信一一列出了 8 万德尔塔员工的名字，作为后来之人参看的记录。

资本的正能量

Actis 私募股权投资基金成立于 2004 年，是从英国政府的开发融资机构英联邦投资集团（简称英联投资）中剥离出来的，该机构曾有效促进了前英国殖民地上的私营部门投资。在 Actis 的管理与投资团队中，有许多团队成员以前曾在英联投资的亚洲区、非洲区和拉丁美洲区工作过。随着 Actis 基金的发展，以及新的合作伙伴的加入，初始愿景对它的影响已逐渐减弱。人们关注的焦点较少落在基础设施的兴建理由上，他们更关心市场盈利状况。创始人兼 CEO 保罗·弗莱彻决定为自己的公司再次寻根。他安排合伙人、合伙人的配偶及董事会成员访问中国、南非、尼日利亚和巴西，亲身体验他们的资本可能产生的社会影响。

在所到国家，他们都被安排会见了金融、能源、农业综合经营、教育、交通、零售和媒体等领域的基层创新者和领导层创新者。每天晚上，大家都会聚在一起，审视他们作为投资专业人士或其家庭成员，这段经历会对自己产生怎样的影响。他们将来希望以什么面貌出现在世人面前？如此，他们找到了突破点。用保罗的话来说："此前，他们认为投资回报是唯一要务，如今已转变成在投资回报和非投资回报之间保持平衡。"如今 Actis 组建的基金都会专注于环境、可持续性和良好的治理方法，Actis 也在此类基金项目中处于领先地位。

及时进行自我定位

在聚贤社的一次闭关会议上，我们把不透水的大块厚纸沿着会议室的四面墙壁围成了一圈。然后在这一圈纸带上画了一条中线。世界史上所有值得关注的事件都被插入进来帮助大家定位。在这条线的上方，创始人画出了积极正面的重要时刻，线的下方则是一些不值得称道的经历。然后与会者各拿起一支不同颜色的记号笔，把他们在团队历史中的巅峰期与低谷期也添加到了这张图表中。当纸带绕过会议室的每个角落时，色彩和能量都越来越强烈地爆发出来了。字里行间都能看到这些信息对每位新员工的影响。八年后，我们的团队已经扩大到 67 人，我们再次"展示"了我们的团队艺术。团队中的新成员立即获得了对团队巅峰期（和低谷期）的视觉定位，而且收到了加入团队、续写故事的邀请。当团队制定未来目标时，由于正处在一间被自己的历史包裹着的房间里，大家都表现得更有活力了。

49

迎接老龄化

60 岁是又一个 30 岁

我已经 60 岁了。等到这本书出版时我就 61 岁了。我在谈论《深度连接》这本书的同时，还提到了"年龄"。（为什么不呢？它似乎来自我正在分享的一个故事。）一位观众曾向我表示感谢，说我在年龄增长的同时仍然能保持活跃，为女性树立了非常好的榜样。我纠结了很久才接受了这件事情。我并不认为自己老了。我的孩子们都认为我能量紊乱。除了白天工作，我晚上还会和朋友外出聚会。黎明时分，我与 30 岁的儿子相约一起去上运动课。我还处在黄金时期，我既健康又强壮。我对自己的学识和认知有信心（这是我写作本书的原因），并且非常聪明地知道学海无涯的道理。我不怕表达自己的想法。我的阅历已经很丰富了，这样做基本上不会觉得心有不安。我与朋友们结下了几十年的深厚友情，这份情谊经得起任何考验，我们相互间也拥有足够的信任。我有能力利用我的人际网，帮助其他人实现目标。我为什么要停下来？

全球的老龄人口正在以前所未有的速度增长。在美国，有 1/4 的劳动力年龄已经超过了 55 岁。如果人们更长寿了，工作时间也更长了，那么年轻人和老年人就得共事很长一段时间，所以我们需要充分利用这一点。让我们坦诚地谈谈年龄吧。

任职时间如何衡量，多长时间是太长，多短时间又是太短？当员工在本职岗位上逐渐成长起来后，他们应该关注遣散费或者留任奖金吗？当许多年长的工人因为经济或社会原因还在继续工作时，他们的同龄人却正在考虑转型，然而这些亟待转型之人发现自己正处在真空中，不知道该与谁进行对话。雇主不会因为害怕被视为歧视老年人而主动发起讨论，员工则会因为害怕在自己做好准备前遭受排挤而避谈这个话题。反之亦然，顶级（高级）人才之所以被排除在发展计划之外，是因为外界认为他们太老了，无法学习新知识，或者正在计划跳槽，又或者对此不感兴趣。

与其假装你（或你的同事）是永远不老的彼得潘，不如认识到变老并非是在攻击理性思维，而是令智慧进一步成熟。科学数据显示，大多数成功的创业者往往都是中年人——即使科技行业亦如此，这与人们普遍认为的创新思想只来自年轻人，他们正穿着连帽衫窝在车库里工作的说法完全相反。一位 60 岁的创业者成功创办企业的可能性是 30 岁创业者的三倍。诺贝尔奖得主在晚年都取得了突破性的成功。丰富的经验有助于形成更加明智的战术决策。认知研究表明，虽然年轻人可能在信息处理速度及灵活性方面表现得更为出色，但老年人能够在错误出现后更加积极的做出调整。

还有更多的好消息！在整个生命周期中，存在一种 U 形的积极效应。幸福感始于青春期晚期，至中年时降至谷底（想想那些渴望升职、抵押贷款未付、正在寻找伴侣、需要照顾孩子或者努力清缴税款——又或者上述情况都有的中年管理人员）。到老年时，人们又会迎来第二个鼎盛时期。从亚美尼亚到扎伊尔，世界各地的人们在步入老年后往往都会更加快乐——这种感觉无关国籍。

与我同行吧，我一直很成功。随着年龄的增长，模式识别能力、情感线索的阅读能力及自我调节能力都会增强，从而同理心、直觉和对信息的判断力也会相应增强。但请不必担心，白发之人并不爱自我炫耀。猜猜为什么？因为他们的内在自我也会随着年龄增长变得愈发成熟（通常情况下）。随着时间的推移，他们可能会更加专注于帮助他人，而不是推销自己的计划，也不会谋求声望和社会认可。在寻找深度连接的方法时，要充分利用 20 世纪出生之人的大度心态和丰富经验。

本章适用对象

◆ 受到接班人计划"成功"的激励，你想要寻找帮助所有人取得成功的方法。

◆你很容易将年纪较大的高管视为自己与翘首企盼的职位之间的阻碍。

◆你很欣赏这样一种说法：闪亮的新事物并不一定就是最酷、最好的。

行为建议

●你可以培训老年员工学习新技能。至少让他们每年与其他年龄段的同事一起回顾一次职业发展计划。不要以为过了 60 岁，人们就对成长不感兴趣了。

●通过公开询问意图和共同制订计划，消除团队的紧张情绪。如果没有制定面向未来的路线图，接班人计划就会暂停下来，年轻人则会焦躁不安（并考虑离开）。如果某位领导因年事已高（最终）离任退休，但指定好的接班人在几个月前因为不想再继续等待而选择了离职，团队就有可能面临人才深渊（不仅仅是人才缺口）。

●别让有潜力的前辈溜走了。你不能仅仅因为某些人在企业工作了几十年，就认为他们会永远留在企业。如果这位活力四射的七旬老人相信自己能活到 120 岁，那他就有可能会在另一家机构再次施展拳脚。如何能让他安心留下？是改变工作时长、时段安排、任务分配，并提供更好的照明，还是为其定制一套符合人体工程学的办公桌椅？可以探索一种对你们双方都有利的兼职模式。

●公开讨论团队的年龄结构。如何将数十年来出现的各种个人需求或健康需求作为资产进行部署？如果年长的团队成员每天都会起个大早，那就让他们上早班，把年轻的母亲解放出来，让她来办公室之前先送女儿上学。你能保留一份退休人员名单吗？他们可以临时替代休假的员工完成工作吗？

●制订接班人计划，不要只是对接班问题感到惊讶。制订培训计划，让年轻员工能够与前辈同行，避免让他们笼罩在前辈的阴影之下。为技术和团队文化方面的知识转移制订明确的计划。设置一个"交叉"期，这段时间里年轻人和老前辈会同时出现在各种会议上，展示和肯定彼此的技能组合。把接班人的成功与退休人员打下的良好基础联系起来，这便是对退休员工的尊重。

特别提示

★ 当你提出有关年龄的问题时，对语气和时机的把握很重要。应提前做好准备，找一个心绪平静的时间启动对话。

★ 在为各个年龄段的团队成员安排培训学习时，应确保每个人都熟悉共享学习信息所需的技术。

案例分析

你就不能和我谈谈吗

我的一位客户曾经历过一个双重尴尬的时刻。人力资源部给霍莉打来电话，解释为什么她的直属下级大卫没有获得升职机会——"我们没有空缺的高管职位了"。霍莉感到惊讶和失望，因为她把大量精力都放在了大卫的职业发展上，长期以来他承担的职责越来越多，并取得了非常好的成绩。挂电话前，人力资源部的同事又问她："您考虑过什么时候离任吗？"在公司工作了32年后，霍利正在考虑退休一事，但她觉得人力资源部这样提问的确有辱人格，无论此事本身有多重要。这个问题很伤感情，没有展现出合作态度，似乎问得有些古怪。尽管霍莉在整个任期内一直积极参加各种人才评估和接班人计划会议，但公司没有任何流程可用于公开询问高管们潜在的退休计划。若能开展一场目的性更强的结构化讨论，通过这种方式认识到霍莉有能力（和愿望）在帮助确保团队未来发展的同时，为自己离任做好计划安排，霍莉、人力资源经理和大卫都将从中受益。

霍莉不得不做出选择。她可以独自默默焦虑，也可以抓住机会，利用她深受敬重的领导力推动公司流程的变革。霍莉联手人力资源部，与所有符合条件的高管一起对退休福利进行前瞻性审查。该流程为年长的员工提供了评估其个人退休前剩余工作时间的手段，并为更加公开的公司级对话铺平了道路。

我还属于这里吗

将新老警卫之间的联系系统化似乎是显然应该进行的工作，但很少有人真正去做。当保罗被调到巴黎办事处时，他和他的家人得到了各种各样的工作调动支持。毫无疑问，这将是一个重大变化。相比之下，数年后当保罗退休时，大家虽然举行了欢送活动并衷心地把酒祝福，但没做其他的准备。保罗和公司都没有充分考虑到，他的离职会对其个人和团队造成怎样的影响。保罗选择萨沙作为他的接班人，并对其进行了相关指导。然而，一旦保罗离开公司，人们与他联系的目的又会是什么呢？如果萨沙想向他请教，会被视为软弱无能吗？如果保罗经常回去公司大楼，会被认为是迷路了吗？

我和保罗都发现，令他最为恐慌的是失去自己努力建立的人际关系，他本人其实并不怕分享工作中积累起来的知识宝库。保罗和萨沙共同制订了一个计划。在他"获得自由"的第一年里，举行六次正式的指导会议。在办公室时，保罗可以看到曾经的同事并巩固他们之间的友情。在被问到"来这里有何贵干"时，他也不会感到不好意思了；而公司一方则可以在一年多的时间里，充分利用保罗的宝贵知识和经验。

探访历史

当泰勒接任社区服务组织的执行主任时，每个人都认为这是一个激动人心的时刻。前任领导已经在这个岗位上工作了 16 年，并见证该组织完成了一项重大的基础设施筹资工作和一项新设施建设工作。然而，现在是时候开启新时代了！泰勒的形象和风格与他的前任朱迪大不相同，但两人都非常客气地为对方送上了祝福。此后两人的互动一直很少，直到泰勒在上任 18 个月后打电话向朱迪征求意见。泰勒发现，这个角色比他预想的更具挑战性，同时与董事会的关系也需要好好解读。接到电话的朱迪非常"高兴"，并且"深刻感受到，泰勒在打电话时缺少自我价值感"。作为与组织保持了一定距离的局外人，正好手头上还有一些时间，而且她对组织又非常了解，朱迪很高兴能为她如此深切关心着的使命再尽一份绵薄之力。随着越来越多的人知道了这一消息，泰勒的声望更高了。你怎能不尊重一位知道自己欠缺什么，也知道从哪里找到答案的人呢？

50

利用自身的平台

推动变革

> 对大千世界而言，你可能只是一个人；
>
> 但对某个人而言，你可能就是全世界。
>
> ——苏斯博士

未来的分工将愈发模糊。由于社交媒体的出现，职业身份与个人身份正在相互融合。组织不再需要从社会影响和财务利润之间做出选择。政府和企业被赋予了塑造社会的责任。而且，跨地域协作比过去任何时候都更容易实现。在评判一家企业时，已经不能仅看它们为股东创造的价值，其为社会创造的积极影响将占据越来越重要的地位。

全球最大的资产管理公司之一贝莱德集团的董事长兼 CEO 拉里·芬克在其致各企业 CEO 的年度公开信中发出了一项呼吁，称"企业战略必须阐明实现财务绩效目标的途径。然而，要维持该绩效目标，你还必须了解企业的社会影响，及其具有广泛影响的结构性趋势——从工资增长缓慢到自动化程度提高，再到气候变化等——如何影响你的增长潜力"。

社会需求和组织需求的融合促使拉里发出了上述呼吁。在家庭里和工作中分别展示不同的价值观已经不合时宜了。然而，这的确是个好消息。当今社会要求互联互通、增强透明度和承担更大的责任。抓紧你的职业阶梯，爬上属于你的平台，确立自己的一席之地。

你有没有遇到过这种情况，你匆匆离开办公室去见一个非营利机构，想为贫困青年建立一个职业培训计划，但你否决了自己办公室员工的职业发展预算？你这种做法似乎有些欠妥。如果你真的热衷于平等的受教育机会，那可不可以创建一个企业培训计划，并为团队成员留出参加机会？如此，你便公开认可了一项服务于企业和团队的教育计划。对于受使命驱动、最终促成变革的跨部门人际关系，你可以积极地加以推动。

把你自己想象成一个原子。每分裂一次，你的能量就会释放一次。相反，将个人目标、企业目标和团队目标结合起来，可以增强你个人和企业的能力，见图 7.1。

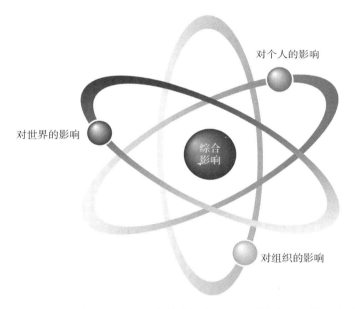

图 7.1　将你在世界各地的不同角色整合起来，可以对你自己和他人产生最强有力的影响

无论你是 CEO 还是初来乍到的新同事，都可以思考同一个问题：你的职位如何才能为你提供机会，做出改变周围世界（使其变得更美好）的重大决定，或者执行改变周围世界的初级任务。你不必投入更多的金钱，但要密切关注。

企业建立社会责任计划的行为越来越受到大众的欢迎。然而，你需要认识到自己应该如何利用好这个平台，而不仅仅是在机构层面上组织一项活动。

这是一种心态，你会问自己："处在目前的职位上，我可以如何帮助他人？"首先，你要有行动的意愿，要对你的非物质资产进行清点，比如表达能力、信息分享能力及大方处理人际关系的能力等。在民众、环境和经济等方面，我们的选择有可能无意中产生消极后果，也有可能有意识地促成积极成果。

有时候，你的权力来自提出正确的问题（如此便能做出更明智的决定）："如果我们选择在这个小镇（而不是另一个小镇）建厂，会对社区和劳动力产生怎样的影响？""是否会有家庭需要搬家？"中国的很多员工都来自独生子女家庭，在中国工作的人，照顾父母和祖父母的责任可能会很大，若独生子女家庭搬迁到远离家中唯一孩子的地方，这些孩子将会倍感压力。你的员工在长时间工作之后，会把精力花在长途跋涉，回家照顾亲人上吗？如果他们在工作地附近得不到家人的支持，他们又将如何应对？官方的表述可能无法全面说明问题。你在马德里的会议室里所做的选择将对亚洲工厂里的主管和工人，甚至他们的祖父母产生深远影响。

你是否拥有足够的威望，可以邀请持不同意见者参加你所在组织的会议？你能为别人提供支持吗？拥有一点工作经验，也许能让你说出别人不能说的话。我的客户马克在任职三年后，要求公司的高管人员晚上放新员工早点离开，因为据他观察发现，新员工即使已经完成工作，也不敢贸然离开。这种小小的干预产生了巨大的连锁反应，因为年轻的分析师们晚上也有很多要做的事情，如陪伴家人、健身或者约会等。

印度是一个功能性文盲占到人口总数 60%~70% 的国家。数字赋权基金会创始人奥萨玛·曼泽的使命，就是为印度国内被剥夺了信息及权利获取机会的贫困人口和农村人口"消除信息贫困"。他走访了 5 000 多个村庄，建立了 700 多个数字资源中心，努力争取网络中立，并主张投入资金为不能上网的社会群体搭建网络。他已经通过数字技术让 700 多万贫困部落人员、原住民和少数民族享受到了上网的权利。通过采用惊人的创造性手段，他的团队教会了全国各地的民众如何充分利用各自的有利位置。例如，奥萨玛制作的立方体每一面都有不同的符号，她就用这些符号教文盲群体访问互联网，无须学习字母表，只要记忆这些能引导他们找到语音信息的图片就可以了。

本章适用对象

◆ 你想将自己的价值观体现到做过的每一件事情上。

◆ 你的目标是提高工作效率，因为每天的时间都很紧张。

◆ 分享企业资源不会给你造成任何损失，但对其他人而言是十分宝贵的
机遇。

◆ 三赢的局面令你兴奋不已。你已经做好准备，要让你自己、你的企业
（或机构）及你的团队同时成为赢家。

行为建议

● 确保你的选择与你想成为的人及你想实现的目标相一致。无论你的企业
是大公司还是初创企业，在评估你的财务预算时都要包括"社会成本"。

● 审查你的供应链，包括审查咨询服务企业。聘请一家由女性、退伍军人、
外来移民或 LGBTQ（性少数群体）成员开办或领导的企业。只要敲几
下键盘，你就可以找到少数族裔所创办企业的名单。找出拥有该方面决
策权的公司领导。与他们分享你的调查结果和思路，这样你就能得到更
多机会去向不同类型的企业征询意见。

● 将阅读新闻转变成积极行动。哪些新闻会令你兴奋不已，或者哪些新闻
会让你沮丧懊恼？对于你所关心的社会事业的从业人员，你将如何提供
支持？用计算机外围设备上的加宽镜头环顾整个办公室。想想可以提供
哪些实用的物品或服务：办公桌、存放宣传材料的壁橱、电话的充电插
座等，甚至可以是洗手间。

● 请记住，你的某些企业资源，分享出去可能不会给你造成任何损失，但
对其他人而言是宝贵的机遇。巴西化妆品公司 Natura 利用中巴车接送
距离公交线路较远的员工。车上多出来的座位则提供给住在班车线路附
近，距离学校较远的学生。

● 在提出第一个问题后，还要敢于提出第二个和第三个问题——因为你有

这个能力。

● 无论你处在企业职级体系中的何等位置，你的存在都是一种财富。适时出现，并对相关人员或方案表示尊重。

● 跟同事谈谈你关心的问题，看看还有谁能分享你的激情。你是否担心肥胖率上升？你是在儿童电视频道工作吗？你是市场部的吗？那么，你或许可以选择不做含糖食品的广告，从而刺激糖果企业和快餐企业提供健康的替代食品。

● 亚当·格兰特教授把分享我们的知识、技能和人际关系称为"小额贷款"。你可以成为一名贷款人。

特别提示

★ 你可以把工作任务委派出去，但应该首先完成自己的工作。在这个世界上，谁是你的奋斗目标？

★ 确保你的主动行为是出于真心。人们已经识破了把品牌推广和市场营销伪装成社区服务的这类伎俩。

案例分析

垃圾也能变成机会

"我在这个世界上的角色是什么，我想利用它去做什么？"这是我在印度实施一个与他人合作领导的项目时得到的提示。为了获得灵感，我们拜访了 Aakar 的创始人米林德·阿隆德卡尔，以及在他的帮助下组织起来的"拾荒者"们。拾荒者靠收集印度新兴中产阶级丢弃的可回收材料为生。当女性拾荒者们将废弃的塑料杯从纸制品中分拣出来时，她们身着的纱丽显得非常飘逸优雅。我们一边工作一边聊天。我们的话题从谈论家庭开始，然后转入讨论性别角色和（对孩子及父母的）家庭责任。随着交流的深入，这些印度女性要求我们提供一些有关退休储蓄的建议。不久前连每天的开销都没有着落的人，如今正在询问财务计划！

拾荒者的环境要如何改善？ 1993 年，米林德和他的妻子沙拉达意识到，他们的小商店能否成功经营取决于街坊四邻的魅力。一桶桶的垃圾在日光照射下腐烂了。政府的清洁车没有为这片区域提供服务。拾荒者把垃圾倒在街上，只为了查看和挑选可回收的部分。他们是社区的眼中钉，经常被警察赶走，只留下一大片一大片的垃圾。米林德与当地政府展开合作。他征得政府许可，在把垃圾送到回收中心前可以先找一块空地，让妇女们进行垃圾初选。要把垃圾拖到院子里很困难。米林德要求市政当局提供一辆卡车负责运送垃圾。这些妇女会开车。拾荒者成了卫生体系中的一分子。作为城市雇员，他们有资格领取身份证。现在，这些妇女可以申请社会福利，可以为孩子注册入学，甚至可以开立银行账户。Aakar 利用非常有限的资源，通过组织一个个小团体帮助曾经非常贫困的妇女攒钱并获得重要的小额贷款，如今他已经为孟买多达 7 000 个家庭提供了帮助。

把社会变革的杠杆从企业高管的手中拉过来

法比奥·巴博萨渴望建立一个有着强大价值观的更美好的社会。他最初是位知名的巴西金融家，后来又转行当上了一家传媒集团的 CEO。他为什么选择这样的发展道路？"因为银行业和新闻业都是社会变革的杠杆，"他告诉我，这为坚定的个人信念提供了一个实施平台。在担任巴西雷亚尔银行总裁期间，法比奥推出了一项可持续发展计划，其内容包括社会与环境风险分析、道德投资基金、小额信贷业务，以及为残疾客户量身定制的银行业务等。法比奥后来成为拉丁美洲最具影响力的传媒企业之一阿布里尔集团的 CEO。他认为，巴西和世界上的其他许多国家一样，自身的发展取决于透明度。法比奥说，一旦你"把灯打开了，开关就消失了"，他说，他每天都在努力建设更好的企业、更好的市场以及更好的国家。他提醒我们："社会也好，世界也罢，都是由我们的态度决定的。"

让选美比赛成为女性进步的麦克风

作为积极性很高的一位青少年，凯·达金斯获得了商学院奖学金。她就读于威奇托州立大学，并在那里创办了"公主计划"，帮助来自弱势群体的高中女生准备大学申请。她通过实施被称为"解决方案"的项目，获得了青年社会企业家资格（及种子基金），并得到克林顿全球倡议大学的认可。我问凯，她是怎么为自己的工作赢得这么多关注的。作为狂热的女权主义者，为了给慈善事业筹款，她通过一个联谊会参加了选美比赛——并赢得了比赛，这使得她可以利用到一个本不太可能的平台。她在一场又一场的比赛中不断晋级，最终赢得了堪萨斯州的选美冠军。凯利用采访她的新闻媒体谈及了多样性问题，此外还谈到了向被忽视的年轻妇女提供高质量教育的重要性。克林顿全球倡议大学的一位评委坦言，凯闪闪发光的亮粉色展台的确吸引了她的眼球。凯知道该如何获得对方的回应，也不怕公众积极关注她认为非常重要的问题。

51

挑战现状

释放代际能量

你不必承担完善世界的责任，但也不能就此作罢。

——塔尔丰拉比，《皮尔克·阿沃特》2:21

胸怀无所畏惧的雄心壮志，主动调换部门，在回应市场力量的同时选择从事有意义的工作——这些都不是属于年轻人的愚蠢。这是经验丰富的高管们利用其平台，增强个人影响力和职业影响力的机会。婴儿潮一代已经具备了更丰富的经验、更大的影响力和更多的机会，现在可以推动曾经只存在于他们梦想中的系统性变革，那时候喇叭裤才第一次流行，他们也还在怒不可遏地听着别人称呼他们"那家伙"。

先看一组数据。盖洛普最近在 155 个国家就全球的职场状况进行了调查研究，结果显示全世界只有 15% 的员工在积极主动地投入工作，而对工作极不投入的员工则是该数字的两倍多，而且后者很可能会向他人传播负面情绪。对于无法将利润和目标联系起来的组织，应届毕业生都不愿意加入。越来越多的公众期待企业在应对社会问题方面发挥更大的作用。企业领导们义不容辞。然而，许多商界领袖在他们影响力最大、能力最强的时候并没有挺身而出，反而选择了退位让贤。在此，我要鼓励他们留下来。

"我该如何安排我的职业生涯？"我 25 岁的客户和 55 岁的客户都问了同样一个问题。职场新人在职业生涯即将到来之际，面临的压力是"让工作更有意义"。

　　婴儿潮一代面对即将退休的前景，他们的口头禅是："我做了什么有价值的事情吗？我留给后辈的遗产是什么？"根据我的经验，职级体系中处于最高层级和最低层级的职务最适合推动变革，而且此过程会充满了工作激情与意义。现实状况已经无法给予高层领导更多激励，他们考虑离职后利用自己董事会成员的身份来从事一些非营利性的工作，达到推动变革的目的——以此回报社会。一旦"成为外部人"，他们的想法往往就得不到太多支撑；资金和行政支持都将受限。与其离职创办全新的非营利组织，然后回过头来游说原公司为其提供支持，还不如与风险共担的利益相关者合作并赋予他们权力，这种做法无论是从效率还是动力上讲，都要好很多。

　　凭借更强的自信心和更高的可信度，经验丰富的变革代理人可以在其任职的企业中尽情发挥他们的聪明才智，通过采用不同的业务模式给企业提出挑战，进而对团队变革施加影响。既然参加了机构峰会，他们现在就有机会将个人关注的目标与其领导的利益驱动型组织的目标有机结合起来。通过重新引入对自己和他人都很重要的观点并将其表述出来，高管们可以亲自为自己的职业生涯重新注入活力，并激励他们的下属员工。

　　这对年长的同事是一个机会，可以兑现他们的经验红利，还可以利用他们应得的尊重、可获取的资源，以及他们所拥有的公共平台来整合他们关心的问题和所从事的工作。不要对即将到来的灰色海啸感到害怕，我们应利用它的力量推动企业的内部变革，此类企业其实非常幸运，因为仍能从这些领导者的手中获益。为什么不考虑与千禧一代及婴儿潮一代合作，将社会影响明确纳入企业的核心战略中呢？当人们对跨年龄段管理深感不安时，为什么不把这两种充满活力的社会变革力量搭配起来呢？

　　一些成熟的领导者会关注收入或性别上的不平等现象，他们可以通过改变企业的招聘政策、对供应链的期望、对本企业和所投资企业的治理，以及制造（并非创造）满足社会需求的产品，产生广泛的社会影响，如此种种。将社会影响纳入企业核心战略，除了需要一位颇有威信的资深专业人士，还应该回应年轻一代对雇主的明确期望。

　　至此，本书也将接近尾声了。第六部分的几个章节主要鼓励读者：树立自己的观点，在团队中培养能使自己和队友感受到工作意义的认同感，组建共同奋斗的团队，邀请不认识的人加入团队，勇敢应对没有明确答案的问题。

本部分则通过将上述技巧融会贯通，向你展示了如何迎接老龄化，如何利用自身平台，以及如何打破工作中的代际限制。乔治·维兰特在其《康乐晚年》一书中断言"生物都是向下亲近的"，我们自然倾向于为后辈服务，并促使自己在该过程中发展壮大。无论是白发苍苍的退伍军人，还是面容稚嫩的行伍新兵，大家若因价值观相似而展开合作，都将有机会拥有强大的影响力。

本章适用对象

◆ 你已经做好准备，要离开现任岗位去推动某种变革。

◆ 企业责任不仅仅是某个部门的职责，它应是一种战略。

行为建议

● 寻找工作目标。如果你现在位高权重（却像往常一样，对业务失去了兴趣），那么在你宣布已经厌倦现状并选择离开之前请先停一停，好好想想：如果你可以一整天只专注一件事情，那你会把时间花在什么问题上？你的兴趣与各项公司行为有什么联系？当你的公司浪费食物时，旁边的邻居们却正在挨饿，你会因此而烦恼吗？你可以打电话给管理厨房事务的负责人，并与管理相关设施的主管谈一谈。告诉他们，你想了解剩菜的处理过程。你需要向他们解释清楚，收集这些信息是因为他们的工作与你所关心的社会事业有关，你并不想取代他们在各自领域的权威地位。你可以分享一个关于自己的故事，说明为什么这对你很重要。他们是否也在担忧有多少健康食品被丢掉了？他们将如何改善这种状况？遇到的阻碍是什么？所谓的阻碍可能是组织中的某个陈规旧制，其中规定了食物的最长存储期限，或者明文禁止工作人员利用加班时间将捐赠物打包送往收容所。在主管领导眼里似乎不可能成为限制因素的条款，却需要你利用影响力找几个人呼吁一下。

- 举办研讨会，用以净化意识形态、调整价值观。如果一开始各代际的员工之间不够友好，你无须太过担心。我曾举办过有多家保险公司代表参加的研讨会。当我要求 45～65 岁年龄段的与会者描述一下他们最看不惯的年轻同事的性格特征时，他们列出了"看重权力、没有耐心、不尊重他人、十分挑别"几个词。而 25～35 岁年龄段的与会者对年长同事的评价则是"动辄品头论足、胆小怕事、思想封闭"。虽然千禧一代渴望承担责任，但他们想做的事情与前辈们有所不同。他们所观察到的自己上司承受的压力，并不是他们认为的理想模式。对于这一点，许多年长的与会者都表示赞同。他们希望自己能更好地平衡工作与生活，避开严苛的工作要求，并且有更多的机会学习新事物。一旦将沮丧情绪宣泄出来，他们整个人的心态就改变了。虽然年龄段有所不同，但员工所期望的工作环境有着惊人的相似之处。我们把其中一家公司的千禧一代与另一家公司的婴儿潮一代搭配在一起。如此，不但为代与代之间相互指导奠定了基础，还让各代人听到了其他代际的声音。

- 尝试反向辅导。将实习生或新员工与年龄比他们大一到两倍的同事组合在一起并做出指示，要求年轻人帮助年长的管理者接触一些靠他们自己不可能发现的社交平台、先进技术和新兴商业理念。鼓励组合内部就使用和存储信息的方式进行对比。讨论一下谁会影响他们的决定，以及他们会向谁寻求建议。

- 邀请千禧一代参加研讨会，探讨那些还没有答案的问题。要尊重他们的创造力。经验丰富的管理者可以利用模型，说明引导大家进入未知领域的重要性。这一代年轻人成长于社会创业时代，他们可能会看到企业、社会和环境部门之间的联系，而年长的同事对环境部门并不十分明白。随着潜在的行动方案逐渐展现出来，年长的管理者们可能会呼吁其他机构中位高权重的同僚，建立（和资助）更具影响力的合作。

- 凭借资源配置能力和对组织形势的掌控能力，久经沙场的高管们可以利用他们的平台释放创新的氧气袋，将一些原本不可能合作的团队召集在一起。无论是在公司内部设立特别利益委员会，还是批准赞助其他领域的行业峰会，高管们都更容易做到。随着知名度的提高，年长的政治家们也许能够吸引到更多人士出席会议。而千禧一代或许可以在社交媒体上利用众包的方式，在公司内外广泛收集各类想法和观点，用于制定会议议程。

● 团结起来传达你们的信息。你们可以聊一聊对影响力的看法。实现影响力的最好方式是什么？你可以有效利用社交媒体和传统媒体，在公共领域发表自己的意见。

● CEO常常会在讲述完具有社会影响的愿景后，将具体执行工作委派给品牌建设部门或者社区服务部门中的低职级员工，而这些员工却无权执行战略决策和制订相关计划。因而，他们就只能做做表面文章。市场营销领域的千禧一代和董事会的高管们若能携手合作，就可以使企业的既定使命焕发出熠熠生机。

● 无论是白领还是蓝领，人工智能领域的创新都将对其整个职业生涯产生重大影响。这就需要不断进行终身学习和再培训。要为各个年龄段的所有员工创建学习小组。

特别提示

★ 招募新人可能也要依赖留住睿智的老员工，让他们去启发新人的灵感——并成为未来的动力之源。

★ 注意不要在安排办公室座位时制造"年龄隔离区"，应允许各年龄段有机交流。

案例分析

把两个世界联合起来

"我得离职了，"桑德琳在接受辅导的第一天是这样对我说的。她从接待员升迁至人力资源部专业人员，现任康涅狄格州一家私募股权投资基金公司的首席运营官。她挣的钱和攒的钱比她自己想象的多。桑德琳位于佛罗里达的家乡在最近两次飓风中遭到重创，她已做好准备，要把关注点转移到重建社区上。靠捕鱼为生的人们需要新码头。当地的劳动力无法满足码头建设的需求。我问桑德琳，她是否看到了目前的职位与社区发展目标之间的协同作用。"没有，他们只对快速盈利感兴趣。我已经竭尽全力去鼓励他们关爱他人，但毫无成效。我像僵尸一样工作着，只有在实施重要项目时才会活过来。"

我问桑德琳，她是否与公司分享过她的社区愿景。她说没有。她觉得这种愿景太过私密了。何不尝试一下呢？于是，她在公司的内部通讯上发表了一篇文章，专门介绍帮助佛罗里达社区建设的方案。公司员工对她所做的事情非常感兴趣。于是，我们着手在她的工作与民众利益之间建立更多的联系。当桑德琳向家乡政府申请一个就业培训项目的资金时，她将自己担任首席运营官的经历告诉了对方，这为她赢得了更大的信任。"我没想利用在康涅狄格州的工作经历来推销自己，"她说，"我本打算以一名佛罗里达州公民的身份提出申请的。"

现在，整合她所处的两个世界能够带来的好处变得愈发明显了。桑德琳继续推进她的大胆设想。她招募了近期刑满释放的人员和失业的退伍军人，让他们成为码头建筑工人，并对他们进行了相关培训。她还聘请了一位退休校长和一位前陆军中尉担任监督员。她已经招募了大量人员，他们的工作成果也非常明显。桑德琳不再致力于保持两个世界的相互独立，她要求在康涅狄格州的同事们到佛罗里达州召开公司规划会，这样就能让他们与重建社区的人会面。会面结束时，她还热情洋溢地要求公司在定义所投资企业的价值增长时采用更广义的标准。公司 CEO 对桑德琳在其他公司所激发出的活力印象深刻。他给了她重新定义角色的机会。公司里各个年龄段的同事都自愿帮助桑德琳制定新战略，把社区改善做成商业计划书中最为核心的部分。

打破艺术领域的规则

阿隆是曼哈顿一家声誉很好的美术馆的创办人之一，他大声对我说："我已经把画布收起来了。""我厌倦了这种绝望的生活。我自己是画廊画家。我既是同性恋，也是值得信赖的商人。我不怕告诉父母我的同性恋身份，但如果我告诉委托画廊代售作品的艺术家我也是一名画家，他们会认为我不纯粹。而且，他们认为我不会代表他们的利益。"虽然阿隆花了几十年时间在艺术界建立起了很高的声誉，但他已经准备好远离自己的生意，就为了维护他认为意义重大的另一个身份。

是什么驱使阿隆打算如此突然地离开？"我已经厌倦了支付贵得离谱的房租，高额的保险费也让我筋疲力尽。""我下半辈子想要少一些规则。"于是，我们选择去打破两条规则。阿隆仍然可以当他的画廊主，但画廊没有一个固定的开设地点。他可以利用弹出式空间（最有可能是在市中心）策划展览，这样既可以吸引新客户，又为老客户提供了新的观展地。他还挑战交易商和艺术家之间的职责分工，不仅邀请委托其代售作品的艺术家参展，还邀请他们积极参与展览策划。由于租金降低了，阿隆可以在选择参展作品时承担更大的风险。新兴艺术家们可以享受到阿隆的名声带给他们的好处，并且有更多机会接触那些习惯于进行才华投资的收藏家。

"他们可以用我的名声来建立他们自己的声誉，"阿隆重新振作了起来，"我不会因为内心的忧惧而选择退出。我的内心不再像以前那么煎熬了。我比以前更乐意尝试了。"阿隆关闭了画廊，却扩大了影响范围。他建立了一个在线平台，供买家观看和购买艺术作品。他从节省下来的房租和保险费开支中拿出一部分雇用新晋的专业人士，在社交媒体上发起有关艺术家及其作品展的宣传活动。阿隆现在每年举办四次展览，其余时间则致力于绘画艺术。他在建立新型商业模式的同时，为年轻艺术家开创了属于他们的事业，而且他还可以潜心从事自己的艺术创作。

52

勇敢追梦

超越成功，追寻意义

我做梦了。现在的我已经无法入睡了。

——贴在汽车后保险杠上的标语，来自巴西

"**我**不想只过点小日子，"塔迪·布勒歇尔在讲述兴建加拿大国际开发署城市校区及后来的马哈瑞希学院的动机时是这样说的，这两所商学院面向的都是资源有限、基本不具备工作技能的学生。办学之初资金不足，塔迪就把电脑键盘图复印在纸上教学生打字；学生们席地而坐，任由手指在纸上跳舞。塔迪开发出了非常系统的课程，也完成了概念验证，随着时间的推移，学校获得了来自奥普拉·温弗瑞和理查德·布兰森等慈善家的支持。

你希望自己的人生过得多有意义？这个问题并非是要提示你考虑自己拥有多少亩土地，或者参加过多少场名人聚会。它只是为你提供了一个关注记者大卫·布鲁克斯所定义的简历美德（*résumé virtues*）和悼词美德（*eulogy virtues*）的机会。简历美德是我们按照世人的要求写出来的，自己认同的个人美德。职位晋升和位高权重都可以成为我们的成功标志。相比之下，悼词美德则是别人在我们的葬礼上对我们所做的评价：我们是什么样的人，我们是如何生活的，我们在关怀他人方面扮演了多么重要的角色。印度阿拉文德眼科医院的负责人阿拉文德·斯里尼瓦桑博士有句话说得非常好："成功是发生在你身上的事情。意义是通过你发生的事情。成功是属于你的。意义是你赋予别人的。"

无论你在生活中处于什么样的阶段或位置（就如音乐剧《南太平洋》中拍摄的那样），"……如果你没有梦想，又怎么能梦想成真"。本书归根结底还是关于梦想的；梦想"快乐地工作"不会成为你或你同事眼中一个前后矛盾的修辞手法。本书以"微笑"开篇，现在我们将以"梦想"结束。闭上眼睛或者睁大眼睛（选择一种适合你的方式）。给自己一点空间、一刻宁静。出去散散步，或者洗个澡，又或者在床上多躺一会儿。把你的思想从每天的事务清单中解放出来，哪怕只有几分钟也很好。你想在这世上怎样生活下去？你想如何成名？遗产不是富人的专利。有些日常小事也可以推动变革，我们每个人都有机会通过这些小事留下自己的印记。认真选择我们的面见对象、倾听对象、共餐对象和邀请对象，这样我们就能够解决问题、改变心态。我们的工作可以成为归属感和自豪感的来源；可以为个人成长和社会变革提供平台。

成功、意义和快乐正是由你我一般的普通人，在办公室里通过人与人之间的互动铸就起来的。我们都有能力对未来的工作产生重大影响。

本章适用对象

◆你不想只过点小日子。

◆你想留下一份属于自己的遗产。

◆你并不觉得许下愿望——并实现它——是件难为情的事情。

行为建议

●享受梦想，它会给你力量。让自己的梦想更有意义。你每次都能依据现实修正梦想。

●相信自己，也相信别人。不要害怕分享你的梦想。大声说出你的梦想是梦想成真的第一步。

●不要与泼冷水的人为伍。

●记住"千里之行，始于足下"（老子：《道德经》）。考虑采用你能想到的最简单、最易于实施的行动，以它为起点来测试想法、积聚动力。

● 不要感到不好意思！我告诉一位同事我打算写本书，叫作《深度连接》。"你太有雄心壮志了，"她说。我大吃一惊，同时还有点害羞。我从没想过自己的努力会是一种雄心壮志，一旦被贴上了这样的标签，我就脸红了。拥有远大的梦想并非易事。虽然有人会因此自我膨胀，但是，嘿，"如果没有梦想，你怎么能梦想成真呢？"

特别提示

★ 自我否定式的自言自语会破坏你的自信：你不必知道全部答案，但你的确需要下定决心。

★ 梦想不可能一蹴而就。

案例分析

关于《深度连接》这本书

写作此书就是我的梦想。我的内心还沉溺在自己的中学时代，我买来五颜六色的索引卡及海报板、大小不一的便利贴。当它们被拼成果冻豆一般颜色明亮的图形后，我就会开怀一笑。我回顾了过去所做的笔记及存储的电脑文件。我将各个概念和它们的支持案例制作成图片脚本。这是我在强迫症驱使下修建起来的一座圣殿，也是本书的框架。多年来，每逢星期四，我都会制定写作目标。每完成一个章节，我就会在索引卡上贴一张写有章节名字的标签。我能说什么呢？我也需要一点积极的自我鼓励。

接下来就是寻求反馈意见。我的第一批读者共有 15 人，年龄从 24 岁到 61 岁不等，来自五个不同的国家及美国国内的好几个州，男女人数基本相等。这些读者工作在不同的领域，包括歌剧行业、政策相关行业、个人培训行业、劳动法相关行业、精神导师、学术界、体育产业、董事会成员、银行业、神经生物学领域和教导同理心的全球性活动举办组织等。当我邀请他们参加本项目时，没有一个人对我说不！

　　每位参与者都贡献了各种各样的改进意见。我也的确采纳了许多，但绝非照单全收。书稿完成后，我又进行了修改与重写，然后是校订。我一遍又一遍地重复这些工作。而且，我还在继续寻求帮助。我虽然起草了这本书，但并不清楚该如何提出我正在解决的问题，也不清楚在这件事情上我为什么会处于如此独特的地位。由于无法回答自己的问题，我把自己的团队召集到了一起。在某个周末的早晨，我把家里的餐厅变成了写作室，并请来六位参与者。这个团队不但男女比例相当，而且可以反映年龄及种族的多样性。我大方地介绍了每位成员的经历。讨论过程中，每位参与者都有多次机会发表自己的看法。他们一开始就各自分配好了座位，并互换了名片。我为大家端上食物。我们讲述了各自的故事。我们的讨论准时开始，也准时结束。

　　为了实现我的写作梦，完成《深度连接》这本书，我遵循了自己在书中分享给读者的各项建议。其中就包括挑战消极想法、多向他人表示赞誉等。现在，请允许我借此机会向你致谢："谢谢！"你与我共享这一旅程；"谢谢！"你敢于在工作中表现出更加人性化的一面！

作者简介

　　梅兰妮·卡兹曼博士是一位商业心理学家、顾问兼高级顾问医生，为世界顶级上市公司、私人企业、政府，以及非营利机构提供专业服务。作为管理人员发展培训、团体动力学和领导力多元化领域备受追捧的专家，她于 1999 年创立了卡兹曼咨询公司，并与 31 个国家的众多企业——包括埃森哲、贝恩咨询、高盛集团、全球音乐电视台、普华永道和维亚康姆等——开展合作。卡兹曼是位忙碌的演讲者，也是全球性公益企业聚贤社的创始合伙人，该企业为 12 000 名成员提供服务，旨在推动社会各领域就紧迫的经济和社会问题进行跨领域战略讨论。

　　卡兹曼曾在威尔康奈尔医学中心和伦敦大学教授精神病学，在沃顿商学院领导与变革管理中心担任高级研究员，在米兰的博科尼商学院、英格兰泰晤士河畔亨利镇的亨利管理学院、中国香港大学担任客座教授。她也是卡布拉尔皇家基金会商学院（南美洲最大的商学院）的国际咨询委员会成员。在沃顿商学院通过 SiriusXM 卫星电台的 123 频道提供的商业广播电台中，她与合作伙伴共同制作和主持了广播节目《职场女性》。《纽约时报》《金融时报》《南华早报》《名利场》《O 杂志》，以及美国广播公司、哥伦比亚广播公司、Lifetime 女性电视频道等媒体都对她进行过采访或报道。